档案里的
上海老字号

上海市档案馆　编

上海文艺出版社

1995 年老城隍庙新春元宵灯会

豫园商城绿波廊饭店前广场在表演狮子舞

＊彩页图片均为上海市档案馆馆藏，按文章先后顺序编排

清末童涵春店面

现在位于城隍庙的童涵春堂国药号

1949年上海人民在和平饭店门前欢迎解放军

20世纪50年代外滩，可见和平饭店

清末城隍庙湖心亭

1959 年乔家栅先进生产者
吕修起（右）在表演包汤团绝技

20 世纪 30 年代先施化妆品发行所

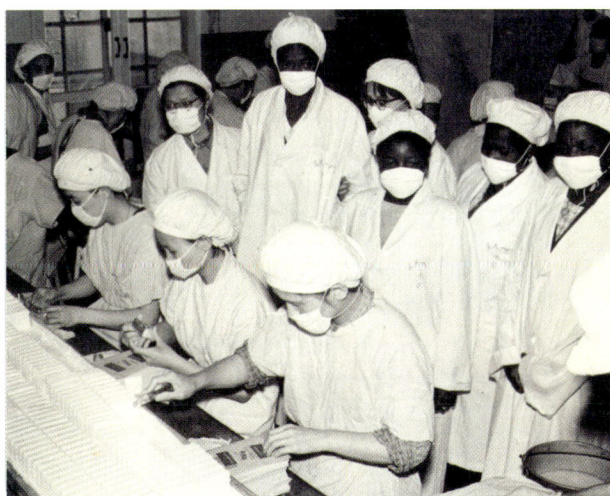

1963 年外宾参观
益民一厂冷饮车间

老字号

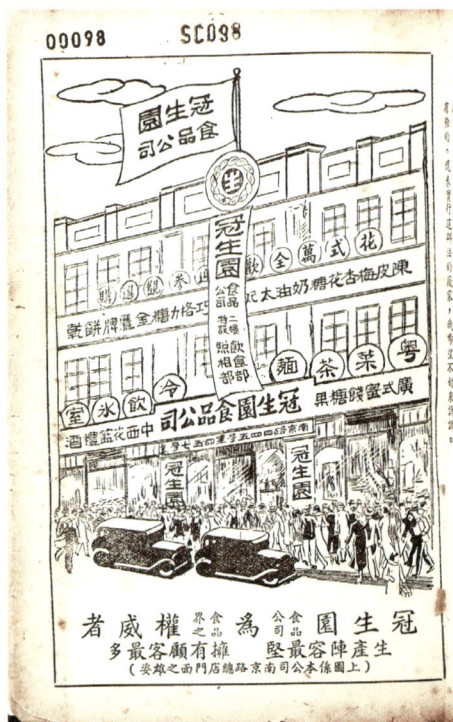

1935 年冠生园广告

经售冠生园食品的消费合作社

建于 20 世纪 30 年代的
冠生园农场

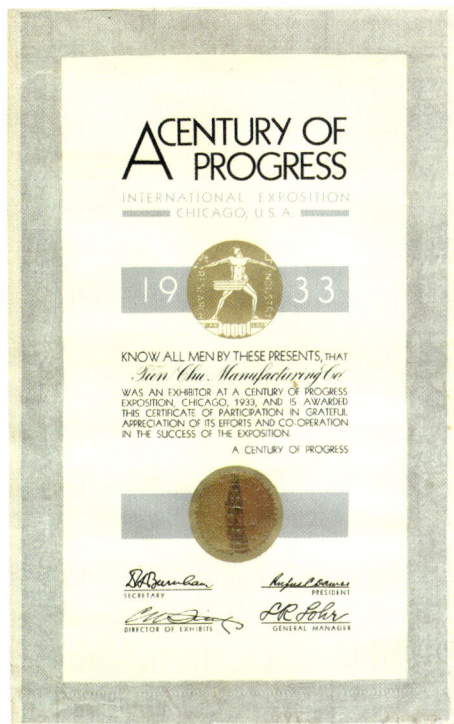

1933 年天厨味精厂参加
美国芝加哥世博会的参展证书

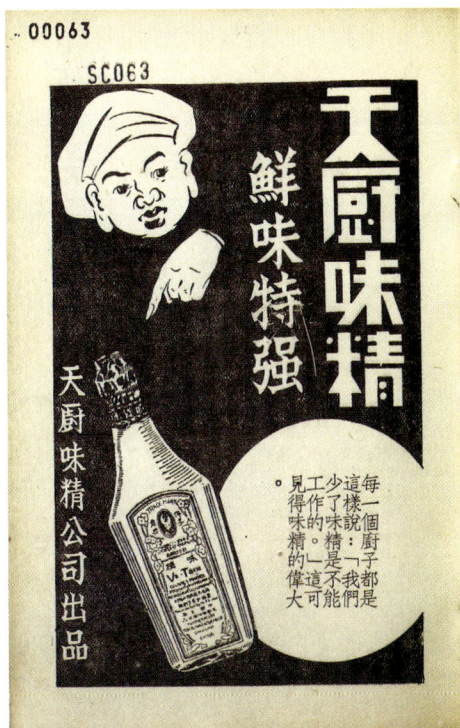

1936 年天厨味精广告

老档案

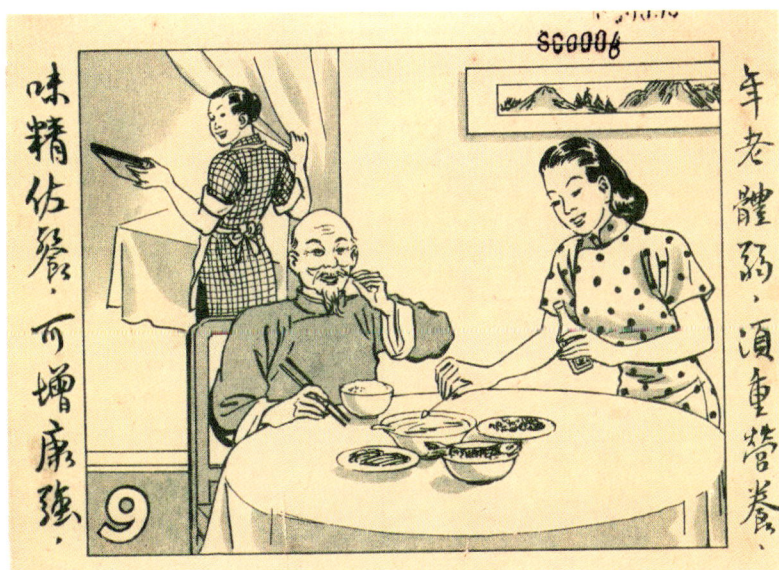

天厨味精老广告

1982 年展销会上展出的上海自行车、缝纫机等名牌产品

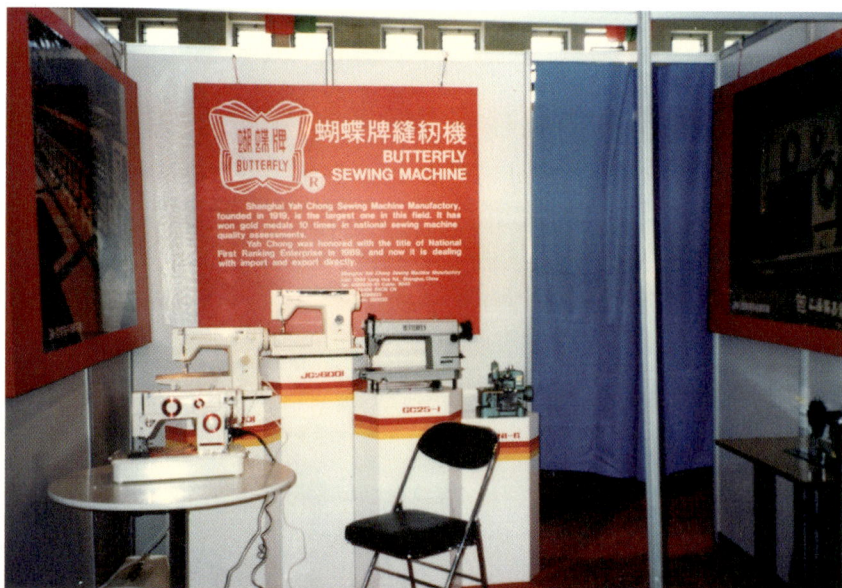

1991 年蝴蝶牌缝纫机在国外参展的照片

回力球鞋老广告

1959 年回力商标调查表

老字号

SC068　　00068

THE SHANGHAI MANUFACTURERS DIRECTORY
上海国货厂商名录

FULPAKOM & CO.
Manager: C. M. Koo
112-8 Zoong Tuh Road, Shanghai
Tel. 82351
Capital: CNC $ 1,000,000.00 Established 1930
Products: Toilet Articles

富貝康化粧品無限公司
經理 顧植民
上海崇徳路一一二五一一八號
電話 八五三二一
資本 一百萬元
出品 化粧品　商標 百雀　富貝康

凡數十餘種不及備載
富貝康花露水等名貴出品
百雀香水
百雀香油
百雀香粉
百雀羚
百雀牙膏
百雀胭脂

Peh Chao
TOOTH PASTE

百雀牙膏

清氣化膩
白齒殺菌

製精司公限無康貝富

Kwong Sang Hong, Ltd.
Manager: C. H. Liang
522 Nanking Road, Shanghai
Telephone: 94869
Products: Toilet Articles

廣生行有限公司
經理 梁灼興
上海南京路五二二號
電話 九四八六九
出品 化粧品　商標 雙妹牌

"Two Girls" Brand
FACE CREAM
HAIR OIL
FLORIDA WATER
TALCUMN POWDER

Produced by
KWONG SANG HONG, LTD.
SHANGHAI

雙妹牌

雪花膏
生髮油
花露水
爽身粉

上海廣生行出品

— 31 —

1946 年出版的《上海国货厂商名录：化妆品》
中关于百雀羚和双妹牌的内容

1930 年代，中国铅笔厂工人进行胶芯工艺操作

1936 年中国铅笔厂广告

1950 年民光织物社广告及价目单

解放初人们在上海
帐子公司选购商品

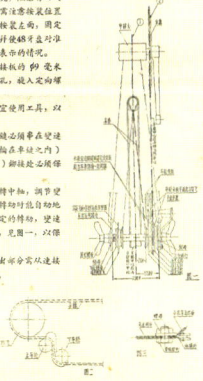

永久牌 81 型竞赛自行车的
简要装配说明内页 1

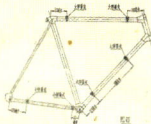

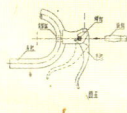

永久牌 81 型竞赛自行车的
简要装配说明内页 2

永久牌 81 型竞赛自行车的说明书封面

永久牌 81 型竞赛自行车的配说明书封底

1958 年永久自行车链条车间

20 世纪 50 年代的南京路

20 世纪 30 年代的南京路，鸿翔时装公司、永安公司、新新公司、
先施公司等老字号品牌让人目不暇接

20 世纪 30 年代南京路鸟瞰可见大新公司、新新公司

解放后第一百货长期都是上海最大的百货商店

1903 修筑南京路的照片，可见邵万生南货店

序

赵丽宏

　　上海的老字号是什么？是一个如万花筒般丰富多彩的博览会。上海人喜欢的美食和日用品，上海人欣赏的各种时尚，上海人熟悉的街道和店铺，上海人的生活习俗，上海人的喜怒哀乐，上海人的审美情趣，通过这些老字号，展现在世人的眼前。

　　这本书，用生动的文字，写出了上海老字号的历史缘起和发展过程，也描绘了不同老字号的不同风貌。这些老字号是怎么形成的？上海人为什么喜欢这些老字号？这些老字号的特色何在？这些老字号和上海这座城市的关系，和上海人的生活的关系，在这本书中有非常生动的解答。这本书，介绍的是上海的各行各业的精华品牌，其实也是一本荟集上海民俗风情、上海商业、手工业、旅游业的小百科全书。

　　我在上海这座城市生活了大半个世纪，经历了不同的时代，书中展现的这些老字号，我大多熟悉，它们已成为人生和岁月的记忆。城隍庙里的热闹景象，湖心亭茶楼的缕缕茶香，第一百货商店琳琅满目的柜台，和平饭店的西洋风景……这些地方，和很多难忘的事件和亲人朋友的相聚相关联。红房子的焗蛤蜊，德大西菜馆炸猪排和茄汁浓汤，绿波廊的点心，乔家栅和沈大成的糕团，大壶春和萝春阁的生煎，王宝和的大闸蟹，光明牌棒冰和冰砖，正广和汽水，冠生园的大白兔奶糖、蜂蜜、桃酥，邵万生南货店的蜜饯、火腿、腐乳、醉银蚶、黄泥螺……这些美食，成为生命味蕾中不会消退的美妙记忆。百雀羚、花露水、雪花膏、蛤蜊油、白猫洗衣粉、回力牌球鞋、民光牌床单、恒源祥绒线、培乐蒙西装、中华牌铅笔、蝴蝶牌缝纫机、永久凤凰自行车……这些日用品，无论大小，都曾经是我们生活中难忘的一部分。而雷允上、童涵春这些名声远播的中药铺，和健康福寿是同义词。年轻时出门离不开自行车，记忆中骑过的车只有上海生产的永久和凤凰。记得1985年我第一次参加中国作家代表团出国访问，人生的第一套西装，就是在培乐蒙定做的。少年时代在朵云轩看到木版水印的齐白石和八大山人的画，感觉和原作没有区别，曾经为之惊叹，在店堂里流连忘返。有些物品，现在依然还在用，譬如那支墨绿色的中华牌铅笔，此刻就在我书桌上的笔筒中静静地站着，等待我使用它。这个牌子的铅笔，也是上海的老字号，它们陪伴我的时间，超过了一个甲子。这也可以视作一种象征，象征上海的老字号的生命力，也象征上海老字号和上海人生活千丝万缕的关系。

上海的老字号，是上海人智慧和情感的结晶，是上海的骄傲，是海派文化的品牌。这些老字号，其实也并非上海人的专属，很多上海的老字号，也是中国的名牌。它们从上海传向全国各地，成为不同时代中国人的时尚。上海的老字号，也是上海人的生活方式和全国各地的风俗习惯结合融汇的结果。很多外地的美好事物，在不同的年代进入上海，逐渐被上海人接受，并根据上海人的喜好融合改造，推陈出新，成为上海的老字号。如有140年历史的徽菜馆富贵大酒楼，长盛不衰的粤菜馆新雅粤菜馆。中国各地的著名菜系，在上海都有受人欢迎的老字号，淮扬菜，川菜、鲁菜，闽菜，京菜，湘菜，鄂菜，云南菜，贵州菜，新疆菜……只要你有兴趣，在上海一定可以找到对你胃口的老字号餐馆。

上海市档案馆编这样一本书，是为上海近现代的文化和生活留下一个丰富的记录，也把上海人生活中很多美好的记忆定格其中。我想，这也是这本书的价值所在吧。

2025年3月24日于四步斋

目录 contents

* 书中文章以文中涉及的老字号诞生时间先后为序

01 南京路、外滩的景再嗲，也取代不了它在上海人心中的地位——话说当年阿拉"白相"城隍庙

◎吴琼、昂俞暄

城隍庙是许多老上海人孩提时的乐园，庙门口高耸入云的旗杆、九曲桥、豫园大假山，还有小动物园里的鹦鹉学舌让人捧腹大笑，春节的城隍庙真的逛不够、看不厌。

虽然随着时代的变化，许多记忆已渐渐淡去，但传承至今的元宵灯会依然红火。看灯是上海人过年最喜闻乐见的活动，而城隍庙每至元宵则常是笙歌灯彩，一派欢乐景象。难怪有人说："南京路、外滩的景再嗲，也取代不了城隍庙在上海人心中的地位。"

人山人海真闹猛

城隍庙的悠久历史可追溯到元朝，当时上海正式建县，庙址在如今的永嘉路上，叫淡井庙。明朝嘉靖年间上海开始修筑城墙，将庙址迁到了现在的方浜路。人们为了祈求城隍老爷保佑一方平安，烧香磕头，香火很旺，城隍庙的周围便逐渐形成了庙会集市。

历史上城隍庙曾三次受战乱重创，1922 年到 1924 年间，又三度遭遇大火，整座庙宇几乎化为废墟。抗战爆发后，随着上海的沦陷，城隍庙一带市井萧条，庙会自然无法维系。直到 20 世纪 50 年代，庙会才逐渐"香火重燃"，各方生意人和艺人纷纷云集，日益热闹。

施海根和林学鹏两位老人都是城隍庙豫园商场的退休职工，往年春节期间城隍庙的游人如织令他们印象十分深刻。林学鹏老人至今难忘城隍庙人山人海的景象："城隍庙热闹得不得了。当时的公安、消防指挥部就在我们豫园地区最高的楼上，我也在上面值班，从上面看下来正好是九曲桥，黑压压的一片人。"

春节期间在城隍庙游玩的人群中，很多人都是穿着鞋走进去，赤着脚走出来的。提起这些，施海根老人回忆道："因为人多，一个一个鞋子都掉了，后面跟着捡了，第二天豫园商场里捡了两箩筐的鞋子。"

早年住在上海老饭店旁的谢善同记忆犹新："平时你下来玩，这天不敢下来，挤不下来，被人家推着走了。"人山人海之中，小孩只能骑在大人肩上，如今已是《新民周刊》主笔的沈嘉禄当年也还是个孩子："我所看到的就是前面大人的背，所以蛮可怜的，只能从人缝当中看到一些东西。"

那么，大家都挤着去城隍庙凑什么热闹了呢？年过八旬的滑稽戏演员徐笑灵在城隍庙"白相"了几十年，除了会模仿当年"小热昏"说唱吆喝叫卖梨膏糖，他还把"猴子耍把戏"的场景还原得惟妙惟肖："为了糊口奔四方，正巧路过了响叮当。猴子这样转，打开了柜，揭开了箱，你把那李四三娘装一装。那么一个猴子，拿个老太太的头套一套，我来了，我来了。来到后来它不来了，那么有人问了，为什么不来啦？说好了的，要讨钱了，各位老板捧捧场，有钱的钱帮忙，没钱的腿帮忙。耍把戏的叫大家不要走，要付钱了。"为了看"猴子耍把戏"，还有背着孩子的父亲不慎被偷去了英纳格手表。

除了热闹的"猴子耍把戏"，还有卖拳头卖药的人。作家杨忠明回忆童年趣事说："山东人卖拳头，很冷的天，样子一做，打几套拳。一打许多人围过来，他拿起一块砖头，啪一斩，半块砖头落下来。卖拳头卖药的人，不高兴小孩占据位置，小孩挤啊挤的捣蛋。那时候很多小孩穿开裆裤，山东人说，你们这些小赤佬，穿开裆裤的、流鼻涕的走开点。一只拳头挥过来，吓得我们小孩都跑掉了。"

西洋镜里花头多

城隍庙各式各样好玩的东西，最能吸引孩子们和年轻人的眼球。

资深媒体人张景岳至今还记得"武松打虎"的拉力机："年轻人么身强力壮比力气大，用力朝上拉，它有个灯泡，武松的帽子上面有一盏灯是最高的，如果你拉拉拉，灯不停亮上去，亮到帽子顶上，大家都拍手叫好啊！"一般人只能拉到老虎身体上的灯，偶然会有一两个大力士，把最顶上的灯拉亮了，伴随着音乐、喝彩，这对孩子来说吸引力可不小。

孩子们喜爱的还有拉洋片。拉洋片又叫看西洋镜，徐笑灵老人说："就是有个柜，里面有三到四个洞，他也要唱的：'往里那个看嘞，我说往里那个瞧，要看那个猪八戒在河边来洗澡。'那么小朋友肯定叫妈妈，我也要看，主要是小孩子在看的。"

说起拉洋片，林学鹏也颇有感慨："小时候到城隍庙来，一两分钱就可以看拉洋片了。讲林冲夜奔、武松打虎，小时候又没有电影，更没有电视，到这里来就当它小电影派用场的。现在的和以前内容差不多，但是高科技了。原来就一张张片子，讲一个小故事。现在片子里面有光电效应，进步很多了，但基本上是这个样子。六十多年了，六十多年了。"

城隍庙的春节不仅是孩子们的狂欢节，也是文化人的休闲节。"白相城隍庙"不能忘了一个好去处，就是豫园。豫园是上海保存最完整、规模最大、历史最悠久的江南古典园林，其中亭台楼阁、名花珍木，"有山可樵，有泽可渔"。

它是明嘉靖年间的潘允端为孝敬双亲而建，为此，他花费了二十年的时间和心血，聚石、凿池、构亭，筑成了一个江南名园。漫步其间，隐没的角落都可读出历史的细痕，曲径通幽处尽是浓浓的古典味。春节期间"白相城隍庙"，实际上就在不知不觉中受中国古典文化和传统文化的熏陶。所以，"雅俗共赏，老少皆宜"正道出了"白相城隍庙"的精髓所在。

张景岳先生还记得当年自己一走进豫园，就为眼前的景色所吸引："1964年我17岁，跟我侄女一起来的。那天真是人山人海。大家都要爬假山。假山不大，但走得是千回百转，不得不佩服这个假山搭得很奇妙。峰回路转，不停地转转转，总算看到了望江亭。原来造这个亭子的时候，能够一直看到黄浦江的船影。但是我们1964年上来的时候，只能看到外滩的建筑，黄浦江的船已经看不到了。"

"贱骨头"滴溜溜转

对于不少已步入中老年的上海人来说，春节"白相城隍庙"已是儿时印象，而那充满欢乐的童年往往是和玩具挂钩的。

如今在城隍庙摆摊的付伟民先生，对当年城隍庙卖的京剧脸谱津津乐道："现在叫京剧脸谱，小时候都叫'野糊脸'，有京剧里面的张飞、关公，还有曹操，各色各样都有。"这种"野糊脸"不是塑料做的，而是用硬板纸做的，两侧有橡皮筋，堪称城隍庙的一大特色。

1960年的春节是提前三年胜利完成第二个五年计划后的首个春节，拍摄于当年的一段影像展示了老城隍庙游客川流不息的一片繁荣景象，而九曲桥畔的三个大型玩具摊前格外热闹，售卖孩子们心爱的上百种玩具，龙刀、龙枪应有尽有。

"江南灯王"何克明的孙子何伟福谈起童年往事说："大人带我到城隍庙，这是最高兴、最开心的事情，城隍庙给我的印象就是热闹非凡，尤其是小孩子的天地。小孩子到了城隍庙都不肯走，一定要叫大人用钞票的。"

徐笑灵老人说："家里条件不是很好，不肯买也有的，小鬼造反啦，没钱还硬要买。后来怎么办，等会走回去，电车也不要乘了，节约下来。"

说起买玩具，张景岳历历在目："记得小时候，我到了玩具摊位面前就不肯走了，各种各样的玩具，都很好玩。特别男孩子喜欢什么十八般武艺，所以我赖在那边，家里就给我买了一把宝剑。我到现在还记得那把宝剑还有剑鞘可以拔出来，高兴得不得了，又有一次买了一把像程咬金一样的斧头。"

那时的城隍庙可谓玩具的集散地，扯铃、汪汪铃、宝剑、木头刀……繁多的品种让孩子们挑花了眼。孩子们在城隍庙买到心仪的玩具，回家后就和"流鼻涕朋友"玩起了弄堂游戏。如今年过半百的人，当年穿着开裆裤，在弄堂里打弹子、刮香烟牌子、滚铁环，道具很简陋，却玩得很来劲。

只是现在，那个年代流行于城隍庙的许多玩具大都已经消失。杨忠明对儿时的玩具仍然情有独钟，有的小玩意买不到了，他就会自己动手："'贱骨头'小时候小孩都喜欢玩的，大部分都是自己削的，家里面有时候一根很长的拖把柄，已经半段了，割开来拿把刀削好之后，去问人家修脚踏车的人讨一粒弹子，钻个洞洞眼，拿铅丝到煤炉上面烧一烧，用榔头敲进去，没有榔头，拿块砖头敲进去。削得要匀称。如果削歪掉了这个'贱骨头'转不成功的。随后这样抽，大冷天抽得浑身是热量。"

八方小吃馋煞人

除了大年夜在湖心亭喝上一碗放檀香橄榄的元宝茶，宁波猪油汤团、八宝饭、开洋葱油面、两面黄、鸡鸭血汤、桂花糖粥等都是城隍庙味美价廉的特色小吃。

杨忠明记得在庙门口两旁搭着帐篷，里面有馄饨、汤团、排骨年糕，只要是讲得出的东西在这里都吃得到。

徐笑灵老人绘声绘色地说："那时候小朋友不得了，吃东西，眼睛像豁西（上海话，指闪电），筷子像雨点，嘴巴像簸箕，吃起来快，一歇歇辰光没有了。"

张景岳对南翔小笼尤其赞赏："城隍庙的小吃可以讲是上海滩闻名的。我记得到城隍庙来以后，中饭不吃的，都是这个摊子吃一点那个摊子吃一点，印象最深的呢，倒是那个九曲桥、湖心亭边上的南翔小笼包子。不论我小时候或者现在，每次来都是排队，因为它是上海最有名的特色，皮薄馅子鲜，一咬就是一包肉汤。真叫馋涎欲滴。"

对于城隍庙的美食，作为媒体人，沈嘉禄先生曾写过：假如没有小吃，城隍庙的欢乐气息将会减少许多，特别是在今天，经过岁月淘洗而沉淀下来的数十种上海小吃已经构成了一种城市记忆。

"城隍庙还有一个鱿鱼大王，把发好的鱿鱼放在油锅里一炸，炸好了以后呢，马上放在盘子里，然后浇上酱汁这样吃，非常嫩，价钱也不贵，现在就没有了。还有呢，给我印象比较深的就是荷花池旁边，过去叫湖滨美食店，它有一个葱油开洋拌面。我工作以后，凡是到城隍庙吃早点，它是我的首选。三两葱开一碗双档，很简单。人家一看就知道你是老吃客了。"

城隍庙的小吃是随着城隍庙庙市的兴盛而发展起来的。由于上海是一座移民城市，在漫长的岁月中，随着大量移民涌入老城厢地区，他们也把各地的风味小吃带进了城隍庙。这其中，就有良乡糖炒栗子。

徐笑灵说："城隍庙春节，有时候要吃糖炒栗子，糖炒栗子也要唱：'炒良乡，话良乡，我们这里的良乡是重糖炒的。'这样一唱，人家知道这里卖良乡栗子的。旁边卖白果的朋友抢生意：'生炒糯米油白果，香是香来糯是糯，一粒开花两粒大，两粒开花鹅蛋大。一角铜钿买十颗，买十颗来送一颗。'"

糖粥也是城隍庙的特色，对开的糖粥叫鸳鸯，一半是赤豆的糖粥，一半是白的糖粥。沈嘉禄对之赞不绝口："他给你拼起来，甚至于给你拼成一个像太极图一样的。你想这么价格低廉的糖粥，他给你做的也是这样赏心悦目，所以过去的手艺人是非常敬业的。"

早年的五香豆包装纸及商标

在老城隍庙，还有一颗名号响当当的豆子，它就是"一粒入口，回味无穷"的五香豆。在许多人看来，"不到老城隍庙尝尝五香豆，就不算到过大上海！"

过去装五香豆的袋子上还印着"老城隍庙冰糖奶油五香豆"，徐笑灵老人也还记得五香豆的吆喝："冰糖、奶油、五香豆，五分钱卖一包，我们奶油五香豆，就是味道好。"别看五香豆不起眼，却被作为馈赠亲友的特产。沈嘉禄有四个在外地的哥哥，过年到上海来，临走的时候都会带一些五香豆回去。当时买五香豆还要排很长的队。他回忆说："排队要排两个多小时，还限购，每人只能买两包，这个情景蛮惨的，排两个小时买两包给这个哥哥带回去。过几天，那个哥哥又要回去了，再来买两包，很费劲的。"

逛逛城隍庙，吃吃小点心，成了上海人昔日春节里的一种世俗乐趣，城隍庙飘逸着香气的浓浓年味也就此渗透进了人们的心里。

元宵灯会最火爆

上海从清朝末年开始就有到豫园开灯会的习俗，流传至今已有上百年的历史了。每到元宵时节，很多摊贩和商铺都会挂出兔子灯销售。在 20 世纪二三十

老画报中的"城隍庙灯会"

年代，有一家灯彩店生意特别红火，他的主人就是后来被称为"江南灯王"的灯彩艺术家何克明。何克明以制作仙鹤灯、凤凰灯、孔雀灯闻名，独创立体动物灯彩，形成了独特的江南灯彩流派。其作品曾作为国礼赠予多国领导人。

"江南灯王"的孙子何伟福回忆自己的祖父时说："人家大热天乘凉，扇扇子啊，聊天吹牛啊，我祖父都躲在阁楼里面就是做这个彩灯，很闷很热，那个时候，根本没有电风扇。都是做半成品，比如说做鸡做鸭做鱼，他把骨架做好，鸟的翅膀、鸟的尾巴做好，鸟的身体也裱糊好，但是他不把它们组合起来，因为组合起来装比较占地方。

"他让我一箱一箱把它堆积起来，临近春节，我就到城隍庙去租一个门面，然后在上面拉好铁丝，拉好电线，把这个彩灯一个一个挂上去，气氛就马上出来了，就漂亮了。人家一看，你这个灯做得这么精致，而且琳琅满目，品种丰富，所以那个时候我的祖父在城隍庙里面就出了名，他生意最好，因为我祖父家里是南京人，所以他小时候人家叫他小南京，后来大一点了人家就叫他灯彩何。"

尽管灯彩的品种丰富多样，但在很多人的记忆中，元宵最传统的还是拉兔子灯，俗称溜兔子。元宵时节，天黑之后，家家户户都把兔子灯拖出来，一不小心拖翻了，整个兔子就烧掉了。在张景岳眼中，元宵灯会还有着更深刻的意义："当年兔子灯也好，走马灯也好，都是民间艺人手工制作的。那么城隍庙的话呢，品种特别多，来了以后眼睛都看花了，而且价钱也不贵很便宜的。小孩子最喜欢看的就是走马灯，好玩啊，什么三雄战吕布啊，等等，这些很有意思的。像这些东西的话呢，现在讲起来是上海的非物质文化遗产了，所以到春节的时候，大家都来看元宵灯会，实际上是重温我们民族文化传统一个很好的纪念日。"

斗转星移，时至今日，"白相城隍庙"这句话上海人已经不大说起了，但是农历正月十五元宵节"到城隍庙去看灯"正在成为一项颇具时尚感的新民俗。古色古香的城隍庙和元宵灯彩可以说是相得益彰，主题生肖灯流光溢彩，普洒在这方圆5.3公顷的建筑群落之中，更映衬出城隍庙古朴浓郁的风情。

最近这些年，城隍庙的豫园灯会越办越精彩，越办越红火。传统的民间彩灯艺术，加上现代化的声光电技术把春节的城隍庙辉映点缀得如梦幻仙境，似天上人间。

02　雷允上诵芬堂药铺的故事

◎应秀菊

　　上海有许多历史悠久、闻名遐迩的老字号，雷允上就是其中之一。享有盛名的老字号雷允上药业集团是中国四大药堂之一，国家首批中华老字号，国家绝密项目及国家非物质文化遗产拥有者。老字号"雷允上"始创于1734年，至今已近300年，其创始人雷大升（字允上，号南山，1696—1779）为清吴门名医，是"吴门医派"的集大成者。说起雷允上的故事，可谓一段传奇，至今令人传诵。

雷允上药店的创始

　　苏州老阊门，水陆交汇，商贾云集，唐宋以来，一向都是繁华风流之地。在阊门的边上，有爿全国闻名的店"雷允上诵芬堂药铺"，现改称"苏州雷允上制药厂"，和北京的同仁堂及杭州的胡庆余堂齐名，各有自己的名牌产品。同仁堂以牛黄清心丸出名，胡庆余堂以驴皮胶著称，而雷允上诵芬堂则以六神丸闻名于世。

　　雷大升祖上是河北宛平人，后迁居江西丰城，至允上父辈始移居苏州。他知书好学，隐居家中专心致志于医药的研究，著有《金匮辨正》《经病方论》《要症论略》《丹丸方论》等书，曾拜苏州名医王晋三为师，并经常走街串巷，为人治病兼营卖药，在长期的实践中，积累了不少民间验方和单方，搜集了许多中草药材，尤其对修合丸散方面有独特的研究，就在苏州专诸巷天库门前自己的家门口，摆了一个药摊，销售自制成药。因用药考究，颇受人欢迎，后发展成为诵芬堂药铺，并在店堂内设立诊所，一面卖药，一面行医。允上为人热心，常能免费施医送药。很多人吃了他的成药丸散，病就好了。他有一张祖传秘方，并经他精心改进，用牛黄、麝香、珍珠、蟾酥、冰片、明雄黄六味名贵中药合成，故名六神丸。这种六神丸对治疗咽喉肿痛、扁桃体炎、小儿热疖、急慢惊风等内外病症，确有奇效，一经问世，很快就博得声誉，被人们称为灵丹妙药，于是找他治病的人与日俱增，名气越来越响，生意也越做越大。由于雷允上集医、药于一身，坐堂行医卖药，治病有方，为人厚道，一时门庭若市，名噪姑苏城。"雷允上医生"传遍苏州大街小巷，远近闻名。于是人们都称药店为"雷允上"，至于药店正式招牌"雷诵芬堂"却逐渐被省略或淡忘了。

上海雷允上商标

1860 年，太平军，进攻江浙一带，苏州雷允上毁于战火。雷氏族人为保全世代相传的祖业，携带了祖传药品逃亡上海。1860 年设"申号"雷允上诵芬堂于上海县新北门外兴圣街（今人民路永胜路口），制售各种成药，并出口日本，成效愈著，声名鹊起，而扩大出口至印度、南洋等地。

1867 年，苏州老店也在西中市复业，天库前原址改胶厂和栈房。数十年间，"苏""申"两号药店所制六神丸和其他膏、丸、散、丹，行销全国，生意越做越大。1934 年设"北号"于河南北路 30 号天后宫桥（今河南路桥）北堍；1937 年又设北号支店于静安寺路（今南京西路）719 号（也称"西店"）。此后逐渐形成苏州一店、上海三店、"一姓同宗"的合伙中药店的雷允上格局。其自产自销六神丸，名声大振，与童涵春、胡庆余、蔡同德并称为上海四大中药号之一。当时门店上方就打出了"精制六神丸"的招牌，这也一直成为了雷允上的招牌药。

上海分店的盛衰起落

诵芬堂创始人雷允上终年84岁，生四子，分别命名为楷、椿、桂、兰。雷桂曾任广西苍梧县知事。其后，雷氏子孙日益繁衍，至道光年间（1821—1851年），共有礼、耕、绮、蕉、松五房，已出五服，均属同族人。

诵芬堂在上海新北门设立分店后，其主持人名叫雷纯一，是雷族五房共同推派的。据传说，雷纯一后遭兵燹，穷困潦倒，又得不到族人的支援，只得摆个草药铺，艰难困苦，聊以度日。幸亏当时有一位昆山籍顾姓老人与另一位平姓苏州人自愿投资制钱10千文；又有一位雷姓族人以三麻袋痧药瓶为助，纯一即以此为基础，惨淡经营，不数年即恢复分店业务并获利。而该平姓人自投资以来，数十年间从未结算过，纯一为答谢其患难中相扶助之恩，一次付给现银10万两作为归还他的本金和利息；又为答谢昆山籍顾姓老人当初帮助的好意，雷氏族人的一个女儿嫁给顾老的外甥彭嘉滋，成就了一段佳话。

上海分店位于今人民路江西南路交叉口，后来为一伙南京人所把持。他们结帮营私，手捧大水烟壶筒，高傲慢上，目中无人，仗势垄断店务，以致多少年来雷氏族人难以插手，当然更谈不上过问店务。这时店务腐败不堪，连账簿都不全，眼看这爿百年老店大有土崩瓦解之势，雷氏族人乃公推雷学嘉（徵明）、雷学乐（显之）弟兄二人出手挽救将倒的大厦。

徵明、显之弟兄二人均有学问，曾合著《中国丸散饮片全集》，于1940年出版，未数年即再版四次。20世纪20年代初，雷氏五房族人推选他弟兄二人为苏州与上海雷允上诵芬堂药铺负责人。徵明任苏州老店经理。显之则至上海收拾分店的烂摊子，此店后改名雷允上南号。

显之至上海南店后，为了整顿店务并应付当时客观环境，聘请司法界老前辈张一鹏大律师为常年法律顾问。他规定店中制度，强调凡吸食鸦片者都要开除，同时恢复并改进了雷允上老店的管理方法，并正式订立三联单制度，使奄奄一息的南店迅速旧貌换上了新颜，不数年即将那批南京人陆续辞退。他知道单靠雷氏子孙不可能充分开展业务，就先后在严格的选择标准下，招收了100余名青年学生作为自己的门徒，除了传授中药业外，还亲自教授国文、英语。这样一整顿，使店内气象大变，业务蒸蒸日上。

为了扩充业务，显之还在河南北路天后宫桥塆，开设了一爿北店。南号出售中成药丸散，北号则增设了饮片业务，请杭州人赵德如老药工负责主持。这样雷允上就正式成为一家销售丸散饮片的中药铺了。

1937年"八一三"淞沪会战起，显之见南、北两店均近华界，为安全起见，在王家沙现南京西路719号设立北支店，一直到现在还是原来的旧址，但已翻修成新。为了统一管理这三爿店的业务，又在环龙路（今南昌路）环龙别业9号成立一总管理处，亦称账房间，使三爿店的营业收入全部汇集该处送存银行。

显之除了以主要精力经营雷允上诵芬堂上海各分支店外，还与中国药业银行、崇实企业公司及华丰钱庄建立了良好关系。在雷显之的用心经营之下，雷允上上海分店的业务蒸蒸日上，兴盛一时。

雷允上药店成就之秘

雷允上之所以享誉沪上，最值得一提的是被誉为灵丹妙药的雷允上六神丸。其为具有特效的黑色丸状结晶药物，状若芥子，圆整光亮，服用剂量小，疗效很好，制作工艺精细，堪称吴门医派中的微丸代表药物。

江南之地，气候温润，雨量充沛，也有卑湿的地域特点，易发瘟疫，温病流行、高发。北京同仁堂的中药大多以大丸的形式作为宫廷用药，而苏州雷允上中药是以微丸的形式，药量小，价格便宜，六神丸就是其中的代表药物。其所使用的药材由精选的麝香、珍珠、犀黄、羚羊角、猴枣等名贵细料组成，形成一批疗效卓著的名药，如六神丸、诸葛行军散、痧药蟾酥丸、王枢丹、癖瘟丹等药，在吴中地区温病临床实践中发挥了很大的作用。

六神丸肇始于雷氏传人雷纯一，奠基于雷滋蕃，拓展于雷善觉，遵承于陆志成，因承于王式训，继承于当代的劳三申等弟子，现为上海雷允上药业有限公司的著名特色品种，是国家保密品种，也是国家一级中药保护品种，三次获得国家质量金奖，屡次荣获上海市优质产品、上海市名牌产品称号。

其次，雷允上药店之所以能从一个小药摊发展成为举世闻名的大药店，究其原因，在于其创业之初，即厘定了严格的选料制度，据说它的"秘方六神丸"所用原料中的麝香一味，收购后即久藏于石灰缸内，等至完全干燥，其重量至少已经损失了四成，难怪人们常说，一进雷允上的药店内，即感觉香味扑鼻，透彻骨髓，心旷神怡。那些中暑不适的人，只要到此药店小坐片刻，即可痊愈，盖以麝香有通七窍的功效，而雷允上以经过加工的这味药效果更高之故。该店自创办初即规定：进货方面必须按专门标准办理，遇到以次充好等情况，坚决退货，决不徇情。

其三，就是招牌药"六神丸"秘方的妥善保管。雷允上药店以其"秘方六神丸"蜚声中外。所谓"秘方"，是封建时代没有专利权制度下产生出来的一种"传子不传女"的独家经营办法，避免流传到外面而失去专利权。雷允上的六神丸也不例外，它的秘方是家传而不扩散的，而且至五房分立时，每房各掌握处方的一部分，互不通气。

制造时，各房提供所掌握处方中的药材，最后由他们推选出的店务负责人合成成药。如雷显之任上海店主，即由他根据全部处方亲自监制，因此也叫"显方"。解放后，雷显之将全部秘方及操作要诀献给国家，作为保密材料存档，由卫生部备案批准商标牌号，一直保持着名牌药品的传统特色。

六神丸畅销海内外，受到中外人士的好评。上海分店的金字招牌，据说就出自文史馆陈莲涛老画家的手笔。之后上海中药一厂出品的六神丸，基本上是根据过去雷显之的传统秘方配制而成，操作的技术人员如王式训、沈伯荣、金林生、沈文耀等，都是显之培养的学生，各有 40 余年的工作经验，所以六神丸的声誉始终不衰。

传承与发展

近三百年来，历代雷允上传人精益求精，创制了一大批组方精当、功效显著的名方名药,在业内享有盛名。2011 年,雷允上被授予中华老字号企业称号。同年,入选中国邮政总局发行的四大中医药堂邮票之一;2012 年被认定为国家驰名商标。

今天的雷允上继承传统、科学创新,以疗效确切的优质中成药服务大众,随着社会经济的发展,养生文化的普及,群众健康保健意识的增强以及银发经济时代的到来,养生保健产业呈爆发式增长势态,已跨界发展成为巨大的产业。雷允上紧跟发展,进入养生健康产业,适时推出了雷允上健康品系列。以中医吴门医派养生文化为基础,在百年雷允上文化传承中挖掘古方验方,并与现代制药工艺技术结合。老字号"雷允上"药店历经艰辛,不断创新发展,获得了新一季的蓬勃发展。

03 这家中药铺在上海开了 240 多年，药苑百草背后有哪些传奇？

◎包光宇（口述）、刘巽明（整理）

本文口述者包光宇老先生，出生于 1927 年 11 月，祖籍宁波镇海，是位 95 虚岁（口述时）的寿星。他吃了一辈子"药材"饭，从 1941 年入职到 1987 年退休，长时间在童涵春南号工作。1988 年起，又受聘于童涵春北号直至 2000 年。如此这般算来，与药材打交道已有一个甲子。包老对童涵春堂的历史以及上海的中药学行业了如指掌，不愧为中药铺老字号的"活字典"，且听他如数家珍、娓娓道来……

"坐堂问医"称为"堂"

汉字繁体"藥"是草字头下面一个"樂"。人吃五谷杂粮，难免头疼脑热以及跌打损伤等病痛，于是寻找能够解决的办法和东西，重新获得快乐。老祖宗长期实践积累，载录传世的防病治病物品，这就是中药。

藥——草本植物可用来制药，有"神农尝百草"之说；由于中药以植物药居多，有"诸药以草为本"的说法。引申出药物之义，泛指可治病之物。中药主要来源于天然药及其加工品，包括植物药、动物药、矿物药以及部分化学、生物制品类药。中药讲究道地药材，又称地道药材，是优质纯真药材的专用名词，指历史悠久、产地适宜、品种优良、产量宏丰、炮制考究、疗效突出、带有地域特点的药材。

旧时中药铺外面的白色墙体上，往往书有大大的黑字"藥"，至今豫园商城童涵春堂西侧墙体上还有醒目的"藥局"字样。药局就是卖中药的商铺。查历史，自宋朝始称药所，后更名为"医药惠民局""医药和剂局"。此后，类似药局迅速出现。

中药又称为国药——祖国医学之药物，是国粹之一，也是国之瑰宝。买卖国药的商铺便称国药店（号）。大宗买卖（批发）国药的称药材行，1949年后的上海改称药材公司。

给病家配药的称为药铺（店、号），规模比较大、有"坐堂问医"的才称为"堂"。童涵春国药号又称童涵春堂。堂的由来，源于古代建筑的结构，不论是官衙还是宅第，大户人家院子一般为三间、五间、七间……奇数，必有居中一间为堂屋，作为会客之地。汉献帝时，疫病流行，病亡无数，朝廷有"太守不得擅进民宅"规定，时长沙府太守张仲景想出办法，在公堂上挂一幅"张仲景坐堂行医"帘子，案毕即为百姓看病。后人为了显赫把"堂"当成古老或历史悠久的象征，在一个时期被"公认"为是卖药的，成了药店的"专利"。

清朝末年，中药铺有著名对联"但愿世间无人病，何惜架上药生尘"，充分表现古代中医所具有的高尚医德，体现其可赞的仁心。此外还有：天下药治天下病，懒病不能治；世上人除世上灾，心灾怎可除？药为治病之器，可以除疾，亦可杀人。若知不详，用之不得。小错则贻误治疗，大谬则性命交关。故医者于药不可不精。

百眼柜中藏百药

国药店采用中式装修，店门居中，上悬横匾，黑底金字居多。店堂里两厢是曲尺柜台。柜台一般比较高，与前来抓药的人隔离。药店是特殊行业，操作过程严格，无论生客熟客一律"拒之柜外"，所以柜台又称"拦柜"。为的是，防止人多嘈杂，员工抓药出错。柜台外设有坐堂大夫，随时候诊开方，方便患者就医购药。

国药店给人安定感，并具有一丝神秘感。店堂里摆放红木家具，包括椅子，供顾客小坐。通常先粗看方子，如果缺某味药，即刻告知，如不缺药则招呼在椅子坐等；等不及的可以留下方子，在药材店打烊之前来取。

柜台内两侧是中草药药柜，外表横竖排放十数层抽屉，每个瘦长的抽屉内分三格，放三种药。外面标签上写着药名。柜台正后方是中成药柜，摆放着丸散膏丹。

药柜俗称"百眼柜（橱）"——有许多抽屉的橱柜。百眼柜中药抽屉亦称中药斗、药斗子等，贴墙摆放，有"平视观上斗，展手及边沿"；基本上"抬手取，低头拿，半步可观全药匣"。

童涵春堂还保存着清朝的单独百眼柜，高约 2 米、宽约 1 米；底部 3 个抽屉，顶部平台可放置坛坛罐罐；中部横六竖七（42）个抽屉，每个抽屉 12 厘米高、13 厘米宽，表面书写 3 种药名，拉开是 3 格，这样一个百眼柜共有 135 格，可以放置百余味中药饮片。

斗谱对戥见真功

对于外行人来说，从百眼柜中找出某一味药材当真是一件难事。看那中药师照方子抓药，却是轻车熟路、得心应手。这正是因为药师采用了归纳法。药柜里药斗的秩序，根据药师个人使用便利和习惯编排，称"斗谱"。

"斗谱"不断调整，同一药材的不同炮制品（比如干姜、炮姜），或者同一种植物的不同入药部位（比如莲心、莲子、莲须）被编排一起。常用处方或相似性味的饮片，也可以存放在相邻的位置。"斗谱"经长期调整，药师在臂展的范围内就能抓好一个处方，脚下无须走动。

旧时中药方子，6—9 味药，每味 3 钱（16 两制）；通常开 7 帖，即服用 7 天后，再加减个别味药。实际上每一味每次只有 21 钱（2 两左右），即如今新制的50 克不到。因此，属于精细活，采用微型杆秤——戥子。

戥子学名戥秤，是宋代刘承硅发明的衡量轻重的器具，专门用来秤金银、贵重药品和香料的精密衡器，精确性不亚于天平秤。构造和原理跟杆秤相同，盛物体的部分是一个小盘子，最大单位是两，小到分或厘。明清时代，戥子的制造、使用、管理已达到非常完备的水平。因其用料考究，做工和技艺独特，也是品位非常高的收藏品。

传统配制中药"手抓戥秤",因此称"抓药"。宁波人叫"捉药",与抓一个意思,但是寓意更加"精确"——捉牢不放。上海人叫赎药,赎是当铺的专业词,有继续的意思。服用中药有"加减"调理过程,续就是接连不断。

戥秤的正确使用为"秤杆不过鼻尖,秤砣挂小指端,抓药用前三指",秤杆放在左手中指端和虎口(合谷穴)上,用右手前三指抓药,靠左手中指和食指的伸屈活动带动砣弦移动。调剂时以左手持戥杆,用拇指和掌心扣住砣弦以固定戥砣,右手取药放入戥盘,依据秤量需求选择头毫或后毫……

中药业有"齐眉对戥"之说,为秤量精确。戥子与人融为一体,瞬间静若止水,逐剂分药时,戥盘与手轻触即离、忽升忽降,犹如蜻蜓点水,整个调剂过程颇具观赏性。

中药的包装也十分讲究,分两种式样:方包和虎头包。方包要求边角对齐,方正有棱角;虎头包要求两角对,中间高边际低。童涵春堂包装纸上印有大字"童涵春,不二价"以及优惠等广告语。中药店学生意,第一要务就是练纸包药。除了在外观上要求棱角分明外,更注重纸包的质量,无论是片剂、丹剂还是散剂,都得包封得严严实实,老药师将你的纸包甩出三尺柜台,不得有粉末和细小的种子溢出才算过关。

竺涵春改名童涵春

阿拉宁波人与中医药的缘分源远流长,尤其明清时期,从慈溪鸣鹤场走出了一百多家国药老字号品牌;民国时期,宁波市区有条药行街,是全国重要的药材集散转运中心。童涵春的创始人童善长就是一位宁波人。

童善长出生于清乾隆十年(1745年),从小聪明伶俐,长大后继承雄厚祖业,不满足在庄桥一带经商,利用祖传资本跑码头闯荡上海滩。觅址在上海老城外靠十六铺的里咸瓜街开设了恒泰药行,做中药材批发。他还经常去四川等地贩运药材,自采、自运、自销,好货留店自用,批发零售结合,拓展业务,生意日见兴隆。

乾隆四十八年(1783年),城里厢瓮城地段(今方浜中路23号,当时为方浜北岸)竺涵春药店经营不善欲出售。童善长早有经营药店的打算,且特别欣赏竺涵春中药铺的招牌。他认为，该店地处闹市有望发展，且"涵春"具"涵和理中，永葆青春"之意。童、竺两人经过磋商，一拍即合，童善长出资将竺涵春中药铺的资产连同店招一并买下，易姓不改名为"童涵春"。这样，既保持涵春的店招，又有了童氏记号，且寓意"返老还童""童叟无欺"，真是意味深长。

童涵春堂商标

童善长对各种药材在行，他用优质药材精制饮片，又煞费苦心，继承传统古方，搜罗验方，博采众长，悉心研制丸散膏丹，搞出童涵春的经营特色，人参再造丸就是其中一大创造。

小东门当年是县城到黄浦江的主要通道，药店处城门内，又毗邻黄浦江，江上的船民小毛小病，就近将船靠岸边，到童涵春转一圈，花几个钱抓些药。药店卖主和气，不坑人，药也不贵，加之一吃就灵的还真不少，童涵春的影响就借着江风传开，生意逐渐兴旺。

童善长还在沪开设元亨木行，自备元、亨、利、贞四条大型帆船，往返于上海至北方及南洋诸岛，带回药材或牛庄高粱等，供店中配方、配料及自制药酒之需。童涵春国药房的饮片、药酒及夏令痧药等产品在东南亚销路广阔，信誉卓著。

称奇的是，童涵春刀房师傅有"看家技法"，能把一粒蚕豆大小、止咳化痰的制半夏，切成薄似蝉翼、色白如玉、透明亮光的百多片，被人冠称"童薄片"。"童薄片"需要一种刚中带柔、柔中带刚、软硬兼施的操作法，最终成品则以片薄均匀、不卷片、透明光亮为标准。之后，法半夏片、淡附片、广郁金片、玄胡片和槟榔片，都博得"童薄片"美称。有人赞誉："半夏如蝉翼，附子飞上天，玄胡、郁金像金箔，槟榔要切 108 片。"

童善长按秘方创制专治跌打损伤的"太乙保珍膏"，其大儿子童蕙楼在工艺上改进，更名为"童蕙楼红布膏药"，并在膏药背面盖"上洋童蕙楼监制"印记。童涵春会做生意，除了品质精益求精，还特别重视品牌建设，在药罐、包装纸等上都印"童涵春"或"童"字，可以说："童"氏名扬上海。

金字招牌值铜钿

清同治二年（1863 年），童善长 21 岁的曾孙童祥权（1842—1904）出任童涵春堂第四任掌门人。这位新人认为，药材的品质是药号生命所在。其严格遵循古法炮制，坚持"修合虽无人见，诚心自有天知"的店训和"选料地道、配合讲究、制作精细、待客和气"的宗旨，十分重视对拳头产品的质量升级。正如现代广告语："药材好，药才好。"

他忖思，名店应有名人题写的店招，牌匾出自名家之手，必定产生名人效应。当年，"有头有脸"的大字号，都请名人、名书法家书写牌匾，著名书法家写的名声自然远扬。只要是老字号、大商家提出，上至皇上、下至宰相和文人墨客，也都愿意出手挥毫。为此，他以 800 两纹银作礼品，托人请光绪皇帝的老师、大书法家、出身名医世家的状元公陆润庠，题写了"童涵春堂"四个大字，并请能工巧匠制成金底黑字匾额，高悬店堂中央，还在大门中央上部嵌"童涵春堂"立体字，笑迎八方来客。

20 世纪 20 年代，童氏后代童光甫任第六任经理，满以为童涵春堂已做出了牌子，却把精力花在金融投机，结果以失败告终。1930 年，童涵春堂债台高筑，不得不把祖传的童涵春堂部分产权出售给上海滩银行巨头孙衡甫和参行老板徐炳辉等 28 人，变童氏独资为合伙企业，以偿还债务，但尚不足以抵消高额债务。其时，童涵春堂的牌誉在民众中已有很深影响。经过出、受盘人双方协商，在出盘的时候，将牌誉这块无形资产进行评估，结果作价 80 万两白银，即折合 112 万枚银元，可见名店招牌的金贵。

1945 年 8 月抗战胜利，上海小东门十六铺的市面逐渐恢复，第八任经理孙以康抓紧时机恢复营业，是为南号总店；在战时经营的新店也继续营业，是为北号分店，从此形成了南北两家童涵春堂的局面。孙以康在两家药号装修设计上大胆革新，突破了中药铺"外面石库门、里面黑洞洞"的传统格局，使得店堂设置、门面装潢具有现代气息，还请著名书法家唐驼和谭泽闿为两片药号书写店招，陆润庠书写的店招依旧挂在小东门的店堂中央，一旧一新，诉说着百年沉浮，也昭示着百年品牌的魅力。

童涵春堂的员工多数为宁波籍，并且相对集中居住在药店附近，大多从学徒做到退休，所以员工归属感和荣誉感特别强，都知道做人做事只能创招牌，不能砸招牌，砸招牌就是砸饭碗。

1950 年童涵春堂的上海市国药商业同业公会筹备会会员登记表（上海市档案馆藏）

"文化大革命"时期改名风潮席卷，两家童涵春堂被迫易名：南号处人民路1号为"人民药品商店"，北号处延安东路493号为"解放药店"。店都改姓易名了，原店招自然废弃了，"童涵春堂"的金字招牌被视为"四旧"。旧的店招被人摘了下来，作为废物出售。巧的是，一位叫邬国庆的顾客逛旧木料商店时，意外发现了这块木招牌，感觉惋惜，花了10多元钱买下，带回家给孩子作为铺板，使之劫后余生被留存下来。

1980年，童涵春恢复原来店名，邬国庆路过小东门的童涵春店，赫然发现自己"收藏"的店招有了用场。于是，他踏入店堂找到书记和经理，风趣地说：你们药店恢复了原来大名，可是金字招牌还睡在我家里呢！并且表示无条件"完璧归赵"。

一个晴朗的星期日，童涵春堂派人驱车到浦东川沙，从老邬家中拉回了这一块珍贵的堂匾，稍经整修，重新高悬于小东门店堂中央，这块匾额终于重见天日，也成为童涵春堂的传店珍宝。

童涵春堂几经改制，如今依然是国药界的一块金字招牌。童涵春堂的发展历程，亦成为中国国药业发展的历史缩影。

04 百年风华话"和平"

◎一帆

上海外滩，北起外白渡桥，南抵延安东路，是黄浦江沿岸的精华所在。它绵延1.5公里，各种风格的大楼鳞次栉比，哥特式、巴洛克式、文艺复兴式……虽出自不同建筑师之手，但协调的建筑轮廓在黄浦江西岸画出了一道优美的天际线。曾经的，耸立在南京路口的沙逊大厦则讲述着一个来自巴格达犹太家族的发家史……

外滩老照片，可见汇中饭店和沙逊大厦（上海市档案馆藏）

如今，这里是和平饭店北楼，荣冠着"世界最著名饭店"的称号。大楼那尖尖的高达19米的古埃及金字塔形墨绿色屋顶高耸入云，展示着它无可言语的威严。屋顶的右下侧维多利亚观光花园，被海内外人士誉为是"上海最浪漫的地方"，站在这里凭栏远眺，两岸瑰玮壮丽，黄浦江面上似有万点黄金闪烁，让人憧憬迷思。江风猎猎，更撩拨壮志豪情。马路对面，矗立着英国安妮女王时代样式的和平饭店南楼，百年光阴浮掠，花岗石铭牌上清楚地镌刻着它的岁月，"1906"。

1906—1965年·汇中饭店

和平饭店南楼，原是上海历史悠久、闻名遐迩的汇中饭店。1854年在此落成了一座三层楼的英式楼房，是为当年上海最豪华的旅馆。饭店取名中央饭店。落成伊始，英租界工部局即于此召开董事会。1903年英商汇中洋行买下饭店产权后，1906年聘请建筑师司各特拆楼重建，1908年落成。此时饭店英文名改称"Palace Hotel"，意译为"豪华饭店"，中文名仍沿用"汇中"，饭店为6层楼混合结构建筑，装修十分豪华，进门采用柚木旋转门，大厅内设有宽敞的木制楼梯，扶手栏

19世纪后期的南京路外滩，十字路口左侧的建筑即为中央饭店（上海市档案馆藏）

杆雕工精细，屋内皆以石膏花纹饰顶。汇中饭店是当时外滩最豪华的建筑，一时名流云集，裙裾飞扬。

1907 年建造时，美国奥迪斯电梯公司为饭店安装了上海有史以来的第一部电梯。饭店方面为此十分自豪，他们在自己印刷的小册子里写到："从南京路大门进入饭店，客人会被漂亮的布置和宽敞的门厅所吸引，与众不同的是这里的电梯会把你送到想去的楼层而不必再费力地拾级而上。"据说汇中的这部电梯不仅为上海滩最早使用的，甚至还开创了全中国建筑物使用电梯的先例，而后来建造的沙逊大厦也沿用了奥迪斯品牌电梯。

上海日后盛行的屋顶花园大概也源于汇中。建筑师根据上海的气候条件首次将屋顶花园的构想融入他的设计之中。在饭店顶楼建造了露天花园，临南京路两角建有对称的覆钟形小阁，临浦江的东南角上则建有一座巴洛克式风亭，地面铺设了人工草坪，周围栏杆上栽培着攀藤植物。每当夏季周末的黄昏，工部局乐团在外滩公园演奏时，屋顶纳凉的旅客可边欣赏着美妙的音乐边远眺波光粼粼的黄浦江；在冬日的午后，客人则可以一边啜品着浓香的咖啡一边享受着温暖的阳光。

1909 年 2 月 1 日，来自中、美、英、法、德等 13 个国家的代表齐聚于此，召开了世界近代史上第一次国际多边禁毒会议——万国禁烟会议。落成未久的汇中饭店被选为主会场。为保障会议的顺利进行，饭店门口有工部局的中国骑警和印度巡捕驻守。两江总督端方作为中国首席代表出席会议，端方的演讲铿锵有力、掌声不断："我们的人民多么希望能迅速、干净地清除鸦片祸害，使中国进入现代化国家行列，取得自己的位置。"从 2 月 1 日到 26 日，"万国禁烟会"共在汇中饭店召开了 14 次会议，最后通过了有关禁止烟毒的九条决议，在世界禁毒史上留下不灭的篇章。

1911 年 12 月 29 日，中国同盟会本部在汇中饭店召开大会，欢迎孙中山先生从海外归国。会上孙中山慷慨陈词："予不名一钱，所带回者革命之精神耳。"是日晚，饭店的宴会厅内高朋满座，人们共同举杯为孙中山接风。而当天，在南京正由十七省代表选举南京政府临时大总统，孙中山在缺席的情况下以 16 票之绝对多数当选。席间捷报传来，顿时，大厅内群情激奋，欢呼四起。二十世纪初的汇中饭店也是那时的政治文化中心之一。

1926—1956年·华懋饭店

维克多·沙逊,沙逊家族的"后起之秀",他曾是英国空军的上尉,战斗中受伤致残,人称"跛脚沙逊"。退役后的沙逊加入家族经商事业,在上海,他转而投资炒作房地产,大获成功,汉弥尔登大楼(现福州大楼)、都城大楼(现都城饭店)、河滨公寓、华懋公寓(现锦江饭店北楼)等都是他的产业,几乎独揽了上海滩的高层建筑,甚至蒋介石和宋美龄举行婚典的大华饭店,也被他推倒重建。他本人也因此成为上海滩首富。

早年沙逊大厦外景(上海市档案馆藏)

1926年,沙逊在汇中饭店对面建造一座堪称"远东第一楼"的沙逊大厦。据1939年出版的《上海行号路图录》记载,当年沙逊大厦底层临江一面为荷兰银行营业厅，转角处为华比银行所在地。南京路段自东向西依次为华懋饭店正门、大英花店、普宝斋古董店、顶级生活用品及中国第一家劳力士表专卖店——安康洋行等。

华懋饭店开在沙逊大厦五楼以上，它是当年上海的顶级标志，上海最奢华的所在。华懋饭店开业后由新沙逊洋行属下的华懋地产公司经营，故英文名称"Cathay Hotel"。五至七层为客房，分为三等，其中一等客房9套，五楼的是德、印、日、西班牙式客房，六楼的是法、意、美式客房，七楼的是中、英式客房，这九国套房在上海大饭店中是独一无二的，被分别安排在饭店的东端，面临风景如画的黄浦江。各个房间自有特色，印度套房充满着浓郁的印度风格，许多印度客人来到上海后，指名要住此地。日式套房曾让日本驻沪总领事夫人不忍离去，最后竟借居了两年。二十世纪三十年代，英国剧作家诺埃尔·科沃德爵士在华懋饭店长包了314客房，窗外黄浦江的景致令他文思泉涌，挥笔写就成名作《私人生活》。八层有大酒吧、舞厅和中国式餐厅，九楼则是夜总会及小餐厅，沙逊自己住在十楼，房间布置为英国风格，精美豪华。

法国工艺大师拉利克所独创的水晶玻璃艺术品，二十世纪二三十年代风行全球，倾倒欧洲王公贵族。在华懋饭店，装饰了不少拉利克艺术成熟时期的作品，如今已是价值连城。而当时凡在华懋举办婚礼、生日宴会等庆典的客人，店方还特意为他们灌制一张小型的铝质唱片，将美妙的瞬间永远珍藏起来。有次沙逊一时兴起，在饭店组织化妆舞会，结束后，免费派送给每位客人的礼品是一架进口照相机！在二十世纪三十年代，曾有着"住在华懋饭店，如同身处世界的中心"的说法。宾客近悦远来，"无线电之父"马可尼、美国喜剧电影大师卓别林、国际联盟李顿调查团及美国特使马歇尔等都曾停留于此。这里作为上海首屈一指的政治和社交场所，无数政要在此风云际会，上演了许多重大历史事件。

然而这样的奢华和盛况，在战争阴霾下黯然失色。1937年8月14日，"八·一三"之战爆发次日，中日双方出动空军交战。交战中两颗炸弹正落在外滩与南京路的交界处，其中的一颗炸毁了汇中饭店的屋顶，另一颗则将华懋饭店咖啡厅一角炸飞，许多中外人士遇害。一贯喜欢安逸享乐的沙逊，此时也不得不在日军的淫威下苟且偷生，但他还常组织侨民们在晚上九点一刻躲到饭店九楼舞厅内（九霄厅）放映英美新影片苦中作乐，被人们称作"九点一刻俱乐部"。1941

年底太平洋战争爆发后，日本人打入租界，外滩的和平女神雕像也被损毁，沙逊大厦与汇中饭店在劫难逃，同被日伪当局接管，在上海滩一言九鼎的沙逊也只得逃往海外。

1956—2006 年·和平饭店

1949 年上海解放之后，整个上海滩的洋大人和所谓高等华人，十有八九都去了香港和国外，华懋饭店变得冷冷清清、入不敷出了。1952 年，沙逊只得将此大楼抵债，权充历年欠下的高额地价税和营业税以及支付职工工资，从此大楼由上海市人民政府接管，隶属于上海市委机关事务管理局。1956 年 3 月 8 日，冠以"和平饭店"的名称整修后重新开业，"和平饭店"的招牌就是潘汉年副市长题写的。1965 年 4 月，又将马路对面的原汇中饭店也合并进来，成为和平饭店南楼。1992 年，和平饭店荣登"世界最著名饭店"的金榜。

20 世纪 50 年代上海市电报局曾设在和平饭店北楼（上海市档案馆藏）

1957 年外国代表团在和平饭店前合影（上海市档案馆藏）

1963 年和平饭店宴会菜单（上海市档案馆藏）

　　和平厅是饭店最大的宴会厅，富有英国宫廷建筑风格，拱形屋顶，大厅正中悬吊着六盏巨型水晶吊灯，脚下的弹簧地板在沪上首屈一指，富丽堂皇而号称"金色大厅"。1998 年 10 月 14 日，世界再次将目光聚焦在和平饭店和平厅，中外 113 家媒体、458 名记者聚候那历史的一刻：汪辜会谈。1993 年 4 月在新加坡举行了汪辜一次会谈，而汪辜二次会晤，全球瞩目，所谓"汪辜一小步，两岸关系一大步"，标志着两岸关系迈出了历史性的一步。这也是两岸隔绝近五十年来台湾官方授权的民间团体负责人第一次到祖国大陆，因而盛况空前。和平饭店的和平厅，也许是它意味深长的名称，在海峡两岸关系跌宕起伏的十余年间，赋予它特殊的使命。而这次，细心的汪老特别要求，会谈的场所布置得要有家的温馨，谈判桌换成了茶几，双方品茗叙话，亲情浓浓。下午 5 时 35 分，汪道涵先生满面红光，笑容可掬；辜振甫先生精神矍铄，风度儒雅。当两位耄耋老人的手紧紧地握在一起的时候，全场几百只镁光灯频频闪烁，照相机快门声响成一片。两位老人睽违了五度春秋后第二次相逢，再度握手，用心良苦，再次敲响了海峡两岸的和平钟声。

八楼和平扒房里供应正宗法国西菜，深褐色花纹装饰的墙体，铸铁雕花的落地灯以及著名的 "Lalique" 壁灯，让餐厅充满浪漫风情，氤氲着高贵典雅的氛围。九霄厅是饭店面临浦江的被誉为"国宾厅"的高级宴会厅，1998 年 6 月 30 日，美国时任总统克林顿就来此品尝到了堪称沪上一流的海派菜肴，他回国后还亲笔来信表示："我们在中国度过了一段美好的时光，我们非常感谢大家的盛情招待，我们全家都十分感谢你们周到的服务，并致以良好的祝愿。"

20 世纪 90 年代在和平饭店对面的陈毅广场举行的"我们走向 21 世纪"学生绘画活动（上海市档案馆藏）

《乘慢船到中国去》《玫瑰、玫瑰我爱你！》……老上海三四十年代的爵士名曲回旋流淌，多少来往的宾客为此倾倒，英国女王伊丽莎白二世、法国总统密特朗和美国总统克林顿……在这个"上海最浪漫的地方"，和平老年爵士乐队名闻遐迩。6位从事音乐生涯60多年、平均年龄75岁的老乐手们以热情洋溢的风格、精到娴熟的技艺、入木三分的渲染，演绎了他们"不老的传说"，也成就了和平饭店一道亮丽的风景。

05 湖心亭，中华第一茶楼

◎惜珍

　　矗立在城隍庙后荷花池中的湖心亭，为老城隍庙最佳胜景。湖心亭，顾名思义，建在一池碧水之中，与九曲桥相连，亭下池内，鱼影可鉴，天生有一种诗情雅趣。湖心亭茶楼天天顾客盈门，尤其是外国游客日渐增多。

鸟瞰豫园城隍庙（上海市档案馆藏）

湖心亭翼然而立在水中央，有九曲桥可以通达。九曲桥，实有16个弯曲，且每个弯曲的角度大小不一。九曲桥如今的桥面为花岗石板，每一弯曲处一块石板上均雕刻一朵季节性花朵，如正月水仙、二月杏花、三月桃花……直到十二月蜡梅；并在九曲桥头尾的两块石板上各雕刻一朵荷花。在湖心亭门前的一段桥面，中间雕刻一朵荷花，四角则分别雕刻彩云。在九曲桥栏杆两边安装了总长480米的霓虹灯，荷花池内还装了喷泉。池中汉白玉的荷花仙女雕塑亭亭玉立，含笑迎候来客。

今日的湖心亭

湖心亭整幢建筑为全木结构，且不用一根铁钉，木材连接处全用竹楔铆住，二百余年来没有重建过。大门上方高悬着书法家蒋凤仪先生题写的"湖心亭"三字匾额，飞檐上挂着的明黄镶绿的茶字旗迎风招展。踏入茶楼，迎面青水石墙上挂着的一帧帧红木镂花镜框里展示的是湖心亭变迁的旧照片以及海内外名人在湖心亭品茗的照片，镜框上方一块长长的横匾上书："这里凝聚着数百年的历史"一边墙上的红木镜框里镶嵌着当年留下的一块石碑，上面刻着清代学者《四书全书》总纂官、上海人陆锡熊撰写的《湖心亭碑记》，碑文中记有"八窗洞辟，循桄俯临，然后鱼鸟之出没，烟云竹树之暗霭；而茜丽无不尽于四瞩，因名之曰湖心亭。而耆古请识岁月。夫以数亩之园，一泓之池，视钱塘之西湖曾不足比拟百一"。可见当时荷花池胜景了。梁间镜框里则是《湖心亭小记》。所有这些一目了然地把这座百年茶楼的古往今来形象地展示给了消费者。

走进茶楼，便有一股古朴文雅的气息扑面而来。临窗排列着一色红木靠椅茶几。居中，放置着大理石桌面的红木圆桌和扇形的红木凳子以及精致的画屏，壁间陈设古雅字画，宫灯高悬，铜盂低置，使人仿佛置身于当年豫园。暗红色墙壁、窗框、木地板和柱子，在阳光下显得凝重典雅。临荷花池的窗边座位并不宽敞，有些是窄窄的小几，嵌在一个突出的窗格中，最宜两个人相对而坐。

20 世纪 50 年代的湖心亭和九曲桥（上海市档案馆藏）

能容纳二百余人品茶的湖心亭茶楼实行的是错位经营，其底楼供应中档茶，特别适宜白天来豫园商城的游客品茗、小憩。一楼进门东侧，有一扇穹形月洞门，穿过去，见一边挂着一块牌子，上书"湖心亭，茶道教室，演示茶艺之法，讲习品茗之道"。教室一隅的竹帘上高挂着用树根雕成的一个大大的行草体"茶"字，古意盎然。迎面壁间挂着的一幅竹匾上，刻着"香茶多逸趣，琴艺尽幽清"。四周的博古架上摆放着各式紫砂壶和青花瓷杯等，玻璃器皿内是各种名茶，中间摆着三张红木八仙桌。客人只需出 40 元茶资，就可以进这个小间听一堂简单的茶艺讲座。茶艺师会详细地向客人演示讲解他所挑选的茶叶的冲泡和品尝方法。

在一楼至二楼的楼梯间的黑色大理石墙上挂着的红木镜框里陈列的是一横一竖两张碑拓，上面记有清朝年间重修湖心亭的人士名录。一边的墙上挂着一幅立轴，上面是茶叶界诗人邬梦兆创作的、书法家曹文仲手书的祝贺湖心亭150周年华诞的一首七律。从有点陡峭的朱漆栏杆，拾级登上二楼，楼上的格局与楼下差不多，精致的画栋雕梁间处处悬挂着名人书画和海内外贵宾在此品茗的照片。凭窗环眺四周，绿波廊、松运楼、南翔小笼、湖滨楼、豫园绮藻堂尽收眼底。低头看，碧波中金鱼嬉水，夏日满池荷花，清香袭人，一杯香茗在手，思古悠情随缕缕茶香萦绕心头，正如清末《沪城岁时衢歌》中的一首诗所吟："潋滟湖光碧印宵，莲池夏气豫园消。一夜波净茎绿摇，夹道穿过九曲桥。"如今，湖心亭既是接待国宾的场所，又是海内外知名人士品茗、赏景、会友云集之地。

风风雨雨　百年沧桑

湖心亭原系明代嘉靖年间由四川布政使潘允端所构筑，是其私家园林豫园内景的一个重要景点，名曰凫佚亭。据豫园主人潘允端所撰的《豫园记》载："池心有岛横峙，有亭曰凫佚；岛之阳峰峦错垒，竹树蔽亏，则南山也。"说的是，明代豫园的荷花池中筑有一小岛，小岛上建有一名"凫佚"的亭子。可见，当年豫园荷花池中的亭子，不是今日的湖心亭。

另据《上海研究资料》记载：时至清代乾隆二十五年（1760 年），"潘氏子孙已见势微，豫园也早已荒废。遂由阖邑人士集资购得，经过历时二十余年修复，归入城隍庙开辟为西园"。豫园中原有的一些精舍分别作为钱业、糖业、豆米业、铜锡业、酒馆业、布业、打铁业等行业公所，成为这些商界人士聚会议事的场所。原豫园荷花池、人工岛及湖心亭等由当时经营青蓝布的祝韫辉、张辅臣等二十多位布商集资购得，他们拆除池中的小岛、假山、亭子，重建了高二层的六角亭台，名曰湖心亭，并添筑了石柱、石梁、木栏杆的九曲桥，连接南北两岸及湖心亭,以方便进出,并于乾隆四十九年(1784 年)竣工,这就是延续至今的湖心亭、九曲桥的格局,至今已有 241 年的历史了。

重建后的湖心亭一开始作为上海青蓝布同业公所驻地,是公所办公与青蓝布业商人聚会议事之场所,并规定医卜星相不准入内,也不许茶坊酒肆所用。其池叫做绿波池,当年,青蓝布业公所出资在池中种植了万株红莲,每年夏天,池内红莲盛开,面面皆花,花香扑鼻,绛霞炫目。当年留下的《西园记》有这样一段:"……湖心有亭,渺然浮水上,东西筑石梁九曲,以达于岸。亭外远近值芙蕖万柄,花时望之,灿若云锦,凭栏延赏,则飞香扑鼻,鲜色袭衣,虽夏月盛暑,洒然沁人心脾。"清人萧承萼也有诗曰:"水心亭子夕阳红,九曲栏杆宛转通。小座忽惊帘自卷,晚凉刚动藕花风。"可见当年湖上美景。当年池水直通黄浦江,水质很好。平时,进香的善男信女又将庙市上购得的金钱龟、红鲤鱼放生于池中,故又名放生池。清道光二十二年(1842 年)5 月 11 日,英军攻占上海城,英军司令部设于城隍庙内,士兵驻扎在湖心亭。英军因庙内无澡堂,便强横地将九曲桥下湖里的红莲连根砍断,跳下湖里游泳洗澡。这一野蛮行为惹恼了县城居民,就在湖里投进大量乌龟,将洗澡的英兵咬得哇哇乱叫,抱头鼠窜。英兵撤退后,湖里再植红莲,却不开花,后改种荷花。

鸦片战争后,上海开埠。不久,机织"洋布"大量涌入上海,素有"衣被天下"的上海手工业生产的布匹难以与之抗争,手织布市场逐渐萎缩。上海小刀会武装占据上海城后,棉布出口停顿了一年半之久。大受影响的青蓝布行业慢慢衰落。清咸丰五年(1855 年),青蓝布业将湖心亭出售,购得业主用来开设茶馆,命名为"也是轩茶楼",为上海滩最早的茶楼。湖心亭遂成为商人洽谈生意和游客品茗、会友的场所。

清宣统年间,茶室主人因赌博亏空,于 1910 年将茶室出让给刘存厚(慎康),继续开设茶楼,并改名为"宛在轩茶楼",寓意湖心亭宛如在画中。刘存厚在经营上很有一套办法,他对茶楼所雇佣的一班伙计,立下规矩:规定有客人来,不管生客还是熟客,一律要热情相待,冲茶递毛巾要勤快利索,并不准收取茶客的小费。如有谁违反规矩,就马上卷铺盖走路。当时,湖心亭分内外厅,内厅茶比外厅贵,楼上则是雅座,每日上午还有一班自愿结合的音乐爱好者吹奏民族乐器,供茶客欣赏。其堂口布置得非常雅致,中间红木桌凳,靠窗是红木靠背

20 世纪 20 年代的湖心亭和九曲桥（上海市档案馆藏）

椅，四壁悬挂名人字画，使飞檐翘角的湖心亭古建筑显得更加古朴典雅，吸引了一批批文人雅士前往品茗、小憩，不少外国人也喜欢前来品茗。当时还有一群本地道士是常茶客，借此地作为承接道场佛事的茶会。湖心亭由于其得天独厚的地理位置和清新、高雅、脱俗的品位，很快成为沪上最高档的茶楼。

昔日城隍庙内的茶馆

至清同治、光绪年间，城隍庙市场已初具规模，作为休闲场所之一的茶馆盛极一时，在城隍庙5.3公顷的土地上，就有湖心亭、春风得意楼、桂花厅、四美轩、乐圃阆、松鹤楼、凤泉轩、安乐居、鹤汀、群玉楼、船舫厅、凝晖阁、红舫得月楼、第一楼等14家驰名沪上的茶室，组成了城隍庙饶有特色的茶市风光。

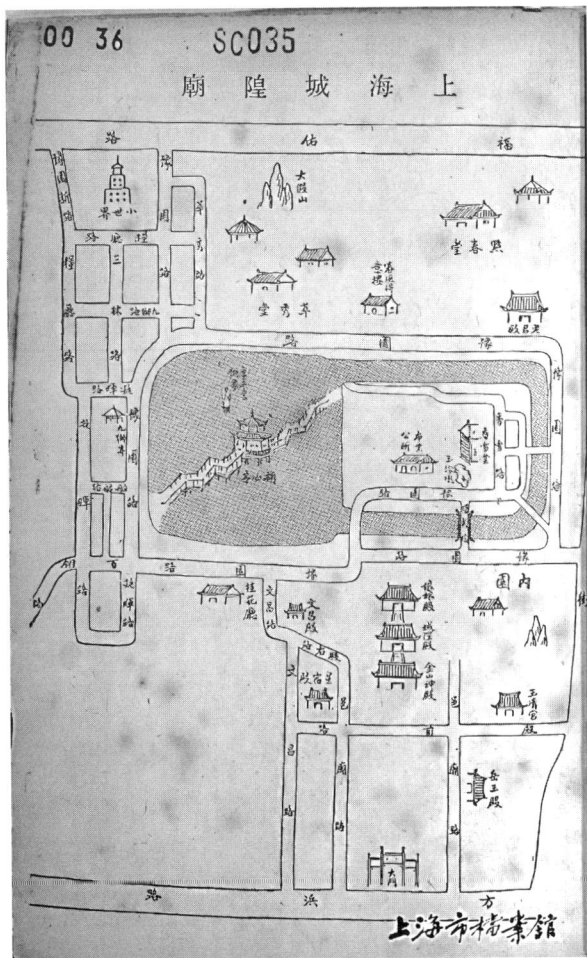

1948年出版的《上海文献丛刊·上海城隍庙》中所载城隍庙地图（上海市档案馆藏）

当年城隍庙内的茶室除供应茶水外，还供应水烟，庙内著名的茶室都有先生说书（评弹），柴行厅、群玉楼、春风得意楼、四美轩等茶楼是当年上海滩极负盛名的书场，任何一位评弹演员要想成为沪上的名角，都必须在柴行厅登台亮相，如果在柴行厅演出成功，便能在评弹界走红。因而城隍庙的书场，自然成为评弹艺术交流的中心。

城隍庙内的茶室也是上海最早的商业交易活动场所。清同治八年（1870年）正月，上海知县叶廷眷发布告示称：在罗神殿旁茶室里，男女混杂在一起吃茶谈珠宝生意，有渎神明，无耻之极，要严厉惩处。这是上海第一个茶室专业交易市场，至光绪年间，前、后四美轩分别形成古玩与翡翠交易市场。

20世纪50年代的湖心亭（上海市档案馆藏）

湖心亭的茶客很多是爱喝早茶的，他们常常一大清早就来到湖心亭临窗而坐，在品茗的同时，可饱览豫园秀色。当年湖心亭茶楼的楼上楼下，都有内堂、外堂的区分，价格也不一样。楼上的内堂供应每位客人一壶茶，外堂和楼下一样，可以两人合用一壶，楼上为雅座，取资不分内外堂，一律为上午 70 文，下午 120 文。而城隍庙其他茶馆，上好的龙井茶，每壶售价仅五十余文，茶质差些的，不过三四十文一壶。湖心亭茶楼的茶质在当时就算是贵的，在湖心亭喝茶品茗成了身份地位的象征。

湖心亭茶楼的茶客里，颇多文人雅士，他们常常一壶在手，彼此酬唱应和，吟诗作画，日久天长，湖心亭渐渐成为老城厢内最有雅趣的茶楼。以《海上繁华梦》著称于世的清末民初上海著名作家、笔名为"海上漱石生"的孙玉声家居南市，离城隍庙不远。他经常去湖心亭憩息品茗。当年大世界的创办者黄楚九也最喜欢邀约几个朋友到湖心亭临窗而坐边品茶边赏景，一起说古论今，谈文作诗，商酌事宜。

1924 年，城隍庙大殿毁于一场大火，并波及九曲桥木栏杆，当时的邑庙董事会重建大殿时，将原先石木结构的九曲桥改建为钢筋水泥结构。茶楼业主刘存厚利用这一契机，在湖心亭后加建了一座方形茶屋，后来又加建了楼上的两翼小楼，也是飞檐翘角，黛瓦粉墙，与原来的湖心亭混为一体，使茶楼上下增加了 120 余平方米的面积，生意更为兴隆。

当年，还常有一批批民间江南丝竹高手汇集在老城隍庙著名茶楼——春风得意楼交流演奏技艺，自娱自乐，为茶客助兴，成为老城隍庙茶楼的特色之一。这支乐队早期称为"云雾国乐社"，后来更名为"合众乐社"。

抗日战争期间，城隍庙一带辟为难民区，后又被日军占领，城隍庙内茶室大都倒闭，湖心亭茶楼也一度停业。抗战胜利后，城隍庙市场又兴旺起来，湖心亭茶楼又茶客盈门。但大部分茶馆已没有了昔日风采，成为流氓吃讲座、殴斗、讲斤头、摆丹老、拆姘头、包讨债等的场所，一片乌烟瘴气。

新中国成立后，宛在轩茶楼由公私合营改为国营，更名为湖心亭茶楼，除此之外，尚存东楼、得意楼、乐阆圃、崇记里园、协记里园等 6 家茶室。1982 年，湖心亭茶楼按历史原样全面整修，保持飞檐花窗的三亭连体结构，室内装饰以至桌椅、器皿、茶具均按传统形式设置，竣工后的湖心亭整新如旧，依然一派古风古貌，高悬的茶旗似在召唤八方来客，成为海内外游客休憩、览胜的绝妙佳处。从 2001 年起，湖心亭茶楼自除夕之夜 10 时起至凌晨，特设"守岁品佛茶"

茶座，专门供应佛教圣地九华山寺院种植的"九华山佛茶"，由茶艺师净手上香，沏泡佛茶，与宾客共祝新年康泰，万民福寿。自初一至初五，湖心亭茶楼天天供应新年元宝茶。如今，新年去湖心亭喝元宝茶已成为上海人的一种新的时尚。

灯火璀璨的湖心亭（上海市档案馆藏）

06 沪上汤圆界的"顶流"是哪家？
——聊聊上海的"元宵"往事

◎ 张新

元宵节是中国人的传统节日，新年正月十五，人们穿着新衣裳，逛庙会、看花灯，好一派热闹祥和的景象。中国幅员辽阔，但无论东西南北，元宵节吃"元宵"却似乎是所有中国人的一种习俗。这圆圆的糯米汤团象征着幸福团圆，寄托着人们对新一年美好的祝福，因此这一习俗从古开始，流传至今。

有"湿"还有"干"，汤团的各种包法与吃法

"元宵"也就是汤圆，也称汤团。它的叫法不同，包法和吃法也有各种流派。近代上海作为中国最早一批开埠的通商口岸，五方杂处、南来北往的各色人等也把各地不同的汤圆带到了上海。

上海市档案馆保存着一份由老上海"美食达人"所撰写的《元宵佳节话"元宵"》手稿，它出自老上海工商业者史景珍女士的手笔。在她的记述中，上海的"元宵"分为北方式、宁波式、苏式、广式等。北方式的"元宵"是用干糯米粉滚成像核桃大小的圆子，它的馅心是用核桃肉、瓜子、青梅、红瓜等与熟猪油、白糖、面粉糅混制成的。而俗称"宁波汤团"的宁波式"元宵"却是用浸透了的糯米水磨粉做成，中间包猪油豆沙或猪油白果，煮熟吃时滑润柔甜，别具风味。虽然，我们现在吃的汤团有甜有咸，但史景珍文中的"元宵"，都是一色的"甜口"，这大概是她的个人喜好了，却也符合一般大众对于江南人的印象。其实，

上海的"元宵"还有许多其他品种。

比如已经有100多年历史的酒酿圆子，考究的"原料以往用金坛的糯米，质量较凝，酒酿是自己酿作的，甜而不酸，圆子馅芯多而甜，其味佳美，为顾客所欢迎。如逢立夏节期，顾客更多"。

还比如鸽蛋圆子，最初是心灵手巧的摊贩们放在篮子里在老城厢城隍庙的各个茶楼里叫卖的，特点小巧玲珑，形似鸽蛋，松软香甜凉快，圆子中糖馅心是满腹糖水，冷后也不凝结。

其实，上海本地也有"土生"的"元宵"，也就是所谓的"本帮汤团"（又称圆子、团子）。"本帮汤团"大多以菜肉为馅，个头也较宁波汤团更为硕大，四个下肚，胃口小一点的吃客就要"扶墙而出"了。现如今上海郊区的七宝、新场等古镇，基本都能找到这样的汤团店，生意也都还不错。

至于圆子的吃法，"一般都是用沸水煮来吃，煮好的圆子吃起来糯中带坚，入口一包糖汤，润甜非常"。而鸽蛋圆子却可以沸水煮熟了放冷再吃，在没有冰箱的年代，夏令时节来一小碗鸽蛋圆子，可谓是上佳的解暑冷食了。

除了以上这些"湿"的做法和吃法，"元宵"还有"干"做和"干"吃的。名点擂沙圆就是"干"做的代表。它是将煮熟的汤团滤去水分，滚上一层豆沙粉，热吃、冷吃都可以，吃口香糯，携带方便，深受人们的喜爱。擂沙圆上的豆沙粉，其制作需选用一级赤豆，淘净煮酥，捣碎晒干，磨成细粉，放在锅里炒至微焦，有豆香味即出锅，最后用细筛筛过。做好的豆沙粉呈褐黄色，裹在"元宵"上煞是可爱，令人食欲大开，和我国北方的传统小吃"驴打滚"有着异曲同工之妙。

除了"擂沙"，"元宵"还可以干煎。史景珍回忆，她小时候每逢元宵节，妈妈就会把经沸水煮熟的汤团干煎。看着妈妈将"元宵"倒在熟油锅中边搅边压，稍时"元宵"就只只发胖得像金黄色的小圆球，引的她垂涎欲滴。问妈妈先讨一只吃，一口咬下去，糖水直流，烫得张嘴要哭，却又舍不得把那又甜又香又油的糖汁吐出来。

史景珍女士的父亲史玉根早在民国元年，也就是1912年，就在老城厢民国路（现人民路）开设了乐添兴糕团点心店，史景珍本人也曾多年在父亲的店里担任经理，可以说是"的的刮刮"的"业内人士"。

历史悠久、各有千秋，上海的汤团名店

老上海的中式传统点心小吃，大多集中在老城厢特别是城隍庙区域，可以说，那里也是当年上海点心小吃界的"顶流"聚集地。

比如坐落于城隍庙邑庙路（今城隍庙豫园路）45、46 号的老桐椿点心店和老松盛点心店都以酒酿圆子和汤团著称。特别是"老桐椿"，始创于 1860 年，大约在 1925 年左右迁到城隍庙。虽然只是一家十几张桌子的小店，但它家的猪油夹沙汤团和鲜肉汤团在老上海可是非常的著名。

始创于 1857 年的"老松盛"历史更为悠久一些。它由一位姓郁的崇明人创设，不知道是不是用了崇明酒酿的缘故，它家的酒酿圆子非常好吃，经常引得顾客排队购买。这两家小店既是邻居，又经营同一种类食品，但却丝毫没有"同行是冤家"的感觉，相处和睦。

而鸽蛋圆子，则以城隍庙邑庙路 98 号的顾顺兴饮食店的最为出名。"顾顺兴"因人而得名，相传二十世纪二三十年代，一个名叫顾顺兴的宁波人每天提着食篮在城隍庙各茶楼叫卖自制的鸽蛋圆子。顾家的鸽蛋圆子不放猪油，可以冷食，更为适合夏季食用，久而久之，做出了名气，也开了店铺。解放后公私合营，或许是因为相较之下规模比较大的缘故，"老桐椿"和"老松盛"都向"顾顺兴"报账，统一进行经济核算，也算是城隍庙内汤团界的"扛把子"了。

说起上海的"元宵"，"乔家栅"和"美新"总是绕不过去的。乔家栅也是一家"百年老店"，它始创于 1909 年，原来名叫"永茂昌汤团店"，因开设在老城厢乔家栅凝和路口，附近的居民便称其为"乔家栅"，后来索性就以"乔家栅"作为字号。"乔家栅"以各式宁波汤团和擂沙圆著称。它家出产的汤团品种多样，用料讲究，制作精细，特色是粉细皮薄馅多，味道鲜美。

坐落于今陕西北路 105 号的美新点心店，则是上海另一家以汤团著称的老字号。它创设于 1943 年，开业以来一直没有迁移过店址，同样以宁式猪油汤团和酒酿圆子著称。"出品务求精良卫生，售价必须低廉，俾能吸引顾客。"

老上海的汤团界还有一个现象，就是同名的字号多。比如"乔家栅"，抗战

时期，老南市西门路和西区今陕西路淮海路口都出现了"乔家栅"，后者不久后迁往今襄阳南路，大家都以"正宗"自居，还都以汤团等点心为特色。再比如"乔家栅"的原名"永茂昌"，抗战期间，有个叫李一高的师傅，就在南市方浜路开设了同名的汤团铺子。淮海路重庆路口，还有李福奎开设的"永茂昌"点心店，同样以汤团为特色产品。

时光荏苒，曾经聚集各色汤团店的城隍庙区域多有变迁。直至二十世纪六七十年代，"顾顺兴""老桐椿"都还生意兴隆。而如今"顾顺兴"已不见了踪影，"老桐椿"品牌则进入了松运楼，但归入其名下的不再是汤团而是猪油渣馄饨。"老松盛"历经多次搬迁，现在成了德兴菜馆（豫园店）。

1963年老松盛点心店填报的零售企业登记卡（上海市档案馆藏）

代之而起的是九曲桥畔的宁波汤团店，在沪上知名美食家沈嘉禄的记忆里，此处原来是另一家以出售鸽蛋圆子而著名的"桂花厅"。宁波汤团店生意红火，顾客盈门，"桂花厅"则已与松运楼合并，成为为数不多的还有鸽蛋圆子售卖的店家。

原本以汤团著名的"乔家栅"开出了许多分店，不过汤团已经不再是它的主打产品。近来，"乔家栅"又开出了"乔咖啡"，走上了跨界经营的路子，成为新的"网红"。"美新"依然在原址默默地坚守传统，虽也做其他点心，但汤团总是最先售完的产品。

一双巧手、准如天平，上海包汤团的高手吕修起

有名店则必有名厨。汤团之所以受到上海人的喜爱，自然也离不开一批懂得汤团精髓、手艺精湛的点心师傅。二十世纪五六十年代，上海滩上就有一位赫赫有名的以包汤团著称的高手——吕修起。

1934 年，15 岁的吕修起进入"乔家栅"的前身永茂昌汤团店当学徒，从此和汤团结下不解之缘。1939 年 7 月到 1940 年 6 月间，吕修起在今陕西南路淮海中路口的"乔家栅"做汤团师傅。此后，他又回到南市"乔家栅"做汤团，抗战胜利后，吕师傅进入迁址到襄阳路的"乔家栅"包汤团，这一待就是十多年。

多年的"汤团生涯"练就了吕修起一手包汤团的绝活。捻粉、成臼、打馅和裹成四道工序在他手中如行云流水，一气呵成。皮薄馅足，样式美观，更为难得的是他包出来的汤团只只分量精准。档案记载，在解放后一次全市性饮食服务行业比武中，吕师傅"不用天平，只凭灵敏的手，向粉团上轻轻一捻，接着就迅速地把粉团成臼，打馅、捏裹成汤团。一刹那，胖子面前已放了一大堆，有细心的人在帮他计算着，十一秒就是一只，五分钟内裹成 26 只鲜肉汤团。测验员向大会宣布，在他裹成的汤团中任意挑了 6 只一秤，标准是半斤，一分一钱都不差。"

今天的上海人，可以方便地在街头巷尾品尝到来自全国和世界各地的美

食，除了汤团，人们对于吃有了更多更丰富的选择。但在元宵节，来一碗热乎乎的"元宵"，依然是许多人的念想。这其中蕴含的，又岂止是那儿时难忘的味道……

07

在"群英竞沪"的上海月饼界，广式月饼是怎样一种存在？

◎ 陈祝义

又是一年中秋佳节，在位于沪上繁华商圈的福州路、南京路，摩肩接踵的人们从四面八方赶来，排成长队将杏花楼、新雅等店家围得水泄不通，为的是在中秋佳节购买到心仪的广式月饼。发源于广东的广式月饼，是什么时候来到上海的？在与天南海北诸多流派月饼"群英竞沪"的角逐中，广式月饼又为何能够在上海月饼界脱颖而出，成为一枝独秀的存在呢？

茶居制饼"互不服气"

一百多年前，广式月饼就来到了上海。1887 年 9 月 17 日，新开业的怡珍茶居在《申报》上刊出广告："本号开设上洋棋盘大街五马路口，巧制广东干湿蜜饯糖果、各色茶点、中秋月饼、腊味各货……"开业当天就推出多达 42 个月饼品种，实在令人称奇。

随后开业应市的同珍茶居、怡参茶居、奇芳居等，也纷纷打广式月饼的牌，1898 年先后在《申报》刊登广告。其中开设在四马路上的奇芳居，标榜自己生产的广式月饼上海滩上首屈一指："所制月饼久已有口皆碑……返粤特请名师来沪，仿造材料务选精良，火功务求适合……各邦人士送节礼者视为特别上品，故销畅之广，以本居首屈一指。"

几十年间，早先在上海经营的这些茶居，经营状况起起伏伏，各不相同。

1930 年 9 月 29 日《申报》刊登了群芳居的广告，宣称："初粤人开设月饼肆于春江者（上海滩），只有三，有群芳居、同芳居、怡珍居是也，其后同、怡二家以经营失佳相继闭歇，惟群芳居巍然独存，久为粤人所称道，业垂于兹凡四十年。当此节届中秋，各月饼店竞卖，本店性能称雄于商战中也。"群芳居出来自称老大了。

比群芳居更早，1927 年 9 月 7 日《申报》刊登了一篇《欢迎泰丰月饼大王》，竟称："近年以来，对于点食一道，日新月异，即以中秋月饼一种而论，已不胜数，然能以大王自居者，具有个数，此所以敝公司得独占月饼之盛誉也……色香味之佳，可算得大王；种类之特多，可算得大王；焙制之精洁，可算得大王；装潢之美丽，可算得大王；货品之真实，可算得大王；售价之公道，可算得大王；经久之不变，可算得大王；受众之欢迎，可算得大王。"

泰丰公司全称上海泰丰罐头食品有限公司，自称"大王"还嫌不够，过了两年即 1929 年 9 月 8 日，《泰丰月饼盛行》又出现在《申报》，宣称："中秋月饼，推广东为第一，而沪埠虽广东月饼出者不尠，然其能于色香味，以及烹制装潢等，面面尽善，实事求是，舍本公司外，可谓无第二家堪与媲美，著名可想。即各大公司亦多托本公司代制应市，尤可见其盛况。"

正是早期上海滩广式茶居之盛，出手不凡，推进了广式月饼在上海落地开花。由于月饼市场收益颇丰，一些食品企业岂敢落伍，纷纷进入，抢占市场，互相竞争，引领广式月饼这个市场愈加热闹红火。

"月饼大王"锦囊妙计

早期上海的广式月饼，大多为茶居的小手工制作。直到冠生园问世，采用生产线生产广式月饼，才真正开创了广式月饼的黄金时代。

闻名遐迩的冠生园食品公司，1918 年诞生。十年后，1928 年创始人冼冠生决定将公司总部迁到最繁华的南京路，其月饼的生产和销售也开始引领市场。

冠生园的月饼产量之大，诚如它在一篇广告中所言："冠生园月饼出世，制造月饼最著盛名之冠生园食品公司，每年逢中秋节前，特令厂方，建筑科学焙炉，制造各种改良月饼，每年造货总额，达数十万只，但仍有求过于供……"

在与同业竞争中，冠生园的成功，首先归功于在生产线核心部分发明了科学焙炉："最近几年来，冠生园也在这月饼上，用了深切的研究，发明了科学焙炉，制造月饼，所出之品，无生熟不匀之弊，而且色味之佳，都臻上乘，差不多有月饼之王的雅号。"（《月饼的古典》，《申报》1929 年 8 月 31 日）

不仅如此，冼冠生还自道："我们在这中秋节的数天内，真是做文章的紧要关头，丝毫不肯松懈，每天我的司令台上，要守着五个人，时时注意，步步留心。一个是专管广告的，一个是专司店外调查的，一个是专司门市调查的，一个是专管工场制造的，一个是专管统计研究的。譬如店外调查员回来报告说：今年各店月饼，以莲蓉为最畅销，那么，门市部多准备莲蓉月饼。工场中加工赶制。统计研究的，连忙把所得分别报告，叫各部分注意起来。广告员也变换方法，别出心裁。我呢，居中策应，左指右挥。"（《谈谈生意经：文章费经营妙手自得之》，《申报》1933 年 10 月 26 日）

此外，冠生园的成功，同冼冠生重视广告密不可分。他常说："广告宣传是工商经营中的一项重要手段，里面有不少做生意的学问，值得一学。"

在与同业竞争、扩大销路的进程中，冼冠生把开展广告宣传活动作为一项重要的辅助手段。他本来就是"广告迷"，所以在广告宣传中，有不少别出心裁的安排。

他的第一个经典广告是焙制了一只"亘古未有之大月饼，周围十丈五尺，直径三丈二尺，厚一丈一尺，饼中有扶梯三层，任客登临凭栏远眺"。（《申报》1933 年 10 月 10 日）

更经典的是，1934 年冼冠生礼聘自己的嫡系老乡、冠生园的股东、中国最红影星胡蝶，将其请到最热闹的上海大世界游艺场，为冠生园展销月饼剪彩，并请她与冠生园特制的特大月饼合影。然后冼冠生将这张照片做成巨幅广告，上面醒目题着"唯中国有此明星，唯冠生园有此月饼"，印成宣传画，四处张贴，招徕了不少顾客。

同时，又在大世界建造一座大牌坊，装饰了一个大月饼，旁边的大字是："冠生园中秋月饼真工实料，与众不同，科学炉焙，无生熟不匀之弊。"这样一虚一实两组广告，一时间把大上海搅得沸沸扬扬，形成竞相抢购的场面。

冠生园月饼广告

与此同时，冼冠生与上海新闻界保持着频繁接触。他同一些报馆的编辑、记者时相应酬，取得他们的支持，常为冠生园宣传鼓吹。有一年中秋节，冠生园利用一些小报大力宣传新产品"银河映月"（莲蓉蛋黄月饼）的特点，买一盒月饼赠送"赏月游览券"一张。在中秋之夜，凭券免费搭乘冠生园租用的几艘轮渡，开去吴淞口赏月，或者凭券乘包用火车去青阳港赏月。经此一宣传，当年出售的月饼达到十万盒以上。

"海上月饼第一家"

当时沪上，各大粤菜酒楼是广式月饼的另一支劲旅。如安乐园、先施、永安、万国、陶陶居、大三元、新新等颇有实力的酒楼，无不制售月饼。那些大的酒楼，更是打出"由广东聘请著名饼师，加料精制各种咸甜中秋月饼"的旗号。其中尤以杏花楼为最著名。1933 年 9 月 21 日的《申报》登载了《谈谈月饼》，文章中就说到杏花楼广式月饼"每届中秋节边所售者，其数达十余万"。

杏花楼不仅善治粤菜，而且精制月饼。1936 年 9 月 11 日的《申报》载文报道杏花楼月饼上市："杏花楼的月饼，享有盛名。选料考究，操作认真，色泽均匀，印纹清晰，皮薄馅丰，酥香可口，有百果、金腿、莲蓉、椰蓉等品种。花色月饼还冠以嫦娥奔月、西施醉月、月中丹桂、月宫宝盒、三潭印月等名称，风雅别致。"

因此，作为拳头产品的杏花楼月饼，名声甚至超过了杏花楼精致的粤菜，而且极大地提升了杏花楼的社会知名度。

杏花楼月饼登陆上海已近百年，但说到月饼，不得不说到杏花楼那个精明的经理李金海。他不仅善于开拓，在经营粤菜餐饮中新招迭出，也正是他，率先开创了杏花楼月饼。

二十世纪三四十年代杏花楼的黄金时期，最为出名的是粤菜、粽子、腊味、龙凤饼等。月饼虽然从二十世纪二十年代已经开始生产，但可以说是毫无名气，无人知晓。当时上海滩生产广式月饼的，首推锦芳饼店。此后有名的要数冠生园出品的广式月饼。另外，泰康、陶陶居、新新、大三元等的广式月饼也早已相继进入市场。精明的李金海正因为看到市场上的广式月饼生意开始热销，得悉利润丰厚，于是盘算着杏花楼也要进入，以期在这个竞争激烈的月饼市场上分一杯羹。

李金海当时瞄准的是陶陶居酒家的产品。陶陶居酒家坐落在北四川路，月饼质量在外形、色泽、内馅等方面都比杏花楼高出一头，销路要好得多。李金海一方面加紧研究月饼生产工艺，一方面迫不及待地展开自己的宣传攻势。那年中秋节前，他特意在陶陶居酒家的对面临时租了一间门面，做了装潢，挂上彩旗，请了吹打乐队，而且使用当时最时髦的公关手段，聘请了几个漂亮的小姐来招徕顾客，在销售月饼上与陶陶居唱对台戏。

虽然场面热热闹闹，但杏花楼月饼销售不佳，顾客摇头的多，掏钱的少。李金海并不泄气，悄悄买了竞争对手的月饼回到店里，逐个拆解，细细品尝，认真分析，总结出了失败的原因：顾客钟爱的高品质月饼，首要选料要精，外形要漂亮，式样要新颖，口味要适合消费者。

因此，为了购买优质原料，李金海要求每年直接与原料产地挂钩。比如杏仁必定来自新疆北山，赤豆选用粒粒饱满的海门大红袍，椰蓉从海南岛采购，玫瑰从苏州购进，琥珀桃仁来自天津。为保证饼皮既松又软，不惜高价购进优质碱；增加杏仁、榄仁等上等果料比重，减少各种肉膘用量，适应消费者的口味变化；在烘烤工艺上一丝不苟，月饼皮全部用手工搓拌，由经验丰富的老师傅亲自把关铲豆沙，月饼烘烤前全部涂上鸡蛋液，严格规定烘烤时间和火候。

由于原材料优质，精工细作，花力气提高质量，这一年杏花楼的月饼一炮打响，以用料讲究、外形美观、色泽金黄、油水充足、皮薄馅丰、松软可口的特点，得到了消费者的广泛好评，在销量上超过了陶陶居。杏花楼月饼从此在上海滩声名大噪，成为中秋节人们必备的上等礼品。

百年来历经几代人的不惜追求开拓，杏花楼月饼的精细化制作工艺和月饼的独特配方，使杏花楼后来居上，一跃成为"海上月饼第一家"。在上海、在国内乃至海外都享有极高的声誉，口碑延续至今。每年中秋，杏花楼门前排起一条长长的买月饼的长龙，成为上海市场一道独特而亮丽的风景线。有一年，就连广式月饼原产地的广东电视台也派记者前来采访，探究奥秘。

从1996年起，杏花楼月饼开始向日本、美国、东南亚、澳大利亚出口。独具特色的月饼成了杏花楼酒家的拳头产品、赢利大项，一季的月饼销售额占了全年销售额的一半，而利润占到全年的三分之二。

1963 年中秋节前夕，杏花楼制作的月饼在门市部供应（上海市档案馆藏）

"月饼泰斗"成就新雅

广式月饼闻名于世，最基本的还是它的选料和制作技艺无比精巧。除了冠生园、杏花楼等品牌，新雅亦是绕不开的话题。至今仍能勾起经典回忆的新雅月饼，恰好就是秉承了广式月饼的皮薄、馅多、松软、细滑的特点，口味选择繁多。

但在二十世纪三十年代初，南京路上闻名遐迩、妇孺皆知的新雅粤菜馆（起初名为新雅茶室），也曾面临早期杏花楼一般的境地，那就是粤菜名声远盖过了月饼口碑。虽然老板蔡建卿不惜重金，从广东延聘了三位糕饼大师来新雅，要求他们除了制作广式糕点外，主要为新雅研制月饼。平心而论，在那三位大师的通力合作下，新雅月饼已经在上海滩小有名气。可是老板蔡建卿对此却并不十分满意。

原来，就在同一条南京路上，不远处有家大三元，生产的月饼比他们新雅卖得还要好。以经营广帮早茶为特色的大三元，当时以广式糕点独步申城。究其原委，是因为大三元店中拥有一位技艺精湛的广帮糕点名师，他是被行业内推崇为"月饼泰斗"的宋泰来。

当年，宋泰来可算是个传奇人物，手艺无人能及。近年被人们发现的二十世纪三四十年代的两本月饼"秘籍"，其中一本用毛笔写就的线装本《制饼摘要》，作者正是宋泰来。里面详细记载了当年宋氏月饼的独家配方。

一心要让新雅成为沪上最好的月饼制造工场的蔡建卿，一门心思挖"月饼泰斗"宋泰来加盟新雅。但宋泰来一开始抱着"做生不如做熟"的念头，举棋不定。然而功夫不负有心人，在蔡老板屡次诚邀下，宋泰来终于来到了新雅。

旧社会素有同行相轻的陋习。蔡老板"三顾茅庐"请来"月饼泰斗"，新雅原有的三位大师对宋泰来的到来并不服气，于是三个人凑在一起，整日里冥思苦想，费尽心机，想压倒宋泰来。没有想到，三人合力研制出来的月饼，无论色泽、口味、松软度，皆比宋泰来差了一大截。"月饼泰斗"名不虚传，这下，三位大师输得心服口服。

要想制作好月饼，"月饼泰斗"坚信选好原料是关键。新雅选择从马来西亚进口未经榨制过的优质椰丝、江苏启东上等大红袍赤豆、湖南特级湘莲、优质花生油，每一味都精挑细选。

除了原料之外，新雅月饼后来之所以被人称道，还离不开镇店之宝"紫铜锅"。在糕点制作中，宋泰来深知用紫铜锅来炼制各种馅芯原料特别神奇。就说广帮糕点中使用十分广泛的一种馅料椰丝，当时生产广式糕点、月饼的店家，因为没有一家拥有紫铜锅，只能采用铁锅炒制。谁知经铁锅一炒，椰丝就泛黑。没有办法，所有生产店家只好使用生椰丝，包在生饼坯中一起进炉烘焙。宋泰来当年转投新雅，其中一个重要原因就是新雅拥有一口紫铜锅。

自从来到新雅后，宋泰来亲自操起紫铜锅炒制馅芯，运用他研制的独特配方，将制作中的椰丝生拌，改为以特级花生油加椰丝和炼乳放在紫铜锅中炒。经此炒制成熟后的椰丝不仅不发黑，而且保持淡黄的色泽不变，其香味更浓郁，口感更细腻。同样用铁锅炒的莲蓉，色泽显得暗淡，而用紫铜锅炒制的莲蓉，颜色洁白晶莹，口感软糯爽滑。因而，制作的月饼外形挺拔，饼皮软而不变形，纹样鲜明，色泽金黄，口感极佳，而且将新雅月饼的"味"完美地体现出来，令人赏心悦目。从此，新雅月饼成为上海人情有独钟的广式月饼知名品牌。

08 这家徽菜馆老字号在上海开了 140 多年，一口带你穿越回小时候

◎刘雪芹、刘立元

在中国八大菜系中，徽菜最早进入上海。20 世纪 30 年代，徽州人在上海开创 148 家徽馆并存的辉煌历史。如今，这 148 家徽菜馆中硕果仅存的大富贵酒楼（前身为丹凤楼），业已有了 140 多年的历史，是现今沪上历史最久、规模最大的徽菜馆老字号。

徽面馆"丹凤楼"

清光绪七年（1881 年），邵运家在上海创办丹凤楼。

邵运家，安徽绩溪伏岭下人，早年来上海做面馆生意。他头脑比较灵活，刚起步时，他汇集同乡集资入股，并把煤球店、菜场里面卖肉的、卖鱼的摊主或老板，利用有生意可做的机会，以货抵钱入股，尽可能减少各自的资金投入。众多的股东以实物投资，按金额大小分别按月或季度结算，这样既减少了饭店的现金支出，又逐步增加了资本的积累，使饭店有了生存的立足之地和逐步发展的机会。

19 世纪末，随着城市移民人口的增加，上海饮食市场日趋繁荣，丹凤楼因为物美价廉，生意红火，成为当时绩溪旅沪徽面馆中享有盛誉的店家。1911 年时，丹凤楼业已成为老西门一带有名的徽面馆。

1920 年 3 月 26 日，丹凤楼老店新开，从早期传统的面馆转型为徽菜馆。据丹凤楼员工邵仁卿《徽馆琐忆》介绍：他离开"一家春"后，对面的丹凤楼生意

好起来，店里缺少人手，经其伯父、丹凤楼的老板邵运家相招，1922年到丹凤楼做二炉，负责徽面烹饪。一家春、丹凤楼皆为绩溪人所开设，丹凤楼创办稍早。两家都是当时上海老西门一带规模较大的徽馆，生意竞争激烈。邵仁卿在回忆当时丹凤楼工作的紧张场面时说："开馆店都是想招揽生意，丹凤楼生意做得火，绝招无非是数量足、味道好、吃客满意。丹凤楼的徽面品种比第一春多，计有牛肉面、大排面、小排面、大肉面、爆鱼面、鳝丝面、炸酱面、虾仁面、火鸡面、三鲜面等三十余种，用料十分讲究。店里每天食客盈门，店内七个筵席厅，楼上楼下三四十张桌、近千只座席常常食客爆满。每日打面及做菜用的面粉要十五六袋，做徽菜用的猪三四头、羊二三头、火腿七八只、鱼百余斤。每天的生意要忙到夜里9点钟，接着，还要为次日生意做准备工作，有时要忙到东方发白。店伙计晚上睡觉靠拼桌子、拼凳子，最多也只能睡上两三个钟头。为此，灶间里不得不常备一大壶西洋参茶，供店伙计们饮用提神。"

从邵仁卿的这段回忆可以看出，20世纪20年代的丹凤楼以面为主，是一家传统徽菜馆，徽面仍是其主要营生，且生意红火、蒸蒸日上。

1930年，邵运家意外病逝。危难之际，绩溪伏岭同乡邵在杭接盘丹凤楼菜馆，并任经理。掌舵丹凤楼后，邵在杭先设法稳定厨师队伍，再对采购销各个环节分别拟订了规章制度，使馆业运行有序化，后又扩大经营项目，根据徽馆"要发财，滚圆台"的经营经验，尤其想方设法吸纳筵席酒水的经营。经他精心运作，丹凤楼维持了一度的繁荣。1932年"一·二八"淞沪抗战爆发，丹凤楼被迫停业。战后，丹凤楼自建三层楼房，1932年7月29日，新屋落成开业，一时间宾客盈门。

1937年"八一三"淞沪会战爆发，位处华界老城厢的丹凤楼菜馆，虽因南市难民区的设立而在南市大轰炸中幸免于难，但社会动荡，市面不景气，被迫停业，股东、老板、店员纷纷回乡避难，店内家什被窃一空，丹凤楼发展停滞。

重组"丹凤楼"易名"大富贵"

1940年8月26日，丹凤楼菜馆委托信托法律事务所律师黄德华、庄承彝在《申报》第二版，代表丹凤楼，发布股权和债权清理通告。

《上海特别市酒业菜馆业同业公会会员录》（1943 年版）上关于大富贵的信息（上海市档案馆藏）

　　经过股东大会和债权清理，1940 年，绩溪乡人邵之林、邵增仁等 8 人集资盘下丹凤楼全店资财，易名为大富贵酒馆，重新组织经营。邵之林任董事长，邵增仁任经理，时有员工三十余人。饭店为一挑廊式的三层建筑，五间门面，占地面积 400 平方米。该店易主之初，因各业萎缩，市面萧条，加之这一带为普通市民居住区，消费水平不高，营业中只用了一二层楼面，第三层出租。铺面以供应茶点、面食为主，二层楼经营小吃及少量酒水筵席。营业虽不算兴旺，尚能勉强维持。

经理邵增仁，安徽绩溪伏岭人，14岁出门做学徒，到上海后改名为邵萍友。他虽只有国小文化，但肯钻研、能经营、会管理。首先，他用的厨师专门从湖州、嘉兴等地"觅宝"而来，都是烧菜考究、制作地道、颇有名气者。如他想方设法从大加利酒楼"挖"来了名厨程宗善。程的技艺超群，因材施艺，善于翻制各式新品种，不断提高菜点质量，扩大了大富贵的影响。其次，通过各种方式，找人托关系、拉客源、并尽量满足顾客的需求。为了多做生意，拉住顾客，凡是客人点的菜肴，不论有无，都接受下来，没有的菜肴就到别的菜馆买回来。这样，既满足顾客需求，又可学到技艺。大富贵逐步形成以徽菜为主，并能做出其他地方风味菜肴的徽菜馆。

1943年，绩溪伏岭人胡永耀经同乡介绍，到大富贵账房做会计，直至1980年退休。据他回忆："刚进去时，大富贵三层楼，一楼大厅可以摆四十多桌，二楼有前楼、后楼，加上三楼，一共可以摆放一百多桌。大富贵生意很好，里面一圈坐着吃，外面站一圈排队等候着。周边的一些单位，在我们大富贵定'和饭'，还有一些有钱人请我们师傅'送饭'，就是上门做菜。账房在三楼，我做会计，另有一位出纳，我们当时都是拆账工资。我23岁结婚，家眷都在老家，家里人就靠我这点工资维持生活。"

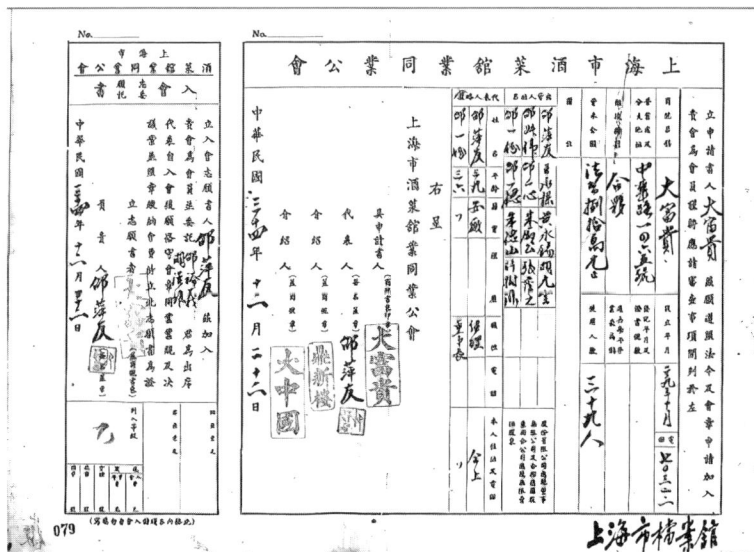

1945年12月大富贵酒菜馆的《上海市酒菜馆业同业公会入会志愿委托书》（上海市档案馆藏）

1945 年抗战胜利后，上海各业开始复苏，市场出现繁荣局面，大富贵的生意愈加火爆起来。原来的面积和布局已不能适应营业需求。1947 年 8 月，大富贵增资改组，并收回出租的三楼，收购左邻铺面（中华路 1465 号）以扩大经营堂口，对店舍进行全面改造和装修，增加员工，扩大经营范围和服务项目。

经过更新改造后的大富贵面貌焕然一新，原来的砖木结构改为钢筋混凝土结构，五开间扩充为八开间，成为老西门一带规模最大的酒菜馆。餐厅从原来只能设 40 桌增加到一次可开筵席 80 桌，可同时接纳宾客 800 人。员工增加到八十多人。酒席价（以法币计）也从每桌 12—20 元增加到 16—30 元。

为招揽更多的生意，大富贵一天供应三个市头，早市供应各色面点，中、晚两市经营风味小吃，承办喜庆筵席，夜宵供应酒菜、点心，并开办电话预订和送出或上门加工等业务。二、三楼餐厅，堂口明亮，座位舒适，主要经营风味小吃和各类筵席。宴席高中档均有，高档宴席提供高级雅座，餐具使用银杯、银盏、象牙筷。

《上海市行号路图录》（1949 年版），图中位于中华路和复兴东路交接处的白色方框内即为"大富贵酒菜馆"的位置（上海市档案馆藏）

大富贵成为与大中华、大中国、鸿运楼等齐名的徽馆，旺市的时候有员工二百余人。一到开市，总是熙熙攘攘，嘉宾满座，除了本市的吃客外，还有许多客人远道慕名而来。据时人回忆，不管你在上海的哪一个车站、码头乘坐三轮车，只要讲到老西门大富贵，师傅们都会径直将你送到店门口。

入选第一批"中华老字号"企业

1949 年 5 月，大富贵酒楼迎来新生。1956 年底，完成公私合营。大富贵先后易名为延安饭店、安徽饭店、实验饭店。20 世纪 70 年代，实验饭店成为南市首屈一指的厨师培训基地，被誉为"厨师的摇篮"。改革开放后，实验饭店开始培养出国厨师。1982—1986 年是大富贵厨师的出国高峰期，一批年富力强的厨师先后出国。

1979 年 5 月，上海市饮食服务公司接商业部电话通知，中日两国决定联合出版一套《中国名菜集锦》的书籍，向日本介绍中国的饮食文化，共计八本，其中一本是对上海名菜的介绍。大富贵作为制作正宗徽菜的首选，被上海饮食公司选中。

据具体负责接洽此事的诸有忠回忆，以大富贵的徽菜名厨邵华成师傅为主，大富贵进行徽菜菜品的设计和准备工作。对于所选择的徽菜菜品，从历史典故、菜品制作过程，包括器皿用具都有严格要求，不仅制作精良，还有较高的艺术性和欣赏价值。邵华成讲究食材的选用，遵循正统的烹饪技法，保留了徽菜的传统，做出的菜肴色、香、味、形兼备，自成一家、别具风味。最终，红烧划水、清炒鳝糊、银芽山鸡、金银蹄鸡、杨梅圆子、五色绣球、葡萄鱼、掌上明珠等共计十道传统徽菜被收入《中国名菜集锦》。其中创意菜葡萄鱼尤其受欢迎，日木还特意对大富贵邵华成师傅的葡萄鱼作了专题报道。

20 世纪 80 年代末，随着邵华成等徽厨的陆续退休和厨师的"出国潮"，大富贵技术人员断层愈演愈烈，由此走入低谷。

1990 年，陈贵德通过竞聘上岗，出任大富贵经理，这在南市是第一家，影响很大。上任后，陈贵德通过企业内部优化组合，增强职工危机感；制订岗位责任制，确立按劳分配制度，调动员工积极性；以新姿、新容、新貌，亮出老店、老牌、老字号，树立大富贵的品牌形象等一系列改革措施，使大富贵焕发新生，企业迅速进入发展快车道。整体菜肴水平与服务水平都上了一个很大的台阶。当时大富贵酒楼在整个南市区口碑极佳。大富贵的服务人情味十足，客人源源不断。

1980 年大富贵酒楼《上海市财贸系统先进企业（单位）审批登记表》（上海市档案馆藏）

在菜品方面，大富贵注重推陈出新。大富贵负责技术的副经理丁永强与上海市烹饪协会密切联系，邀请市烹饪协会专家到大富贵一起研发新产品。大富贵是徽菜馆，徽菜是大富贵的特色与基础菜品。在菜品研发上，根据上海人的口味，对徽菜进行改良，推出大富贵的"海派徽菜"，如徽州鳝糊、葡萄鱼等。销量最好的是改良自徽菜的"炒鸽松"。新品"生菜鱼米包"也颇受欢迎，把鱼片切成丁，用生菜叶包着吃，增强食客的动手体验。一经推出，立刻成为"网红"，是客人必点菜。

1994 年，大富贵酒楼入选国内贸易部第一批"中华老字号"企业。

价廉、干净、味道好的"百姓食堂"

20 世纪 90 年代中后期，随着餐饮业爆发式的增长，全国各品牌餐饮企业开始入驻上海，沪上传统餐饮企业迎来了第一个寒冬。大富贵绝地求生，1997 年率先转型，开设分店，开启连锁时代，确立"以大众化点心为主要发展方向，海派徽菜技艺为基础支撑"的经营模式和理念。

1997 年 9 月 7 日，大富贵酒楼第一家分店西藏南路店开业。当天大富贵发优惠券，门口大排长龙。大富贵西藏路分店一炮打响。门口天天排着三条长龙：一条是买大包与糕团的长龙，一条是买自制卤味熟食的长龙，还有一条是进店堂吃面点、馄饨、生煎等候空位子的长龙。小吃销量火爆，前三甲分别是三鲜小馄饨、鲜肉大包、赤豆羹，尤其三鲜小馄饨 2 元 / 碗，物美价廉，"一炮红"。"两房一厅（两房：点心外卖和卤味外卖；一厅指堂吃）"模式自此确立。

第一家分店成功开设后，大富贵没有盲目扩张，而是积蓄力量，厚积薄发。直至 2002 年 1 月 19 日，大富贵酒楼才开第二家分店金杨路店。自此，开设分店进入快节奏，基本每年一家分店的节奏，而且开一家火一家。2011 年，大富贵被市商务委批准作为第一批早餐工程试点企业。以此为契机，大富贵建设中央厨房，扩大网点覆盖面，做大企业规模。

至 2021 年 7 月底，大富贵已开设分店 49 家，网点分布从老南市区域，现已拓展到上海 11 个城区，基本实现中心城区全覆盖。大富贵也走进了国家会展中心"上海特色小吃馆"，向世界各国来宾展示大富贵老字号餐饮形象。大富贵的"两房一厅"，被亲切地称为"社区食堂"。大富贵所在之处，不少居民宁可舍近求远，多走一些路，也要到大富贵就餐。有大富贵小吃的地方，人们经常会发现，同是点心店，即便是小有名气的，也会因有大富贵而逊色。其原因正如网上一位居民在点评时所说："大富贵小吃价廉、干净、味道好！"

在企业规模扩大的同时，大富贵开始细分市场。2011 年，针对年轻化休闲餐饮群体需求，创设时尚品牌"九九徽印"。2014 年，针对白领，创设以冷鲜早餐和半制成品外卖的"厨选"系列，"两房一厅"发展为"三房一厅"。2019 年，针对中高端精致化消费群体需求而开设的精致品牌，重新开发老品牌"丹凤楼"，主营海派徽菜、融合菜及创意菜品。由此形成"1+3"的品牌体系。

从丹凤楼到大富贵，从传统徽面馆到大型餐饮连锁企业，从晚清、民国到新中国成立直至迈入 21 世纪新时代，大富贵 140 余年风雨兼程，见证了近代以来上海餐饮业的兴起、发展与蜕变，从一个侧面反映了近代以来上海市民生活方式的发展变迁。

09 从德大饭店到德大西菜社

◎薛理勇

　　我知道原来中央商场边上，四川中路 359 号有个德大饭店或德大西菜社已是很久以前的事了，但是，真正坐下来在德大饭店用餐还是 20 世纪 70 年代末的时候。大概是 1979 年，我的一位大学同学即将结婚，我们几个同学连续几天帮忙粉刷房间、搬运家具。结束后，这位同学请我们在德大西菜社吃饭。

德大西菜社的广告

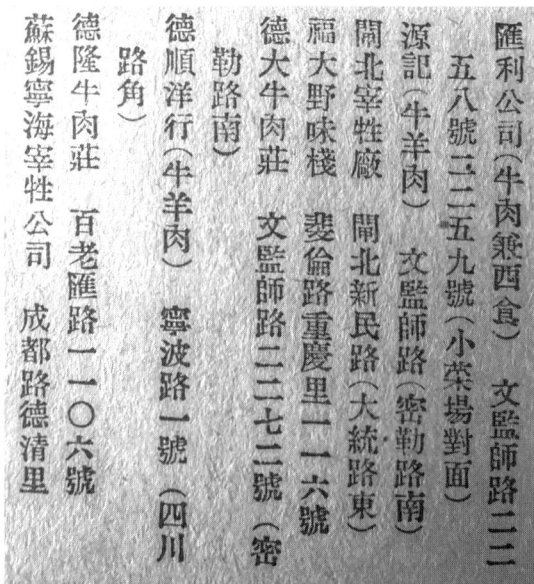

1922年版《上海指南》上，德大牛肉庄的地址在文监师路（密勒路南）

　　当时，大家收入不高，进西餐馆吃"大餐"可是件了不起的大事，印象太深刻了。这位同学给我们每人点了一份"牛排"，上菜时，此"牛排"与我想象中的不一样，只是一大堆剁碎的牛肉糜做成的一块大大的"牛肉饼"。后来想起来，此德大西菜社的"牛排"与"汉堡包"中的"夹心"基本一致，估计当时没有进口的牛肉，中国自己生产的牛肉质量不佳，只能剁成肉糜冒充"牛排"。以后，由于工作上的关系，我与德大西餐馆又有过许多次往来，也吃过德大西餐馆用进口牛肉制作的"牛排"。记忆比较清晰的是21世纪初，上海电视台的"夜间新闻"要做一档德大西餐馆的节目，我应邀随行。西餐馆的工作人员配合电视台介绍德大西餐馆的厨房设施、烹饪技艺、服务方式，我则装扮成"老克勒""临时吃客"，猢狲戴帽子，像模像样地"吃大餐"，讲上海"番菜馆"的历史和故事。德大西餐馆的经理还给了我一份关于德大西餐馆历史资料的打印稿。经理告诉我，此前上海的餐饮业要求各个餐馆收集和整理企业的历史资料，开饭店做生意，哪有时间和本事干这样的事情。于是，找了一些老职工，勉勉强强拼凑出一份"资料"，文字很短，语焉不详，不过，我后来看到的有关德大西餐馆历史的叙述，大部分就来源于此。

司公食伙海上
Shang-hai-ho-sik-kung-sze

Shanghai Butchery Co.

Ship Chandlers and Naval Contractors, Wholesale and Retail ; Provision, Wine and Spirit and Produce Merchants

198 Broadway   Tel 41009
Lane, C. C., mng. dir.
King, John
Dong, Y. K.," asst. in charge
Ting, H. H., book-keeper

上海（公记）伙食公司，名义上是 Butchery，而经营的业务有：
船用杂货，承办海军批发、零售，供应葡萄酒、烈性酒等酒类、制作食品批发

德大牛肉莊
美租界文監師路K二二七二號

20 世纪 20 年代德大牛肉庄的登记地址在文监师路 K2272 号

20 世纪 80 年代中期，我在一本 20 世纪 20 年代上海出版的英文书籍（也可能是杂志，已记不清了）中看到，说上海申报馆的老板史量才拥有一辆上海最豪华的马车，还介绍了这辆马车的来龙去脉：19 世纪末至 20 世纪初，上海的德国侨民是仅次于英国、美国、法国的侨民群体，由于德国领事馆设在虹口美租界的黄浦路上，德国主要的甚至是唯一的基督教新福音堂也建在黄浦路上（在领事馆对面），大多数德国侨民也居住在虹口黄浦路一带，所以百老汇路、文监师路、熙华德路（今大名路、塘沽路、长治路）附近一带形成了一个"德国人区"。

1914 年第一次世界大战爆发，德国与英国、法国、美国、中国成为交战国、敌对国，根据国际惯例，德国在中国租界里的财产将作为"敌产"被没收，德国侨民作为敌对国难民被驱逐出公共租界和法租界，于是德国侨民争相处理自己在上海的财产，准备回国。当时虹口有一家德国人开设于 19 世纪 80 年代末或 90 年代初的 Cosmopolitan Butchery，老板拥有一辆十分豪华而精致的马车，这辆马车后被《申报》老板史量才买下。很有可能，这位德国人的 Cosmopolitan Butchery 也在这个时期处理掉了。由于后来中国人陈安生开设的德大牛肉庄的英文名称也叫"Cosmopolitan Butchery"，于是许多人以为是中国人陈安生收购了这家"Cosmopolitan Butchery"，也就是后来德大饭店的前身。

"Butchery"通常指肉庄、肉铺，以前外国人在上海开设的 Butchery 许多是以经营牛羊肉为主的"伙食公司"。租界时期，上海的外轮大部分停靠在今虹口区大名路、东大名路的黄浦江边，早期世界海上航运使用木帆船，欧洲至上海单程就需要半年以上。十九世纪五六十年代后，火轮船逐渐替代木帆船，欧洲至上海的海上航运，单程也要几个月。海轮在起锚离开上海前，必须准备、储存大量的淡水、食品以及其他生活必需物资，于是在虹口美租界百老汇路、文监师路一带集中了许多外国人开设的 Butchery，中国人称之为"肉庄"，实际上是以经营牛羊肉等食品为主的"伙食公司"，与后来的"外轮供应公司"相似，服务对象以外轮和其他的商事机构为主。如百老汇路有一家叫作"Shanghai Butchery"（上海伙食公司），其经营的业务是：代办船用杂货，承办海军批发、零售，供应葡萄酒、烈性酒等酒类，批发进出口食品，好像与"Butchery"（肉庄）的关系反而不大。这家德国人开办的 Cosmopolitan Butchery 应该不会是普通的"肉庄"，不然老板也不可能拥有上海最豪华的马车，而应是一家"伙食公司"。

四川中路德大饭店的英文名称也叫作 Cosmopolitan Butchery，于是后人以为德大饭店的前身就是德国人开的 Cosmopolitan Butchery。"德大牛肉庄"见于1920 年《上海商业名录》的登记，把它归为"牛羊肉野味蔬菜"类，而不是"酒店""饭店"或"番菜馆"类，地址是"美租界文监师路 K 二二七二号"。20 世纪20 年代上海的门牌号与现在不一致，想通过这个门牌号找到它的确切位置十分困难，好在我在一本 1922 年出版的《上海指南》中发现，德大牛肉庄登记的地址是"文监师路二二七二号（密勒路南）"，"密勒路"就是现在的峨眉路。那大致上可以确定，德大牛肉庄的位置就是现在的塘沽路 175—177 号或相邻的房子。当然，也无法知道，这家"德大牛肉庄"与德国人开的"Cosmopolitan Butchery"是否有关系，即使有关系，德大牛肉庄也不可能与德国人开的"Cosmopolitan Butchery"相提并论，大概就是一个以经营牛羊肉为主的"肉庄"。不过，在以后许多年的《上海指南》中，德大牛肉庄就在登记中消失了，只能理解为"经营不善，关门大吉"，或规模太小，达不到被收入《上海指南》的要求。

位于塘沽路 175—177 号的德大公记伙食公司

而到了 20 世纪 40 年代，塘沽路 175—177 号又出现了"德大公记伙食公司"，既称"公记"，应该是多人合伙开设的公司。一位叫食砚无田的作者在网上发表《德大西餐社前身德大饭店初址小考》提供了据称是德大饭店后人拍摄于 20 世纪 40 年代虹口塘沽路德大公记伙食公司的老照片，从照片上看，这一家"德大"的装修不像牛羊肉庄，确实像一家饭店。

1946 年 7 月 23 日《申报》上刊登的德大饭店开业广告

实际上，文监师路、密勒路、汉璧礼路（今塘沽路、峨眉路、汉阳路）围合的一个三角形地块俗称"三角地"，历史上是著名的"三角地小菜场"，也是上海历史悠久、规模最大的菜市场。在三角地小菜场附近，分布有无数的肉庄、南货店、糖果店、点心店、日用器皿店等与老百姓生活密切相关的商店商铺，去小菜场的绝大部分是家庭主妇、贩夫走卒、饭店的采购员，很少会有人到小菜场附近用餐喝酒，所以这里几乎没有稍具规模的饭店、酒店。把一家西餐馆开设在三角地小菜场的边上，市口确实不灵。1946 年 7 月，德大饭店在四川中路 359 号开设分店，市口占优的分店的名气远远高于虹口塘沽路的总店。我家离塘沽路不远，我就读了六年以上的北虹中学就在塘沽路边上，可是我还真的不知道，塘沽路

175—177 号曾经是著名的德大饭店的总店。

1989 年版《黄浦区地名志》说："德大西菜社该店原是德大饭店分店（1910 年陈某在今虹口区塘沽路 177 号开设德大饭店），开设于 1946 年 7 月，1956 年公私合营。1963 年下半年起至 1966 年初，底层改营生煎馒头、牛肉汤，二楼改为新江旅社。1973 年 2 月恢复供应西菜，并更为现名。"德大西菜社是上海较早恢复营业的西餐馆之一，影响深远、名气很大，但由于受到场地制约，难以发展壮大。2008 年，为配合南京路地块改造，德大饭店迁到了南京西路 473 号新址，店堂漂亮了，规模扩大了，当然品质也提高了。现在的德大西菜社不仅是上海的百年老店，更是上海餐饮业的一枝花。

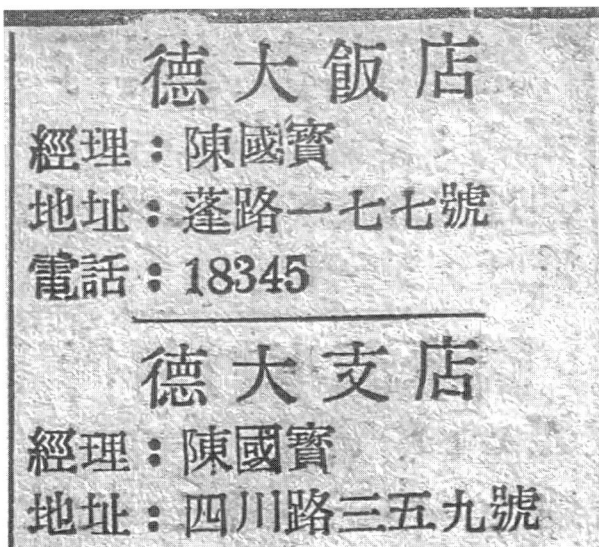

1947 年登记的德大饭店，归类在"西餐馆"

10

蛤蜊油、凡士林、雪花膏……妈妈用过的那些化妆品，侬还记得伐？

◎李霞、昂俞暄

上海是一座满含风情的魅力城市，而这大半要归功于生活在这座城市的上海女人。她们会过日子，即便在物质生活尚不充裕的年代，很多上海女人也并没有停下追求美的脚步。那些上海出产的蛤蜊油、凡士林、甘油以及带着淡淡香气的雪花膏、花露水等曾给几代人带来了最简朴的时尚。

国货难忘的记忆

对于国货的美好记忆，老一辈的上海人会追溯到二十世纪初。由关蕙农、杭稚英和郑曼陀等月份牌名家为"双妹"绘制的广告月份牌，记录了那个年代上海女人用的化妆品。

上海家化公司的资料室至今仍保存着那些带有双妹牌标签的瓶瓶罐罐。上海家化的前身是广生行，广生行1903年在塘山路成立了发行所，开始经销双妹牌化妆品。"双妹"是创始人冯福田在梦中得到的灵感，后来衍生出用沪语描述上海女子娇俏柔媚的"dia"（嗲）和果断干练的"jia"，融合一身如双生花，简练生动地概括出上海女人的独特韵味和海派风情。

沪上知名媒体人马尚龙是《上海女人》一书的作者，书中很多内容谈及了上海女人曾经最常用的国货护肤品。过去的百雀羚，外包装是一个圆圆扁扁的铝制盒子。上海女人不仅在家里洗完脸以后，用它涂抹脸和手，而且还会随身携带

双美人牌香粉老广告

着百雀羚。马尚龙解释说："因为它很便于携带，有中号的，有小号的，很扁的，就在自己的包里面。你看上海女人永远带包，那个时候，哪怕只有百雀羚，她也会带一个包。现在回想起来，有一盒百雀羚一直带着，是引以为傲的事情。如果当时一个女人，连一盒百雀羚都没有，那么可能我觉得，并不是说这个人没有钱，而是觉得这个人不像上海女人。如果要真正地说美女的话，上海不出美女的。你看，哪些地方出美女？四川出美女，我们叫川妹；湖南出美女，叫湘妹；扬州还有个林妹妹……上海女人的美是后天来的。后天来的是什么呢？就是这个城市耳闻目染的东西，她就是从小知道，怎么样把美最大化，怎么样去做一个爱美的女人。"

百雀羚老广告

出生于20世纪50年代的马尚龙记得，小时候父母请亲戚朋友来家中吃饭，吃完饭后，就要请客人用热毛巾洗脸，还要准备好一罐友谊雪花膏供客人涂抹。当年雪花膏不仅百货商店卖，连遍布上海的小烟杂店也有卖；不仅有卖整瓶整盒的，还有上海话叫作"零拷"的，就像拿着瓶子去油酱店打酱油一样。

市民吴华芳阿姨回忆说："雪花膏都是零拷的，到店里面去零拷一下子，拿一个罐头去，或者这种瓶头，雅霜的瓶头去拷一瓶来。实际上讲起来，上海人是老精明的。其实是花小钞票达到最佳的效果。我们就是说用钞票也好，打扮也好，都要用得恰到好处。"

最早的双妹牌广告海报

"山青水绿"的上海仪态

那些年，上海话要形容一个人打扮得体、整洁干净，常常会用一句"山青水绿"的评语。上海女人走出家门前，都会习惯性地照照镜子。她似乎在问镜子里的那个女人，你这个模样是否能走得出去，你上街上班，路上的行人会怎么看你，单位的同事会如何评头论足。

上海市民姚臻家里姐妹三个，再加上母亲，一家有四个上海女人，所以每天早晨母女们要出门上班上学的时候，都会排着队照镜子。她对照镜子这件事这样说:"我们养成一种习惯,每天出门前,都要照镜子的。我们三个女孩子特别喜欢照镜子,我爸爸有一次就说,我看我们家的镜子要被你们照穿了。我们不是单纯地往前照,而且再拿一面小镜子,反过来照背后。就是很注意我们的仪表,因为我爸爸说,一个人出去仪表非常重要。"

在改革开放之前的那些年里,虽然生活水平不高,物资匮乏,但是大多数上海女人都会把自己打扮得漂漂亮亮,穿戴得有模有样,这既是对自己的尊重,也是对别人的尊重。当时提倡勤俭节约,崇尚的是自然美、本色美、劳动美。但讲究生活的上海人,在简陋的环境中还是让上海这座城市处处弥漫着淡淡的香味。吴华芳阿姨介绍说:"搽一点雪花膏,那个时候习惯叫雪花膏,实际上就是搽点雅霜出去,有点香味。"

雅霜老广告

多年以前，上海人的住房都很狭小拥挤，于是有很多上海人家每到黄昏或夜晚就会用花露水喷洒房间，来清新空气。胡阿姨如今还保持着在自家房间里喷洒花露水的习惯，让房间里弥漫阵阵的清香。马尚龙也说道："那个时候，如果是在夏天，你不用花露水的话，人走出去，人家会觉得，我们上海话叫肉夹气，就是你身上可能会有味道。那么花露水一洒的话，你走出去就是把那个味道都去掉了。当时记得，如果你是去坐公交车的话，你是会闻到，大部分时候有一种清香的。"

二十世纪五六十年代，如果谁的脸上涂脂抹粉了，谁的身上花花绿绿了，就会招致非议和批评。直到"文革"时期，上海女人是不能美丽的，上海女人用的都是护肤品而不是化妆品，但是上海的女人们却巧妙地把护肤品当成化妆品来用，一品两用，一举两得，既护肤又美容。

沪上首家美容院

1984 年 12 月 30 日，上海发生了一件新鲜事，立刻就成为上海人尤其是上海女人街谈巷议的新话题，就连电视新闻也对此进行了报道：那就是解放后沪上第一家美容院——露美美容厅的开张。

露美美容厅开在淮海中路上，设有全套美容、简易美容、单项美容和修指甲等项目，还可上门服务。三十多年过去了，当年担任美容院经理的邵隆图回忆露美当年的盛况说："当初露美还是领号的，全部排队，隔夜排队。第九家开的时候，浙江省、江苏省那些邻近省份的人都过来的，因为爱美是人最基本的需求。美国哥伦比亚电视台 1985 年的 5 月 1 日　我记得很牢　从上午十点钟拍起，拍到下午一两点钟，就在这么 56 平方米的一家小店里面，门口围满了人。这个玻璃上都是手印、鼻子印子、面孔印子，都在看。美国人'啪'把镜头一转，他们在看什么？他们在探索美、追求美。因为大家都很好奇，美国人为什么会采访这么小小的一家美容院？它意味着中国老百姓的生活方式变了。"

一家工业企业搞起了商业、服务业，这在当年可是一件新鲜事。上海家化公司的原董事长葛文耀先生 20 世纪 80 年代就从事这一行业，他回忆说："我记得

1990 年我们请陈香梅当美容院的顾问，这个当中有个谭弗芸，当时的上海市妇联主任。美容院开张，她来讲了一段话。她说，刚改革开放中国外交官走出去，都不化妆，外国人说中国女的都是黄脸婆，所以觉得这是代表一个国家的形象。"

林耀华是露美美容院的现任经理，很久以前他就是上海家化厂的老员工。那些年，这家美容院的风光和火爆是他难忘的记忆："因为压抑了这么多年爱美之心，一下子喷涌出来。当时好多人到露美来，到露美来做头发是一种享受，到露美做头发是一种身份的体现。只要到露美来，说我这个头发是露美吹的、露美做的，我这个护肤是露美做的，那个时候就是身份的象征，有腔调。记得露美开张的时候，洗发和吹风七块五。那么上海市面上的烫头发，冷烫三块五。那个时候你看工资稍微多的也八十几块，很少有超过一百块的。那你想七块五毛钱，那就很贵啊！"

吃香的化妆品

热衷于社区文艺活动的姚臻是在 1980 年当上新娘的，她记得那个年代结婚，亲戚朋友所送上的新婚贺礼大多是花瓶、脸盆、热水瓶等一些日用品，而在所有的新婚礼物中，她最喜欢的就是一套精致亮眼的化妆品。那时化妆品成为了新房里最亮丽的装饰品，这是那个年代的特色。上海年轻人结婚，新房里即使没有冰箱彩电，但是拥有一套化妆品礼盒，也是一件令人羡慕的事情。

1968 年就进入上海家化厂的王忆瑛老人还记得，当时"文化大革命"结束，改革开放了，她所在的上海家化厂生产的化妆品进入了国内的市场，很多化妆品在百货商店里不但畅销，而且紧俏。于是在化妆品厂工作的王忆瑛在朋友中间也变得吃香起来。她回忆说："20 世纪 80 年代以后结婚的年轻人，她一定要买一套蓓蕾的、露美的化妆品。就是要结婚了，这套化妆品一定要放在家里，人家来了以后很羡慕的。这套化妆品比较齐，它里面的化妆水，还有唇膏、粉饼，新娘化妆都齐了。谁结婚了给她买一套，她们是开心得不得了。因为外面那个时候买一套是很贵很贵的。买一套送去也是很有面子的，那个时候有一套化妆品是很稀奇的。"

对于刚开始改革开放的中国来说，以前被认为腐朽生活的化妆品还是个稀罕的东西。邵隆图至今仍然清晰地记得当时研发中国第一套全套化妆品的情形："1980 年 1 月 3 日，刚刚过好元旦，我记得很清楚。因为当时国家经委、轻工业部都下达了一个指令性的任务，就是要搞一套中国全套的化妆品。这时候我们原子弹已经上天了，高科技都已经不少了，就是没有一套化妆品。"而当这一套化妆品走进普通中国老百姓家的时候，它也曾经作为国礼由上海市政府送给当年访华的美国总统里根的夫人南希。

尽管成套的化妆品生产出来了，但是很多人都还不会用，仅仅把它作为梳妆台上的摆设。于是在那些年，上海女青年们最热心的一件事情就是学化妆。

暗香浮动里的别样智慧

1972 年，意大利著名电影导演安东尼奥尼带领的摄影队来上海拍摄新闻影片。在他们的镜头里，上海人衣着很简单，穿戴很简朴，灰、白、蓝就是当年这座城市的色彩。那时的上海女人都是素面朝天，美容化妆似乎和她们一点关系都没有。在那个香水被批判为资产阶级香风毒气的年代，上海女人的爱美欲望受到了极大的限制，但聪明智慧的上海女人总会找到巧妙的办法让自己成为人群中的一道风景，她们用火柴当眉笔，用自制的火夹来卷发。

吴华芳阿姨也用过这样的小妙招："我们老早用自来火。就是火柴一划，划好以后，给它烧掉一些，熄灭后前头一段不是有一点炭质的嘛。就拿这个来画眉毛，这个画出来呢，很自然很自然的。"

那个年代，上海很多的弄堂里都没有煤气，家家户户都是烧煤球炉子。而弄堂里的很多女孩子都用自制的火钳或者火夹在煤球炉上烧热以后来卷头发烫刘海，因为那时候，上海的理发店里是不允许烫头发的。当作家马尚龙还是小男孩的时候，就看到过弄堂里的女孩子在煤球炉上烫头发。他称之为火上的功夫："一个小姑娘大凡用过这种火钳的，她的师傅一定是她的母亲，或者是她的姐姐，是母亲和姐姐言传身教。这真的是考验上海女人能否成为合格的上海女人的一个火上的功夫。这个火钳要在火上放的话，你不能时间太久。不能太热，如果太热的话，头发一定会焦掉的。但你也不能太冷，如果太冷的话，它卷不起来。而且在卷的时候，你手势一定要很干净利落。不能碰到头皮，如果碰到，头皮要烧焦的。"

那些年里在煤球炉子边上用火钳来卷烫头发，就像一个厨师做美食那样是要掌握火候的，在那个美丽不被允许的年代里，上海的女人们还是向往着美丽。马尚龙认为，这是上海女人非常了不起的一点。美和钱无关，你有钱可以美，我没有钱也可以美。这么一种生活的态度、生活的能力，才是被全国人民所津津乐道的一种上海女性。

如今年逾花甲的胡绍铭也是上海家化厂的老职工，那时候他在厂里负责广告业务。他记得当年不但在广播、电视、报纸上做各种美容化妆品的广告，厂里还成立了美容队，搞了美容热线电话，去普及美容知识，传授化妆技巧："他们更多关心的就是我们美容队的美容知识的普及，那么我们当时设立了一个美容热线电话，那也是走在很前面的。第一条，全天候的，甚至于后来扩大到 365 天，就是每个节假日也有人值班。第二个就是美容队下基层，当时最多的就是大学，还有工厂、机关，就是美容队一个现场的美容示范表演，怎么保护皮肤，当时很受欢迎啊！"

精致优雅的永恒追求

改革开放初期，中国开辟了四个经济特区，很多上海人涌向了深圳特区的沙头角中英街，他们最感兴趣的商品就是香皂、洗发露和丝袜等，而且大包小包买回家。那个年代风从南方来，很多上海的个体户小商贩从深圳、广州等城市批发采购各种衣服和化妆品，在上海的华亭路上摆摊叫卖，使得上海这条本不出名的小马路成了热闹非凡的时尚街。

也就是从 20 世纪 80 年代初期起，上海人的文化生活中兴起了摄影热，而且彩色照片取代了黑白照片。拍彩照上镜头，女孩子们自然要精心地美容化妆一番。大约就是从那时起，上海女性随身携带的小包里总会放一支唇膏、一盒面霜。

　　当各种美容化妆品大量充斥市场时，多数的上海女人都很会打扮自己，她们绝不会把自己的脸当成各种色彩的调色板，她们追求的是一个雅，把握的是一个度。如果谁的化妆过于浓艳，她们就会用"乡气"这个词，来表达不喜欢。

　　在上海，如果说一个女人很精致优雅，这或许就算是很高的评价了。而要做一个精致优雅的女人，就要先从精致优雅的美容化妆做起。马尚龙为此想出了一个词，来形容他心目中精致优雅的上海女人："我曾经在《上海女人》这本书里面，用了'适宜'两个字来形容上海女人，既形容上海女人的一种内心的文化，也形容上海女人一种外在的打扮。适宜这个词，其实就是一个恰到好处的意思。我觉得就是说上海女人她可以把自己往恰到好处的这个方向去打扮。"

　　人追求优雅的生活、追求美丽是永无止境的。在上海这座浪漫的城市里，打扮精致的女人越来越多，她们精心地呵护着自己的美丽和优雅。爱美的上海女人也成为了这座城市永恒的风景。

11 镂象于木，印之素纸：朵云轩木版水印传奇

◎王慧静

海上朵云

1900 年 7 月，《申报》在一个并不起眼的位置连续几天刊登一则消息，对一家小笺扇庄"朵云轩"即将在上海开张的消息广而告之。

虽然这条消息在当时并没有引起多少人的兴趣，然而不出几年，朵云轩手工印制的信笺和扇面，已渐渐成为上海文人雅士、社会贤达的私爱，以致张爱玲在她《金锁记》的开篇里，也不忘特意提及："我们也许没赶上看见三十年前的月亮。年轻的人想着三十年前的月亮该是铜钱大的一个红黄的湿晕，像朵云轩信笺上落了一滴泪珠，陈旧而迷糊。"

雅逸的"朵云"二字，源出五代韦陟，他常以五彩笺纸书信，落款字若五朵云，后人因称书信为"朵云"。朵云轩的创始人借了这个雅名，从自制自印笺、扇的小业着手，渐渐发展为大规模的木版水印工坊，由木版水印扩及艺术出版，又以书画经营为核心，进行艺术品收藏、拍卖，发展壮大成为海上赫赫有名的水印制作和书画经营之家。

如今在上海繁华的南京东路上，朵云轩的百年老店立在那里，门前的匾额上集自米芾书体的"朵云轩"三字俊迈清朗，在熙攘的人流中显出几分不流于俗的古意高迈。

而在避开了人群的一隅，上海书画出版社后院的一座小楼里，黯淡的光线映照着二楼楼梯口对面墙壁的一块木头牌子，上面镂了一行沉水般的阴文隶字：木版水印。

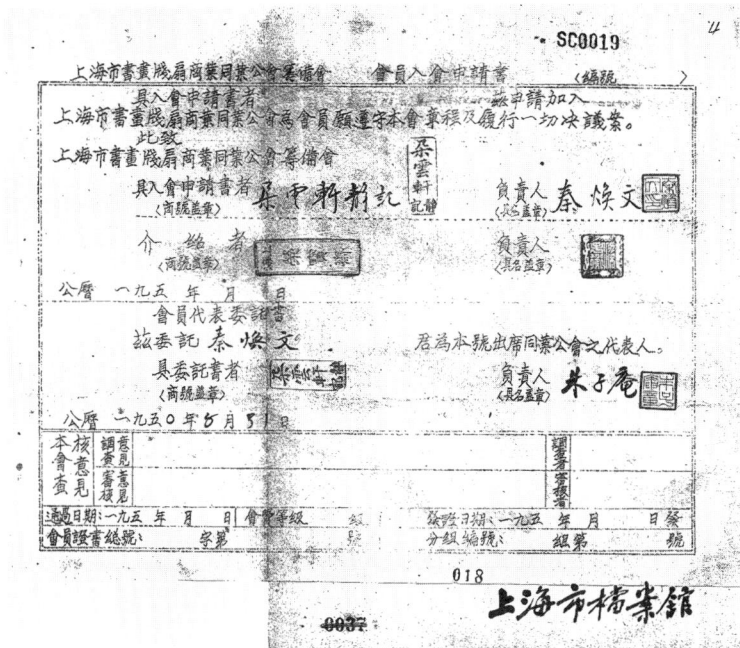

朵云轩的上海市书画笺扇商业同业公会筹备会会员入会申请书（上海市档案馆藏）

这个面貌朴素的工作室就是被外界誉为印刷"活化石"的木版水印技术的载体。除了上海的朵云轩，就只有北京的老字号荣宝斋仍保留着完整的传统木版水印技艺，二者因此被书画界并称为"南朵北荣"。

刚刚下了场雨，楼道里的光线因而更显得有些昏暗。最左边的一间弥散着雾气的，是还算宽敞的水印工作室。进门处两台加湿器哧哧喷着白雾，这让室内看上去有些恍惚，几座长条的旧工作台摆放得像从前的车间，几位长者和年轻的女孩子各自埋头就着台上的小灯或绘或印。

为了保证水印间充分的空气湿度，这里常年开着加湿器，四面窗户紧闭，到了夏天空调也不能开，如果不是在这样凉爽的雨后，真会让人感觉闷热难耐。而在以前，这里的老师傅们只能共用一个简陋的蒸汽喷淋机，整个房间常年都像在下毛毛雨一样，经年累月，很多老师傅都落下了关节炎。

窗外是饱湿的浓荫，靠窗坐着的楼杏珍是现在水印间里年纪最大的老师傅，退休后返聘来这里继续带学生。她现在带的学生是四位年轻漂亮的小姑娘，算起来，这几个年轻人应该是她带的第三代学生了。而坐在她们前面的林玉晴，是楼杏珍这代老师傅们带出的第一代弟子，如今她是水印室里唯一的一位技师。林玉晴右手握着一粗一细两枝毛笔，为面前金笺纸上的画幅作最后的一道细致润色。笔罢，尺幅展开，彩绘辉煌，那是复制的任伯年传世的皇皇巨制——《群仙祝寿图》。

镂象于木 印之素纸

郑名川是朵云轩木版水印室主任，毕业于中国美术学院的他研习的是国画花鸟，来到朵云轩木版水印工作室已经多年。他告诉我们，以他们制作的一组任伯年《群仙祝寿图》为例，图高 2.1 米，宽 7.2 米，在尺幅上是木版水印史上的大型精品之最，从开始着手到完工经历了十年左右的时间，已成为现今木版水印工艺传世的扛鼎之作。

各种印版

《群仙祝寿图》仅勾描每一位人物的费时都难以计量，郑名川曾拿给我看他勾描的其中一丛草叶的纸稿，叶脉错综，交叠繁复，看得人咋舌，勾描这一块就费了他近两月的时间。而勾描之后每一位人物的刻版费时也长达十多个工作日，全幅《群仙祝寿图》十二屏条的画面中，精雕细琢的人物多达 46 个，更不消说人物之外的仙山楼阁、灵石异草、珍禽瑞兽。其工艺的细致繁复、设色缤纷，仅人物头上一点指甲大小的花朵或草藤上的几笔漫兴戏墨都得单独为它们刻一块色版……如此功夫，只消想想那一堆近两千块琐碎堆砌、大小形状各异的雕版就可知一二。

如果不看这些琐碎的细活，要概括木版水印的整体工序倒也不算复杂——绘稿勾描、木刻雕版、水印。所谓"镂象于木，印之素纸"，古人对有着千年传承的木版水印的概括素来惜字如金，紧要处唯八字耳。

工序一：勾描

在二楼西头绘稿勾描的工作室里，孔妮延在台灯下悉心运笔。拿到原稿之后，她一般需要对照原稿作一幅细致的摹稿用作印样，同时也通过临摹加深理解作品设色用墨的程序和一些微妙细节，以便于合理分版。所谓分版，就是按照木版水印工艺的要求，依据原作用笔的枯湿浓淡及设色的微妙变化，用赛璐珞胶片进行勾摹分版，分版是否合理不仅直接决定水印操作工艺的繁简，也影响着水印作品的质量。

分版的方法通常是一版一色，但为了表现色彩的过渡与一笔多彩的效果，有时也使用一版多色。分好版后，用半透明的雁皮纸覆盖于胶片勾摹稿上，将整幅画作分成若干幅独立的"饾版"或"拱花"稿描摹于雁皮纸上，并标注用色、印位、正面标志以及刻稿符号，成为勾描稿，勾描稿经叠套校对后即可发刻。

孔妮延拿着一方绵薄轻透的雁皮纸摇了摇说："这雁皮纸细滑不化墨，现在已经比较稀缺了。"我曾听说日本越前的雁皮纸耐水而不蛀，可存千年，不知是否就是眼前这张色若蛋清、弱不禁风的雁皮纸。

她大学毕业后就来到了这里，因为专业就是国画花鸟，所以觉得很自适，虽

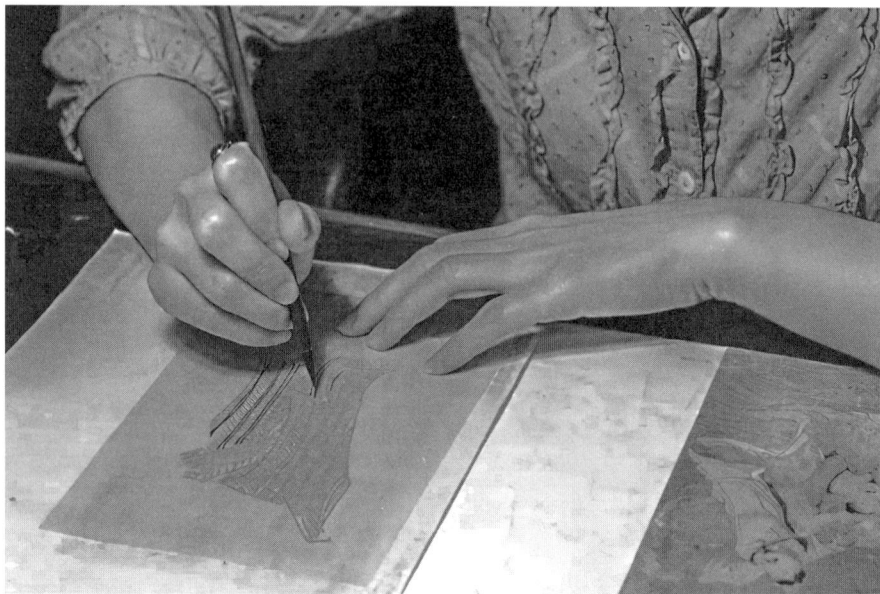

木板水印工序之一：勾描

然外人觉得长年累月保持同样的姿势与笔墨线条打交道的生活未免单调乏味，尤其是对于年轻人而言，但这样的观念显然没有侵扰到她，这里除了单纯的线条，没有更复杂的人际关系和琐事纷扰，与古人对谈一阵后，她搁了笔捧本书小读一阵。那样单纯的状态让我无比怀念大学时候照临吴道子、壁临《永乐宫》的日子……

工序二：雕版

隔壁刻版室里少了墨香，多了木头味儿。这里到处都搁着大小形状各异的黄杨木和梨木馄版，上面布满细密的线条和刀纹。刻版室的李智和孙群都是蒋敏的弟子，如今蒋敏早已退休在家，孙群该是他带的最后一个徒弟。

孙群刀下正雕琢的，是一团祥云。云"开"了一半，另一半还覆在薄透的雁皮纸下。俯身细看平整刨光的梨木版上细腻层叠的刀迹，如同起鳞的皮肤。刻版师傅们悬腕凝神，力注刀尖，精微处只作最细的刀尖一点，若作写意，则横刀枯

笔、浅刮淡扫，当真是运刀如笔，以充分复现原作的笔墨意气。李智和孙群左手
拇指一侧都带着厚厚的茧，那是他们常年扶刀的痕迹。

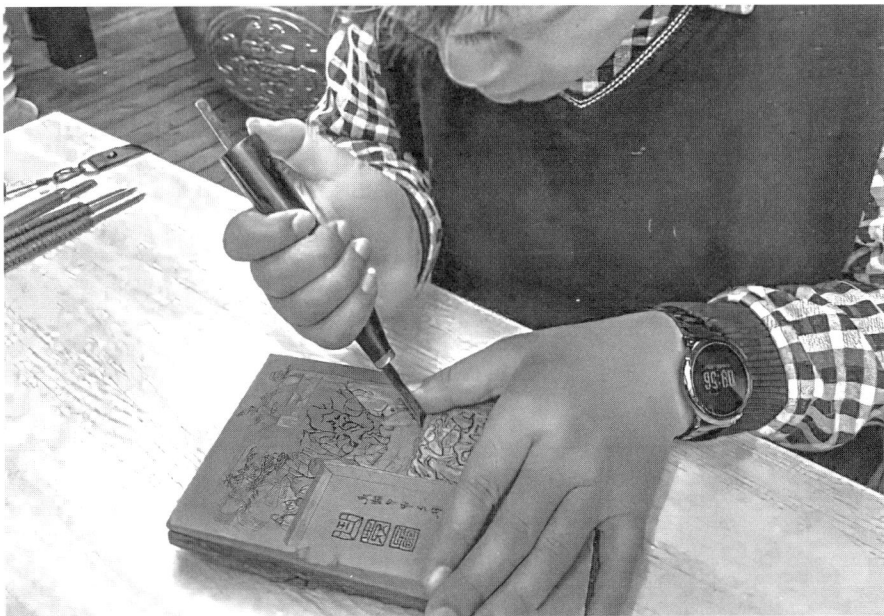

木板水印工序之二：雕版

工序三：水印

水印间里的杨云这会儿左手拿上了棕刷子——压纸杆将一叠宣纸在印刷台面
上固定好，喷壶潮了纸后用油布蒙盖浸闷均匀了，第一块形如豆饼的印版对好了
位置，用烤软的膏药黏固好——现在她要开始试印了。

案上没有朱砂、藤黄，要印的是一幅水墨山水：齐白石的《一帆风顺》。杨
云拿毛笔蘸少许淡墨在瓷盘中，左手一柄棕刷在瓷盘中打圈匀好色，刷掸于印版
上，然后对应摹稿以笔蘸墨细细补笔，见着浓淡墨气到了，于是左手拉住宣纸一
端，用力适中、不偏不倚对准印版覆上，右手持棕耙子在纸背砑印（木版水印中
常用的一种轻轻压的动作），必要的时候也用指肚压按表现笔触的柔和圆润，或
以指甲嵌按来表现线条铁划银勾的力道，全凭印者对作品的理解与表现。不同砑

印技法的适时运用、轻重相济、软硬兼施，才能充分重现古代水墨精深的五彩和神韵。

说话间杨云一手迅速揭起宣纸，两间山林野舍已经恰到好处地呈现在画面中，如果觉得哪里稍有差异，可以或对印版位置微调，或对墨色笔势微调，或让印版水分更加适中，太湿则线条臃肿，太干又使线条起麻皮，调适好再砑印下一张……直至完全满意了，手上也印顺了，才正式开印。问：这百张《一帆风顺》要印上多久？回答说：三四个月。

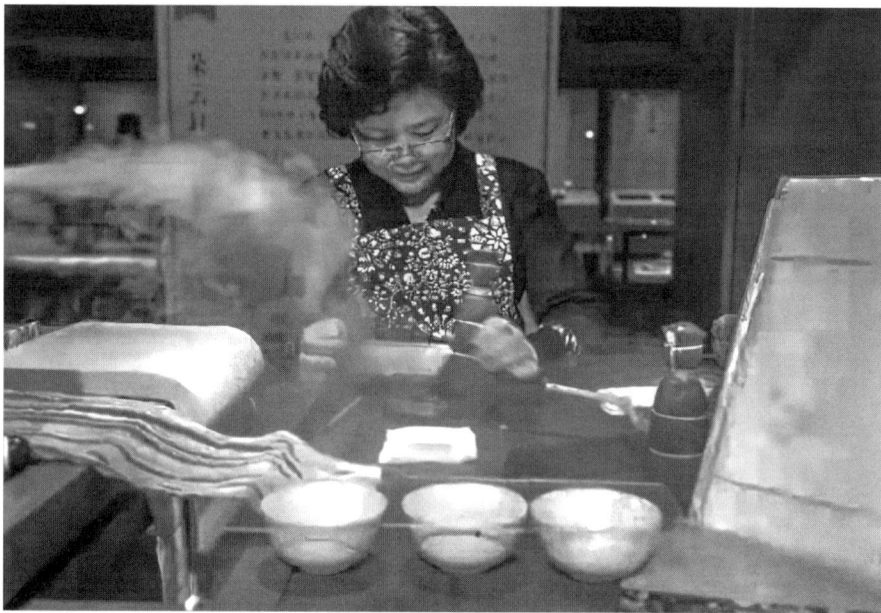

木板水印工序之三：水印

作为传统工艺的木版水印的每一个工序都必须完全采用手工操作，所有技艺传承都是师傅带徒弟一代代口传身授。来这里学艺的年轻人必须经过三年的学徒期打好基础，学勾描的天天练习线条笔力，学刻版的手上要磨出老茧，学水印的先从一年的"提刷吊耙"基本功练起——左手手腕提刷吊耙水平转动，每天要刷500张小画片……

学徒期满之后，经由长期的手头操作和墨气濡染方能成才。在这里培养一个人大约需要5~10年，培养成本高，人手接不上来，生产力自然低而缓慢，而且每位手工艺者都不得不面临工作枯寂和生活清贫的考验，再加上市场环境的挑战，这正是木版水印和其他一些民间手工艺一样所面临的基本现实。

传奇三种

百年来，朵云轩虽历经起落，却也累积下了丰富的书画藏品，使得大批散佚于民间濒于灭迹的历代笔墨之宝得以存世，其中不乏国宝级文物，可谓吸纳了千年的水墨灵气。而精湛的木版水印技艺在为这些传世之宝以复本形式流传于民间的同时，也平添了诸多传奇。

首先是关于木版水印复本几可乱真的故事，这也是坊间最为乐道的。相传曾有白石老人的一幅《青蛙》，自朵云轩印制出来，竟被人误当原作而收购，实际上，这并非眼力不及，有时就连作者本人也难辨真假。某次白石老人驾临朵云轩，店家拿出一帧照原作水印的《虾》来让他鉴别，白石老人端详了半天，最后还是摇摇头无有定论。

类似的事情不胜枚举，很多人往往只有从装裱的新旧上来甄别原作与复制品。而用与原作相仿的材料装裱复制品，是朵云轩的又一长项，如此就的确真假难辨了。许多收藏家因此不得不求助于朵云轩的专家。曾有一封外国来信寄与朵云轩，信中附有一张齐白石作的红牵牛花彩照，寄信人询问朵云轩可曾复制过此画，因为他怕高价买下的这张大师作品是一张木版水印复品——大概海内外的收藏家大都领教过朵云轩木版水印酷肖原作的技艺。

其次，就算不说细劲古雅的《步辇图》、集工艺之大成的《宋人册页》《西厢记》，也不能不提《十竹斋画谱》。这部印于 20 世纪 80 年代末的精工之作，是朵云轩依据明胡正言的彩印《十竹斋书画谱》和《十竹斋笺谱》复制的。胡正言字曰从，徽州休宁人，客居南京，"十竹斋"为他的室名。胡正言曾官至中书舍人，工书善画，尤擅制印，弃官之后，过着隐逸的生活，余生全力经营水印木刻，与坊中刻工"朝夕研讨，十年如一日"。他所绘刻的《十竹斋书画谱》和《十竹斋笺谱》自开始到完成历时 26 年，集合了饾版和拱花等套印技艺，精美空前，传世不朽。直到现在，"南朵北荣"的水印技艺仍大体沿袭胡氏的模式。

朵云轩雅致的仿古信笺

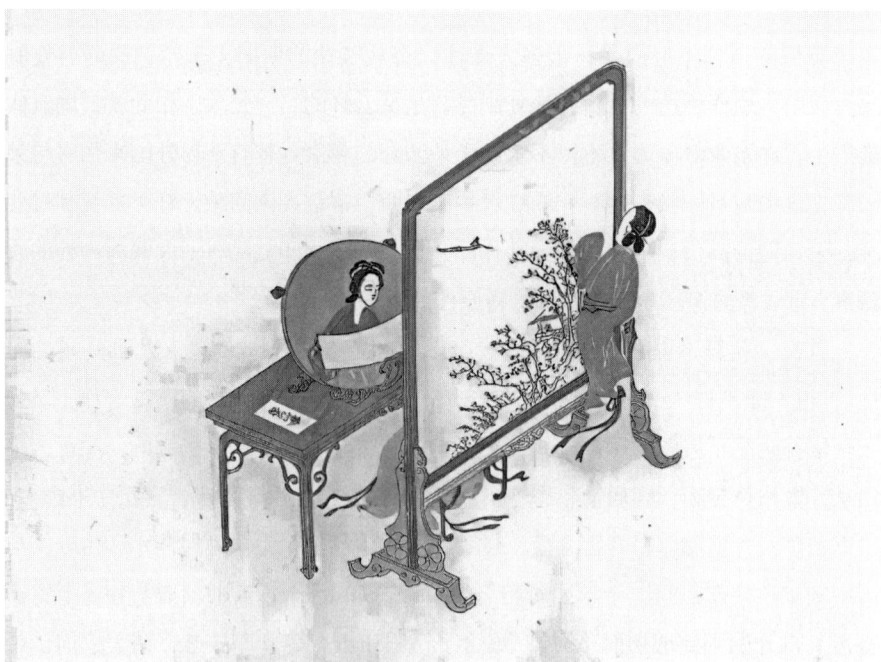

木版水印作品：《明刻套色西厢记图册》之妆台窥简

现在朵云轩分版分色的套印术就是"饾版"，通过多色的雕版套印，表现画面淋漓的墨色。而所谓"拱花"，就是凹凸版，郑名川特意解释给我们听——绘刻凹版，上压纸张，以毛毡杵捣之，使得纸面形成凹凸向背，凸现物象轮廓，颇有浅浮雕之感。拱花分为两种，一种带色，一种为白色"素拱花"，后者尤显清逸淡雅。郑名川特意拿出来这套印制精雅的《十竹斋书画谱》和《十竹斋笺谱》，后者画页中多有素拱花，乍一看去素纸之上空空如也，略换角度，浮雕般的山水花鸟鱼虫立即显现，一鳞一羽都清晰无比，看得人瞬间一个激灵，如给锥子点了一下。

原本册页散佚的这两部传世画谱，集朵云轩多年之力得以复现，1989 年送莱比锡国际艺术图书展展出，引起轰动。评奖时，评委会选中了这套明胡正言《十竹斋书画谱》，他们甚至觉得以莱比锡有史以来的最高金奖都不足以表彰，因此特意破例设置了一个"国家大奖"郑重授予朵云轩——他们始终无法理解中国人如何印出这样的作品，怎么放大都完全看不到任何网点，完全像原件一样。

木版水印作品：《十竹斋书画谱》选图

最后想说胡也佛。我想他大概是朵云轩木版水印人中最大的传奇。搜索胡也佛的生平，记载寥寥，面前的郑名川倒是了解不少关于胡也佛的逸事。此人为民国时期海派画家，尤工人物，本名国华，字大空，自署十卉庐主，浙江余姚人氏。胡也佛一生无所师从，全凭灵气造化力振古法，笔下仕女尤其娟秀独绝，了无俗痕。胡也佛练就的线条功夫，至今仍为海内一绝。据说当初国画大师张大千得见胡也佛的工笔仕女后，惊叹连连，从此不涉工笔仕女。

历经了一番乱世浮沉之后，胡也佛在 1958 年参与筹建朵云轩，出任勾描组长，并负责木版水印总设计，为朵云轩第一代弟子的长成作了重要铺垫。由他亲自勾勒的《秋原猎骑图》（仇英原作）成为朵云轩早期珍品。甚至可以这样说，仅仅因为有胡也佛的存在，"北荣"荣宝斋就不得不承让"南朵"三分。早前曾听闻胡也佛的工笔《金瓶梅》拍了五十多万，还有人唏嘘并不算高，他存世真迹极少，估计国内最多不过十来幅。

有老一辈的朵云轩人忆及往事，说到"文革"后的胡也佛已近晚年，因患重病而手臂颤抖，却仍不忘挥毫，只是已无法亲笔落款，只留印章为记。他常挂着手杖蹒跚而来朵云轩木版水印工作室，留着很美的长髯，风采遗世。

素有印刷术活化石之称的朵云轩木版水印技艺，作为上海非物质文化遗产的代表之一，已入选第二批国家非物质文化遗产保护名录。

12 "光明"牌冷饮，舌尖的记忆

◎王坚忍

一

站在香烟路桥上，桥下的沙泾港蜿蜒穿过。桥东，荡漾着耸峙的大厦倒影，这个爱家国际大厦，为原益民食品一厂旧址；桥西，是益民食品一厂历史展示馆（简称厂史馆）。沙泾港的一湾清清碧流，将它们挽连了起来。当年选厂址的人很有头脑，先选了长三角江浙沪的上海，再选了虹口租界的邻水边，这对工厂的产销经营极其有利。

当年的益民一厂大着呢，我到哪里去寻找遗迹：三层的海宁洋行大楼？冷饮、实罐、巧克力、代乳粉、糖果等五大车间？我转身过马路，走进厂史馆。一幢西班牙小洋房，原为工厂办公楼。小洋房南面，一幢红瓦青砖清水墙，长方形的上下两层的建筑，2009 年建成的益民一厂厂史馆，原益民一厂职工食堂。修旧如旧后，外观古朴典雅，里面很宽敞，上下共 1800 平方米。讲解员说，工厂肇始于 1913 年美商的海宁洋行，后为粮服实验厂，解放后更名为上海益民食品一厂，占地面积 30 多亩。2004 年迁往奉贤新厂，至今有上百年的历史。

1950 年 5 月初，上海益民食品一厂"光明"牌冷饮和"光明"牌商标，如呱呱坠地的双胞胎婴儿，"哇哇"的两声，面世了。从此，上海新增了一个响当当光灿灿的民族冷饮品牌——"光明"牌。

1950 年 2 月 6 日，"光明"牌棒冰、冰淇淋等试制伊始，17 架国民党空军飞机分四批轰炸杨树浦、闸北、南市 3 个发电厂，伤亡 1500 余人。益民一厂断电停工。厂机动车间主任陈松年等技术人员日夜苦战，修复发电设备。冷饮车间的机电设备又飞转起来，试验继续。要感谢上海解放前夕地下党领导的护厂队，奋力保护下来了生产冷饮、食品的设备和机电设备。

益民一厂前身为始建于 1913 年的美商海宁洋行蛋品厂，1932 年海宁洋行从美国购来冷饮设备生产冰激凌，垄断了上海的冷饮市场。1941 年底太平洋战争爆发，翌年海宁洋行被日商强占。抗战胜利后，国民党政府当敌产没收后发还给美商。1947 年，国民党军队买下海宁洋行，改称为上海粮服实验厂，期间向美国进口了两套食品生产设备。

1949 年 5 月初，益民一厂的工人在地下党的领导下，与企图破坏机电设备的国民党特务开展面对面的斗争。在厂史馆，有这样的一个场景，一个头戴黑礼帽、身着黑色湘云纱衣衫的国民党特务，鬼头鬼脑想进厂搞破坏，遭到两个穿着背带裤工装、左臂套着红袖章的工人护厂队队员怒斥，特务握着手枪的手无力地垂了下去。事后检查，厂里的冷饮、代乳粉等生产设备，还有 2 台水管式锅炉、2 台立式柴油机及其带动的发电机、8 台制冷的压缩机等，安然无恙。

1950 年 6 月 17 日光明牌冷饮问世的报道

1950 年，美商的"美女"牌棒冰、冰淇淋、紫雪糕等，占据了上海市场。他们紧紧捂住冷饮配方，什么人也不给。那我们就自力更生吧！就是这些护厂保存下来的较好的设备，在百废待兴的 1950 年 5 月，热浪滚滚的盛夏来临之前，为赶制出自主配方上海味道的"光明"牌冷饮，提供了硬件保障。

同时，在厂领导支持下，设计人员创作的"光明"牌商标面世，一支红彤彤的火炬，寓意天亮了，黑暗已然消逝；周围 56 道熠熠的射线，象征 56 个民族，宛如 56 道灿灿的晨曦。这个光明商标的设计者是谁？这个人的故事放在后面再说。

新鲜出笼的"光明"牌冷饮中，棒冰方面主要有 3 种——紫红色的赤豆棒冰，香甜绵软；碧莹莹的绿豆棒冰，清凉爽口；白皑皑的盐水棒冰，咸中带甜。还有橙黄色的橘子棒冰。"光明"牌冰淇淋也生产出来了。包装纸或包装盒上都印着"光明"牌火炬。

二

接着，上海味道的"光明"牌冷饮，与美商的老冷饮品牌"美女"牌，短兵相接地对垒。

初夏，国产"光明"牌冷饮上市，孰知销售不理想。上海冷饮市场还是美商生产的"美女"牌一统天下。上海人不认可"光明"牌，他们偏偏喜欢"美女"牌的老味道。益民一厂的干部职工不气馁，要与"美女"牌比赛，把它比下去，得有大手笔，不仅口感上要超过，在广告上也要让印在纸上的"光明"牌，变成妇孺皆知的名牌。

厂干部职工组织了一场广告战，先是在电台、报纸、广播发布广告，还在上海各交通要道张贴广告。工厂骨干职工披上洁白的工作服，背着棒冰箱穿大街过小巷，向市民一边赠送棒冰，一边说，尝尝我们国营厂的国产"光明"牌棒冰，价廉物美呢。

然后，开着由美国道奇汽车改装成的宣传车上街，把柴油机搬上车发电。车头前挂着圆形的光明火炬与射线，中书"光明问世"四个斗大的红字，犹如一轮出海的朝阳。车后，跟着一队穿白衣背棒冰箱的职工，准备沿途挨家挨户免费送棒冰。不料汽车甫一开出，队伍跟上时，虹口分局的民警追上来了，说你们游行不允许。当时的厂销售科长徐永强振振有词地说，我们是在做我们厂的商标广告，如果有问题，你先抓我进去，如果查了没有问题，再把我放出来。民警扑哧一声笑了。通过沟通了解实情后，民警放行、开道。此后一帆风顺。车上的女工一手举着"光明"牌小宣传品，一手捧着麦克风，在市中心沿途宣传，动听的嗓音清丽嘹亮，一路挥洒。送棒冰的队伍也一路走到大世界游乐场。许多市民知道了"光明"牌冷饮的这个牌子。

厂史馆的一张照片，摄于上海郊区，5 个穿对襟花布衫的美丽女工，包着防风沙的头巾，举着广告牌，风尘仆仆的样子，身后是一片庄稼茂盛的农田。"光明"牌广告可谓无远弗届啊。

效果出来了。盛夏季节，厂门口的窗口及益民厂分布在各处的光明冷饮的供应点，排满了等待批发冷饮的人。有踏着黄鱼车的，车上备一条棉被，准备盖冷饮；更多的是背一只长方形小木箱，箱中有一条用布缝起来的小棉花毯。当一打打冷饮装满了黄鱼车和小木箱后，另一番景象出现在上海——小贩们背着小木箱穿街过巷，游走四方，边走边用小尺子敲出笃笃笃的声音，拉长了嗓子叫卖道："光明牌盐水棒冰、赤豆棒冰、绿豆棒冰要伐？"而在大街的商店冰柜上，营业员用一把明晃晃的长刀，把一块"光明"牌冰淇淋一切为二，分递给年轻的情侣，一股奶油的香甜味在空气中弥漫。"光明"牌冷饮销售看好，开始棒冰日销量 1—3 万打，有一天高温 38℃，日销 4 万打，日后一直保持下去，超过了"美女"牌，把它比下去了，上海人几乎都晓得了"光明"牌冷饮。一天 4 万打，就是 48 万根。当时上海的人口 500 万，这样的销量，蛮振奋人心的。

这场"光明"牌广告战以背水一战的气概，立体式的遍地开花，决出胜负，堪称上海广告史上的经典之作。

三

当时，益民一厂的棒冰生产，好些是手工操作的。如把棒冰水注入模具，给棒冰插木棍，还有包装棒冰纸——自动的冷饮生产的流水线，那是后来的事了——从厂史馆的照片上看，当时女工们戴白圆帽、白口罩，穿着稍厚的对襟白工作服，在飞快地包装棒冰。听说她们夏天是在冷飕飕的恒温室工作的，也可以说一根根的棒冰，根根皆辛苦啊！

冷饮是季节性产品，有旺季淡季。益民一厂以冷饮生产为龙头，带动其他食品生产，如罐头、巧克力、代乳粉、糖果等，它们也都印着光明火炬商标，是嫡亲的光明兄弟姐妹。

抗美援朝，益民厂生产光明牌军需猪牛肉罐头，送往冰天雪地的朝鲜战场上"一口炒面一口雪"的志愿军战士手里；除罐头外，还生产了作为口粮的巧克力。"最可爱的人"尝到了可口的食品，勇猛更添，战士们冒着炮火前进，把红旗插上一座座被攻克的山岭；战斗机群冲上云霄，弹无虚发，打得美军飞机拖着一长串黑烟坠地……

说到巧克力，讲解员说当年她老妈买回厂里的优惠价巧克力边角料，就叫她哥拎竹篮装着大米和边角料，到弄堂口请爆米花的师傅加工。当爆米花机"嘭"的一响，打开盖头，淡咖啡色的爆米花哗哗倾倒进竹篮，夹带着大米的清香和巧克力的醇香，让人口水直流。

益民一厂的冷饮产品也跟着市场改变创新。当年盒装的中冰砖4角一块，体量稍大，适宜两人吃。益民一厂又推出了纸包的简装冰砖，1角9分，很受欢迎。

到20世纪60年代，益民一厂丰富产品种类，调整产品结构，食品数量与上缴利润，居上海轻工业局同行业第一。益民一厂的冷饮年产量，从20世纪50年代的800多吨，到20世纪90年代的15000多吨，提高了18倍。进入新世纪，在"和路雪""雀巢"等外国冷饮品牌的广告和产品如同潮水般滔滔涌来之时，"光明"牌冷饮仍然坚守阵地，三分天下有其一。

2003年，面临土地置换的益民一厂搬迁至上海奉贤农业园。2004年，一座现代化的专业生产光明冷饮的花园工厂巍然崛起。2006年，益民一厂（集团）有限公司并入上海光明食品集团。

厂史馆里，挂着两张放大的《新民晚报》，一张为2004年4月3日头版，叙述上个月刊登寻找光明牌商标设计人的报道后，竟有10多位读者提供线索，把报社的电话打爆了，记者追踪查到档案，才确认设计者为梁铭。另一张为《新民晚报》记者王欣的采访稿，出生于 1920 年的梁铭，在 1997 年已逝世。他是学美术的，1949 年 10 月，被益民一厂厂长张学元从益民二厂调来，负责包装广告设计。设计"光明"牌商标的往事对家人来说，时隔 50 多年，记忆已经淡然了。王欣在文中写道："长子梁小铭告诉记者，记得父亲说过，为了设计好这个光明商标，连着好几天苦思冥想。一天与几个朋友去外滩玩，正巧遇到火炬队经过，一下子灵感突发，结合'解放了，社会迎向光明'的寓意，设计出了'光明火炬'的商标图案。"

走出厂史馆，迎面而来的是一个按原样缩小了的复制品，高 5 米的赭色冷却水塔，木质结构 8 层，水泥底座。讲解员说当年的益民一厂厂房高 3 层，周边也没有高楼，高 10 米的水塔，是这一带最令人瞩目的标志性建筑。那时候，水塔与一大水池相连，水塔冷却水循环时，从塔顶水箱压下来的水流，沿着一层层斗拱形状塔面自上而下，一波连一波，八圈转下来，热腾腾的水变凉了，又通过管道进入制冷车间的新一轮循环。可惜在 1965 年，因冷却系统技术升级，水塔拆掉了。

遥想当年，益民一厂的冷却水塔塔影，倒映在绿水盈盈的沙泾港上，香烟路桥下舟来舟往，艄公划桨撑篙，运来益民一厂的原料，运走益民一厂的产品。

"光明"牌商标，就像一根串起益民厂历史的灿烂红线。

13 不吃辣的上海，川菜是怎样兴起的？

◎沈嘉禄

十多年前，上海还被某网站列为"全国最不能吃辣的城市"，而数年前上海餐饮业做的一次市场调查显示，顾客对川湘菜肴的嗜好占到了 47%，超过本帮菜肴而位列第一。近年来这个比例下降为 45%，但仍排名第一。有不少网站根据大数据得出结论："全国最爱吃辣的城市居然是上海。"

今天，上海的餐饮市场越做越大，年轻食客似乎已然成为消费主体，无辣不欢的吃货大抵以 80 后、90 后居多，重口味的他们或许未必知道，上海这座城市是如何被一只辣椒所慢慢征服的。这样的历史虽然并不悠久，但也仍值得回味……

川菜在上海的两次强势进入

土生土长的上海本地人大多是不大吃辣的，几百年来就是这样，今天老浦东们念兹在兹的"老八样"，根本没有辣椒、泡椒、豆豉的用武之地。上海人接纳川味是从清朝末年开始的，式式轩是第一家川菜馆，在四马路，规模不大，前往一试麻辣的人不少，老板据说是四川人。

二十世纪八十年代末我参与黄浦区区志的编写，采访过一位业界老前辈，老人家说：二十世纪初，上海只有四五家小规模的川菜馆子，挤在广西路、浙江路与三马路交界一带，多为路边饭摊，能有个单开间门面了不起了，小煸小炒为

101.

主，有回锅肉、麻婆豆腐、肉末泡菜、辣子鱼、鱼香肝片、酸辣汤、连锅汤、红油抄手、担担面等八、九个品种。"上海人不吃辣，他们主要做北路生意（指北方来沪客人）。"

1914年出版的《上海指南》中罗列了几家颇有人气的川菜馆，比如古渝轩、醉沤斋，不久还有都益处、陶乐春、美丽川菜馆、消闲别墅、大雅楼等兴起。

川菜在上海的兴盛，与时局有密切关联。川菜进入上海有两个时间节点，均与战事有关。第一次是北伐战争，北伐军中多四川人，北伐军打到哪里，川菜就传到哪里。北伐胜利后，川菜馆就在上海这个大码头兴盛开来。

吴承联在《旧上海茶馆酒楼》一书中说："1930年代，上海最著名的川菜馆是爱多亚路（今延安东路）上的都益处，新南社成立后的第一、第二次聚餐都假座于此。次之则有大雅楼、共乐春、聚丰园、陶乐春等数家。"

据1925年上海世界书局出版的《上海宝鉴》记载，当时川菜馆的菜码相当丰富：炒肉片、椒盐虾糕、辣子鸡、炸八块、凤尾笋、松子山鸡丁、米粉牛肉、米粉鸡、白炙脍鱼、奶油广肚、红烧大杂烩、酸辣汤、清炖鲫鱼、红烧春笋、叉烧肉、火腿炖春笋、白汁冬瓜方、清炖蹄筋、鸡蒙缸豆、锅烧羊肉、蟹粉蹄筋、冰冻莲子、菊花锅、鸡丝卷等。

著名报人、作家严独鹤在《沪上酒食肆之比较》一文中就说过："……伟人、政客、遗老杂居斯土，饕餮之风因而大盛。旧有之酒席，殊不足餍若辈之食，于是闽、川馆，乃应运而兴。"

严独鹤对当时几家人气旺旺的川菜馆有亲身体验："都益处……其初只楼面一间，专售小吃，烹调之美，冠绝一时，因是而生涯大盛。……陶乐春在川馆中资格亦老，颇宜于小吃。美丽之菜，有时精美绝伦，有时亦未见佳处。大约有熟人请客，可占便宜，如遇生客，则平平而已。消闲别墅，实今日川菜中之最佳者，所做菜皆别出心裁，味亦甚美，奶油冬瓜一味，尤脍炙人口。大雅楼先为镇江馆，嗣以折阅改租，乃易为川菜馆，菜尚佳。"

严独鹤是浙江桐乡乌镇人，年轻时来上海读江南制造局所属兵工学校，先后担任过小学教员、中华书局、世界书局编辑，主持新闻报副刊笔政长达三十年，眼界宽，交友广，勤笔耕，好美食，年轻时养成的口味，到上海短短数年就发生改变。"若就吾人之食性，为概括的论调，则似以川菜为最佳。"严老师开始吃辣了，口味重得很哪！

当然，那时候知识分子的收入相当不错，严独鹤吃得起"菜甚美而价奇昂"的川菜，还经常以川菜招待文化界同道。

外省来沪的文化人也对上海的川菜馆有所染指，梁实秋在一篇名为《豆腐》的文章里对上海的川菜馆大加赞赏，那次是李璜在美丽川菜馆请他和徐悲鸿、蒋碧薇等人吃饭，席间上了一道蚝油豆腐。"蚝油豆腐头号大盘，上面平铺着嫩豆腐，一片片的像瓦垄然，整齐端正，黄澄澄的稀溜溜的蚝油汁洒在上面，亮晶晶的。那时四川菜在上海初露头角，我首次品尝，诧为异品，此后数十年间吃过无数次川菜，不曾再遇此一杰作。"

抗战军兴，酝酿起川菜进入上海的第二波高潮。四川、贵州、云南等省成为大后方，大批工厂、学校内迁，重庆作为陪都当然也接纳了不少从江浙两省来的政府官员和流民，当地人遂将长江安徽段以东来的人称为"下江人"。这批人是庞大的消费群体啊，所以重庆、成都甚至昆明的饭店就会参照他们的"家乡记忆"烹制出一些味觉稍微清鲜甜软的菜肴，这些菜被四川人称为"下江菜"。推而及之，后来就将在上海出现的川菜也称为"下江菜"。

两位"女神"与"本土化"战略

梅龙镇酒家的国家级烹饪大师徐正才先生曾跟我说过："'下江菜'是四川厨师的行话，指向性十分明确，就是指川外的各种川菜。海派川菜就是川菜的一部分，这是四川餐饮界也接受的观点。"徐正才还认为，"下江菜"很早就形成了，至少在民国后就流行了，只不过在抗战期间特别火，知识分子吃了还要写文章到处宣传，有些馆子的名气就越来越响亮。所谓"前方吃紧，后方紧吃"，吃的就是"下江菜"。

抗战胜利后，国民党"接收大员"飞来上海抢占地盘，川菜在沪上再次兴起，势头之猛，几乎要夺了粤菜的龙头地位。

不过值得玩味的是，川菜入沪后，在厨师手中巧妙地实现了"海派"。后来引起颇多争议的"海派川菜"，是在二十世纪二三十年代初露端倪的。

川菜的"本土化"战略之一，是与淮扬菜联手，形成所谓的"川扬合流"，剑走偏锋往往能出奇制胜。那么川菜为什么不与京菜、鲁菜、粤菜喜结连理，偏偏将绣球抛给了淮扬菜呢？

我是这么认为的，第一，历史渊源。"君住长江头，我住长江尾，日日思君不见君，共饮长江水。"长江的无尽波涛，见证了无数缠绵悱恻、柔肠百结的故事，也见证了文化与人员的频繁交流，包括商业与餐食。门泊东吴万里船，千里江陵一日还，也是江苏与四川"自古以来"频繁交流的记录。

互补性。淮扬菜讲究选料鲜活，口味比较清淡，原汁原汤，刀工更是天下第一；四川菜则是天下味觉谱系最为丰富的一路，七滋八味，一菜一格，百菜百味，但是厨师往往大刀阔斧，摆盘也不甚讲究。淮扬菜虽然借盐商之力发展壮大，但是积累了相当丰富的文人趣味；川菜有官府菜，但生命力更强、影响更广的则是下里巴人的味觉审美。两者互补性强，而且也只有在魔都的特定历史阶段，川扬才有合流的可能性和必要性。

历史机遇。"川扬合流"的时候，正是川菜大举东进、淮扬菜夕阳西照之际。所以我认为，两者合流，是淮扬菜为川菜拓展了发展路径，川菜激发了淮扬菜的生命元气。

所谓海派，从某种意义上说也是一种进行时态，就是以积极开放的态度接纳异域文化，包括外省的文化，通过消化吸收为我所用，在融合与创新中打造具有上海城市特质的文明状态。在海派川菜的形成过程中，有两位极具传奇性的"女神"，起到了至关重要的作用。

一位是董竹君。她出生在上海，但老家在江苏海门，后来嫁给四川副都督夏之时，去四川合江生活了一段日子，对川菜有所了解，再后来因"三观不合"与夏离婚，拖着四个孩子回到上海创办锦江餐室。她不仅将餐厅装潢得十分摩登，而且对川菜进行一番改良，推出了香酥鸡、纸包鸡、干烧冬笋等菜肴，深受食客欢迎。

二十世纪九十年代初我还听一位老上海说，她家的干煸牛肉丝特别好吃，牛肉丝长短粗细一致，煸得十分地道，有牛肉本来的鲜味，嚼起来又是满口干香，并不觉得辣豁豁，收口略微有点甜，很适合上海人的口味。

还有一位是吴湄。她是梅龙镇的经理，将本来以汤包、煨面等扬帮点心立足市场的小规模酒家发展为以"川扬筵席，中西美点"招徕的著名酒家。吴湄是话剧演员出身，还演过电影，又是地下党员，交游十分广泛，她的胸襟与气魄直接影响到酒家的风格。

她预判抗战胜利后，川菜会在上海形成新的流行趋势，便与素有"东方卓别林"之称的电影明星韩兰根商量，将他在自己经营的"瘦西湖川菜馆"内担当头牌厨师的沈之芳大厨"明目张胆"地"挖"到梅龙镇来担纲厨政，从而使梅龙镇实现"川扬合流"，也有了干烧明虾、贵妃鸡、龙园豆腐、素火腿、蟹粉鱼翅、奶油广肚、椒盐虾糕、蝴蝶海参、干烧四季豆等一系列"下江菜"，脍炙人口，长销不衰。

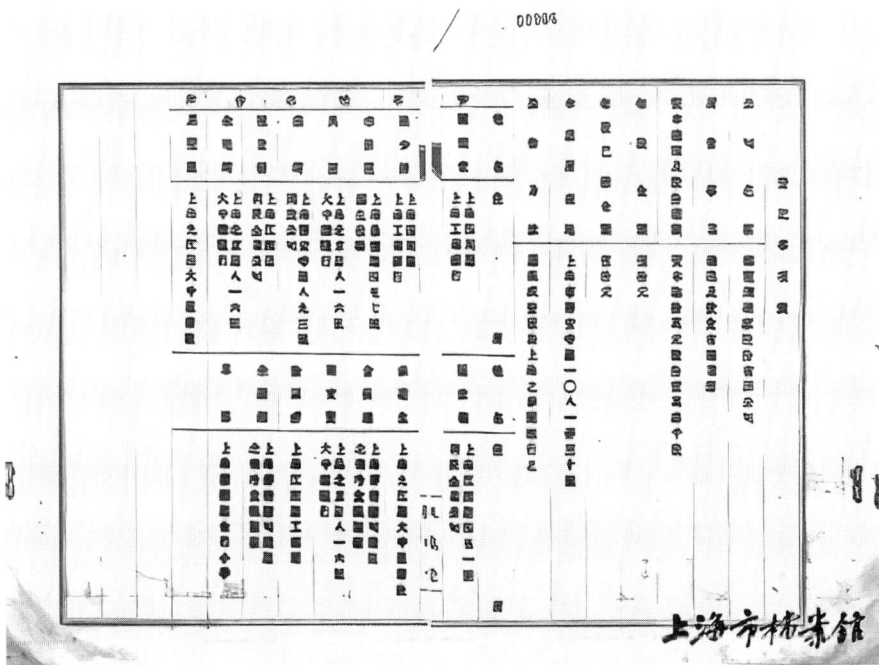

1943年陈滋堂、吴湄等呈请设立登记梅龙镇酒家股份有限公司的文件（上海市档案馆藏）

董竹君与吴湄明里是笑傲江湖的掌门人，暗中帮助中共地下组织开展工作。以川菜馆为掩护的不止她们两位，李一氓在一篇题为《川菜业在北京的发展》的文章里透露："有个四川同志为着掩护地下工作，他在上海也开过一个小川菜馆，解放后他当过云南省的副省长，他就是刘披云。"

从二十世纪二三十年代那批老饭店留下的菜单看，川菜从登陆上海滩那天起，就实行"本土化战略"，轻辣免麻，精耕细作，体贴食客，温柔动人。

歪打正着的经典名菜

梅龙镇酒家的徐正才先生还告诉我，其实像香酥鸭、干烧鲫鱼、虾子玉兰片、蚝油豆腐、咖喱虾仁、炒骨肉片、干烧冬笋等，都是二十世纪二三十年代从四川来上海的一批厨师如王炳成、向春华、萧长发等人捣鼓出来的，有的时候还是"歪打正着"一举成名。

原《文汇报》记者、美食评论家江礼旸兄跟我讲起过香酥鸭的由来：香酥鸭是马连良的私房菜，落户"西来顺"后就成了"马连良香酥鸭"，很受回民欢迎。后来成都餐饮业大咖王少卿来上海开了一家小花园川菜馆，黄金荣都去捧场，摆了两桌，但是干烧排翅吃了一筷就不再下箸，这让王少卿手足无措。第二天马上恭请早已声震沪江的何其坤、冯文宾来掌勺，再开两桌请黄金荣赏光品味。他们烹制的干烧排翅上桌后被"麻皮金荣"毫不客气地吃了个盘底朝天。

这样一来，王少卿深感厨师的厉害，但又不服输。不久他窥破上海人宴请每每以烧鸭（烤鸭）作为主菜的套路，有时候他自家店里烧鸭来不及供应，食客就要"翻毛腔"（意为投诉）。情急之下，他将作为冷菜的南京盐水鸭投入油锅，翻来覆去炸至表皮酥脆，配了荷叶夹（形似荷叶的小面饼）上桌，食客居然击节称好。歪打正着的意外收获，不啻醍醐灌顶，他干脆将鸭子"一腌、二蒸、三炸、四改刀"，制成了一款"王少卿香酥鸭"，跟盐碟和荷叶夹上桌，经济实惠，一炮打响，成为"两道主菜"中的一个选项。

干烧鲫鱼也是歪打正着的杰作。当年重庆名厨向春华来上海"捞世界"，深得大世界娱乐场创始人黄楚九赏识。有一天黄老板宴请友人，请向春华掌勺。烹制一款豆瓣鲫鱼时，向春华突然呵欠连连，鸦片瘾上来了，便闪出厨房呼他一口，腾云驾雾之际，把锅里的那条鲫鱼忘记得一干二净，等他闻到了一丝焦味后才急忙转身回厨房，此时锅内汁水正好收干，鱼皮略有微焦。

情急之下，向春华只得另外起锅煸炒一些葱姜末子和花椒肉末，再加一勺醪糟（酒酿），将鲫鱼回锅后淋醋装盘，叫跑堂赶快送出去，他缩在厨房准备挨骂。不料外面传来一声叫好，跑堂回来传话：黄老板吃了十分满意，吩咐照样来一条。就这样，豆瓣鲫鱼转身为味觉层次更加丰富的干烧鲫鱼，一款具有经典意义的海派名菜就充满戏剧性地诞生了。

另一位国家级烹饪大师李兴福跟我谈起过海派川菜的历史，他师傅何其坤（何其林的胞弟）也创制过数十道海派川菜，比如陈皮子鸡、怪味鸡丁、姜汁鹅掌、鱼香肉丝、水晶鸭方、三穿鸡翅、胡油鸭片等。

上面我提到梁实秋赞美过的蚝油豆腐，其实也是海派产物。据徐正才大师说，此菜出自海派川菜祖师爷、"三鼎甲"之一萧长发的手笔。他来上海前曾下两广、过南洋，窥破粤菜师傅蚝油菜的奥秘，于是吸纳此种元素为我所用，发明了"蚝油豆腐"。

业界老师傅都知道豆腐要烧好并不容易，蚝油烧成灰色，放酱油就会变红。加老抽色靓而味不足，加黄豆酱油味佳，但要防止过咸，两者结合，色、味俱佳。油少不亮也不烫，稍过则吐油也会前功尽弃。锅中如何旋锅，如何炮锅，火功时疾时徐，最后收汁，大有讲究。

新中国成立后，黄浦区作为上海核心商贸区和开放窗口，即使在计划经济时代，仍然维持着十六帮派齐全的餐饮格局，也给了川菜一席之地。

小时候我们家就在今天新天地这个地段，周边也有几家川菜馆，复兴公园后面的"洁而精"是一家，给我印象最深的是青豆泥，绵密、细洁、温润，超好吃。淮海中路上还有一家成都饭店，鱼香肉丝和香酥鸭都是我的最爱，还有一味成都蛋汤，完全是家常做法。整只鸡蛋下锅煎两面黄，加高汤和番茄、笋片、青菜心煮至汤色乳白即可，不辣，相当下饭，我一看就学会了，在家里也做过。关键在于下熟猪油，汤色才能发白。

跑远点，南京东路的四川饭店据说也是老字号，我爱他家的脆皮鱼和鱼香肉丝，好像有一点点辣，但主要是甜酸味满足了我。南京东路一路往西过了石门二路就到了梅龙镇酒家，第一次与女朋友在那里吃饭，点的几道菜至今记得：贵妃鸡、酱爆茄子、鱼香肉丝、素火腿，不大吃辣的我也能承受。

"海派川菜"经受考验

改革开放市场经济启动后，一辣一麻两火锅（鸳鸯火锅）是作为急先锋来抢占餐饮市场、唤醒上海人味蕾的，硕果仅存的老字号川菜馆着实经历了一场考验。

当时梅龙镇酒家的总经理是虞达谦，谈吐儒雅的一个行家，又兼任静安区饮食服务学校的副校长，大家尊称他为"虞老师"。他打出"海派川菜"的旗号，其实也是为梅龙镇溯源，更是看到了新时期餐饮业发展的大好机遇，在尊重历史的前提下力图重整旗鼓，再创海派川菜的辉煌。但当时并不是每个人都能感知春温的，餐饮行业思想也不够解放，于是引发了一场争论。后来经过若干年的市场检验，"海派川菜"才为人接受。

二十世纪九十年代梅龙镇编撰过一本菜谱，里面收录了不少海派川菜和"川扬合流"后形成的新淮扬菜，比如酱爆茄子、干烧明虾、蟹粉狮子头、富贵鱼镶面、回锅肉夹饼（因为希拉克访华时吃过称美，也叫"希拉克夹饼"）、茉莉花鱿鱼卷、蝴蝶海参、粉蒸蜗牛、蟹粉鱼翅等。

1997年我应上海电影制片厂邀请撰写一部与美食有关的贺岁片剧本，贺岁片要求喜剧风格，我就想到了梅龙镇，后来就有了《春风得意梅龙镇》这部片子。担纲出演的港台演员名气可不小，有郎雄、陈小春、吴倩莲等。

似乎，梅龙镇酒家因为这部贺岁片而引起民众和美食家们的更多关注和好评，但我认为主要还是酒家出品好。出品好是因为有一个强大的厨师团队，其中两位大厨，一位是姚楚豪，一位是徐正才，他们都是沈子芳的徒弟，起到了承前启后的作用。

昔时上海滩川菜这一派有"三鼎甲"：一王（炳成）、二向（春华）、三萧（长发），又有"四大天王"之说：向（春华）、廖（海澄）、何（其林）、颜（承麟），做京菜的朱振贤拜向春华为师，而沈子芳就是朱振贤的弟子，也就是向春华的再传弟子。这三位爷的大名报出去，餐饮界再牛皮哄哄的人都会两手紧贴裤缝立得毕恭毕敬。

即使放在改革开放后的这段时间内来观照，梅龙镇酒家对海派川菜的开发研究一直没有停止过，而且始终以市场为导向，满足"下江人"和外国游客对川菜的想象与要求，更加精致、更加开放、更加务实、更加富有创新精神。

比如明虾两吃，虾段留尾巴串成麻花状滑炒，虾头拍粉油炸椒盐，一嫩一脆，下酒妙品。富贵鱼镶面，色泽红亮，喜感十足，由"骨灰级"的干烧鲫鱼演化而来，但食材改为江南看重的鳜鱼。又取面条煮熟后打成八至十个卷，排列在鳜鱼周围，客人吃了整鱼后，留下的卤汁正好拌面吃。当年虞经理请我与长春朋友吃后，朋友击节叫好，称此菜体现了"上海人的精明大气"。还有小煎鸡米、炝虎尾、川味砂锅大鱼头等，原本都是淮扬菜，与川菜合流后便有麻辣味的掺入，味觉呈现也丰富多了。

今天，除了梅龙镇、洁而精老当益壮，后起之秀势头相当猛，比如金孔雀、红辣椒、映水芙蓉、辛香汇、翠蝶、柴门饭儿、穆芙蓉等，装潢风格时尚，出品不拘一格，川菜与本帮、淮扬帮、广帮等都有不同程度的融合，有几道菜真舍得下料，麻辣劲头甚至超过传统老菜。也有像龙虾麻婆豆腐之类的菜品，遭到许多人的吐槽，但市场反映倒蛮积极，每到饭点，门口常常坐满了边等位边刷屏的年轻人。

现在梅龙镇和绿杨邨都不大宣称自己是"海派"了，但"海派"两字的时代印记是难以磨灭的。其实不必担心"海派"两字会损害老字号的声誉，它应该是加分的。

14

从老城厢九亩地的一家小食品店说起：
"冠生园"是如何诞生的？

◎ 陈正卿

1915 年新春来临，上海老城厢九亩地露香园路（今大境路），新开了一家叫冠生园的小小食品店。这家小店铺从出售牛肉干、陈皮梅等小食开始，不断发展壮大。一百多年过去了，冠生园如今已是上海食品业的一块金字招牌，旗下产品包括大白兔糖果、冠生园蜂制品、佛手调味品、华佗保健酒、冠生园月饼……

回顾冠生园的百年发展历史，它的创始人冼冠生以一个马路边摆摊的"个体户"，挣下这份基业，确也是煞费苦心。今天，我们来回顾他传奇般的经历和精明的经营之道，对于在市场激烈竞争中的企业家们，或许仍有启迪。

巧借店名　推出招牌冠生园

1902 年的深秋，一个 15 岁少年，从家乡广东佛山乘船来到上海，到表兄开的小饮食店"竹生居"做学徒。天已转凉，他还单衣单裤，在门口迎风招呼客人、瑟瑟发抖。这就是冼冠生。

冼冠生原名炳成，1887 年刚生下不久，穷裁缝父亲便撒手西去，靠母亲做针线活把他养大。幼年读了几个月私塾，稍大一点到一家裁缝店去当学徒。但在穷乡僻壤里，这一行会有什么出息？正好表兄回乡探亲，母亲就央他带小冠生到上海谋生。

冼冠生在上海竹生居落了脚，慢慢学会了上海话，也学到了一些食品糕点手

关于"冠生园"及冼冠生的介绍（上海市档案馆藏）

艺。十九岁他满师了，就向人借了一笔钱，在路边开了一家叫"陶陶居"的小吃店，自做自卖广式糕点。但店址没选好，生意难做响，没有几天债主就来讨钱，冼冠生只好把店歇掉，另打别的主意。

这时，上海舞台文明戏正在走红，菊坛名伶夏月珊、潘月樵在南市新舞台推出连台新戏《黑籍冤魂》，接连数月，场场爆满。每到入场前，戏院门口挎篮叫卖瓜子、蜜饯、干果的小贩川流不息，夜阑十篮九空，这倒使冼冠生豁然开窍。

他回到家，动手试制起儿时偶尔品尝过的佛山风味的陈皮梅和果汁牛肉干。

从此，戏院门口此起彼落的小贩叫卖声中，又冒出一个卖陈皮梅和牛肉干的。戏客感到新奇，买包尝尝，果然口味独特，价廉物美。一传十，十传百，冼冠生每天做多少卖多少。他人长得胖，顾客都欢喜叫他"大块头"。"大块头"的陈皮梅、牛肉干一下子在新舞台出了名。

赚了一些钱，他想再扩大一两个品种，就想起了家乡佛山的话梅，吃口别有滋味。他专程回乡跑了一趟，向小作坊里的老师傅讨教，掌握了制作诀窍。回到上海，在家中亭子间添了几样器皿，又在新舞台门口撑起一把大洋伞固定摊位，老母妻子齐上手，卫生和质量丝毫不马虎。加之冼冠生对人始终一副胖乎乎的笑脸，生意真是越做越红火。

不过，他总还觉得缺少一点什么。一天，他摊开老《申报》，骑缝一条广告让他心动——香港冠生园食品店倒闭了。这家食品店怎么竟会和自己同名？倏忽间，他感到自己缺少的好像正是这样一块招牌。有了招牌，生意可以越做越大。另外，用它印了包装纸既卫生又体面，上海人吃的就是"卖相"，自己的名气不是叫得更响了吗？

不久，冼冠生的陈皮梅、话梅、牛肉干都有模有样地套上了印有"香港上海冠生园"字样的雪白纸袋。生意果然更好，小摊前成日人头攒动，邻近四周都知道了新舞台有个"大块头"，卖的风味零食好吃。

家有梧桐树，不愁凤不来。一天，冼冠生正戴着大口罩穿着白大褂在家中忙碌。妻子说有客来找。他出来一看，原来是相识的新舞台检票员薛寿龄。他指着一盆刚出锅的牛肉干问："这就是你做的？"冼冠生点头称是。他仰脸大笑："哈哈，你这个大块头还真会白相，我真当你是从香港进的货！不过，口味倒是纯正。"冼冠生谦虚了一阵，说出内心想大干又无力的苦衷。薛寿龄快人快语说："我无事不登三宝殿，今天来看看，就是想和你合伙。本钿不要你愁，你只管把生意弄好就行！"

冼冠生心中大喜。他晓得薛寿龄的父亲薛瑶卿是京戏红角，家中拿得出一些钱。1915年新春来临，南市九亩地的人口稠密处，新开了一家叫冠生园的小小食品店。薛瑶卿拉夏月珊等人出资2500元，冼冠生把制作器皿和工具作价500元，号称资本3000元开张了。冼冠生当经理，店中除卖自制食品外，还经销外厂罐头、饼干、糖果。冼冠生自己开店的梦实现了！

"三本三上"产品风靡上海城

冼冠生有了用武之地，他要大大施展一下自己的经营才干。他想，既然自己店中能卖别人的产品，冠生园的产品为何就不能让别人代卖？于是，他又兼营起了批发生意。老城厢里的小商小贩，闻讯纷纷前来，他的食品逐步流往大上海角角落落，势头喜人。他急盼自己能有一爿像样的加工厂。

苦干了二三年，总算又攒了一些钱。他和薛寿龄商议下来，将小店改组为股份有限公司，增资到15万元，推海上名流邹梦梅做董事长，他当总经理，正式施展宏图。他先在斜桥局门路租了10余亩地造起了新厂房，陆续添置了一些食品机械，改手工操作为机器生产。

随后，又在繁华喧闹的南京路山西路口租下一幢八开间三层楼房，开设冠生园总店。总店有糖果部、饮食部、冷饮部和照相部。店堂装潢得高雅别致，富丽气派。开张以后，从早到夜，顾客川流不息。生产场地扩大，批发业务也日益兴旺。冼冠生在邻近总店的二马路（今九江路）新设了发行所，每天来提货的大小车辆接连不断。在上海市内，连原九亩地老店，各闹市路口先后开张的冠生园分店，一下子有五六家之多。同业中对冼冠生纷纷刮目相看。

不过，他没有掉以轻心。他知道，公司越是发展得快，越要兢兢业业扎扎实实。每天一大早，他从家赶到斜桥工场督导生产，午后再到总店和各个分店巡查一圈，风雨无阻。碰到难题，他当场拍板，从不过夜。公司会上，他常念叨的是"三本三上"经。三本是"本心、本领、本钱"，三上是"信誉、质量、顾客至上"。

他认为这几者当中，最要紧的还是"本心"。本心说通俗了，就是本着一颗对顾客的良心和对公司的事业心。本领是指技术，本钱是指资金能力。因此，每当店中人员发生差错，总听到他哇啦哇啦的大嗓门在喊："老弟，我们做生意的人，没有这种心，这爿店早晚要关门！"他这样说，也这样做。冼冠生除冠生园外，不在店外做任何生意，在公司内不乱支一分钱。公司产品质量出了差错，他都先处罚自己。

一次，公司生产果子酱因白砂糖断销，改用别样糖代用。试验时没出毛病，出货后却发现有发酵变质的。冼冠生自请处分，带领公司人员亲自到各店号道歉，保退保赔。这次公司虽承受了不少损失，但信誉却得到挽回。

冠生园还流传着他要把面包厂厂长塞进炉膛的笑话。总店办到了南京路，但总有顾客反映店里面包火候不足。冼冠生下令限第二天解决。谁知隔日又有顾客吵上门来。他光火了，拍着办公台子吼："面包烘不好，厂长搬到厂里住！再烘不好，搬到炉子间睡！最后还烘不好，只好自己爬进炉膛里！"这个厂长无地自容，只得亲自跟班把质量抓上去，冠生园的话梅、陈皮梅能经久不衰，也饱含着冼冠生对顾客的一片"本心"。

春后新梅飘香，他都亲自风尘仆仆地赶往杭州超山看样订货。江南梅乡远非一地，苏州邓尉等处也远近闻名。超山梅价格比这些地方都高，但核小肉厚，质地确属上乘。他在超山脚下建了一片制梅工场，就地收购储存腌制，源源送往上海再加工。

产品质量上乘，必要的广告宣传也不可忽视。冼冠生摆小摊时，最欢喜剪贴报纸上富有特色和吸引力的广告文字和图案，精心珍藏了整整三大本。他反复品味琢磨，从中不无启发，还摸索出了一套"诀窍"，这就是"广、大、小、活"四字。

冠生园陈皮梅说明书

"广"指宣传空间遍及一切公共场所。

"大"指大型场所，一定要做大型广告，才能显示气派。

"小"指报刊广播广告要短小精悍，细雨润物。

"活"指形式多样，能出奇制胜。

冼冠生书读的书虽不多，这套广告经却确有见地。南北海船和长江内轮上的客人，从吴淞口一进黄浦江，就看到浦东江岸上它高大雄伟的广告牌。上面"冠生园陈皮梅"六个鲜红大字，分外耀眼炫目。人们都深深惊叹这家厂的气魄。功到自然成，经过冼冠生的这番擘画，冠生园食品益发走俏上海城。

招股扩资　雄踞国内食品业

冼冠生似乎天生有股不满足的脾气。这时，上海外商沙利文、华商泰康、梅林等食品公司已相继崛起。它们资本厚，设备先进，冼冠生面临巨大压力。他找来薛寿龄等人商量说："高手林立，我们也只有革新设备，扩充产品品种，来个硬碰硬，打出上海去，才能立稳脚跟。"薛寿龄等人也都点头赞成。不过，革新设备，扩建厂房，开发新产品，偌大的资金又从何而来？冠生园历年利润虽不少，但小股东多，年年红利都必须分下去开销，因此公积无几。

1931年正月新年稍过，冠生园召开股东大会。冼冠生在会上提议向社会公开招募股金三十万元，股东一致通过，但又忧心忡忡，担心这一计划是否如愿以偿。而冼冠生却笃定泰山，认定他的公司信誉正如旭日东升，事情不会太难。果然，仅三个月这笔款就如数募齐。他用新招的股金，在漕河泾购地新造了一座四层楼钢骨水泥厂房，引进了德、英等国的先进设备，从香港、广州高价聘来高级食品师，冠生园阵容一新。

冬去春来，东邻日本又是一个樱花盛开的季节。冠生园鸟枪换炮，冼冠生也乘船东去大阪、东京考察食品工业。岛国上的许多精美食品大饱他眼福口福。临别，中日同行友情依依，日本森永糖果株式会社经理和他互赠了样品。冼冠生带着日方送他的二十余箱礼物样品回国，到厂先组织人分析研究，然后开发出不少带有东瀛风味的新品种。其中鱼皮花生和杏花软糖，此后一直驰誉国内，畅销不衰。

冠生园厂房设备和产品焕然一新。冼冠生开始实行他走向全国的计划。他用步步为营、稳扎稳打的办法，一地成功了再向另一地延伸。几年之中，南京、杭州、天津、武汉、广州等大中城市都冒出了它的分店。分店之下又有支店、代销店，子子孙孙，销售网络布满国内沿海地区。

冼冠生为扩大公司在江浙一带影响，又别出心裁地在漕河泾新厂房上装置了高达六米的巨型霓虹灯，夜晚灯火通明。当时，董事中有人感到耗资过大，十分不解。但当有人从沪杭路归来，说远在十几里路之外的枫泾，就在迷蒙夜色中看到璀璨的冠生园三个大字，都钦佩他的魄力。工厂四周农地，他也全辟为花园。园中树木荫深，流水潺潺。点缀上小桥亭榭，山石花圃，令人流连忘返。园中开设了餐厅、茶座和食品部。落成之日，他先请报界人士前往观光，众人回去后妙笔生花，大做渲染，闻风而来者于是摩肩接踵。冠生园似乎不再是一家食品厂，而是上海一游览名园。

冼冠生继续开拓新的领域。一年一季的中秋月饼，是国人尝新馈友的佳品。当时上海已有杏花楼、利男居几家老字号，他还想摘下"月饼大王"的桂冠。他策划的冠生园月饼竞销活动连续三年轰动上海，令同行瞠目。

包装精美的冠生园月饼

1934年金秋届临，上海大世界游乐场热闹非凡，这里将举办一次别开生面的冠生园月饼展销会。开幕剪彩，他请来股东中红极一时的影星胡蝶。胡蝶肩靠特制的宝塔形大月饼拍了一张照，旁边请名书法家题了"唯中国有此明星，唯冠生园有此月饼"的广告语，精印成宣传画，贴满上海的大街小巷。展销期间，他还发放了一批优待券，凭券不仅可以游览大世界，还可以九折买到月饼两盒。因此，冠生园月饼一下子名气大增，当年就和几家老店并驾齐驱。冼冠生没有就此歇手。

胡蝶为冠生园月饼做的广告

第二年金秋送爽时节，上海冠生园又推出"水上赏月"活动。他向轮渡公司包租了一条游览船，船上彩灯通明，金碧辉煌。舱内各剧种名角争艳斗奇。皓月当空，彩船游弋在黄浦江上，外滩行人纷纷驻足远眺。你要登船一游，只要买上冠生园月饼十盒，就可赠送游览券一张。冼冠生还请来了不少报社记者，他们在报上连连"曝光"，声势也很为诱人。

下一年，冼冠生新招迭出，把赏月活动从水中移到陆上。他向铁路局包下了中秋之夜的七节车厢，披红挂绿，张灯结彩，装扮成"赏月专车"。领券办法同上年一样，只需买上月饼十盒。顾客上车，彩车直发青阳港铁路花园饭店。花园草坪上演艺界明星荟萃，湖上可划船赏月。第二天各家早报，纷纷以"何处度良宵，专车最可人"为题，津津乐道。冼冠生妙计迭出，再接再厉，终于跃上了同行榜首。名声传到了庐山上的蒋介石耳朵里，他特意派人到上海，采购大批冠生园月饼上山，犒赏他的训练团学员。

冠生园经一番精心擘画，先后推出产品几十种，仅上海一地就有总店一家，支店十余家，生产工场三座，年销售额居于国内各食品厂家首位。连年获利都在30万元以上，冼冠生成了名盛一时的食品业大亨。

惨遭轰炸　崛起后方留佳话

　　1937 年 7 月，日军全面挑起了侵华战争。冼冠生出入于上海火线，以厂中食品支援中国军队军需。同时，把厂中部分设备运到租界继续开工。但他精心擘画的漕河泾厂房，却被日军炮火完全轰毁。十余年心血，毁于一旦，冼冠生悲愤无比，向中国政府请缨内迁。仅凭着十余万元政府贷款和补助费，躲过敌机的轰炸和扫射，将十余船设备器皿迁往汉口，在当地新起炉灶。这时，汉口已是全国军政中心，人口繁盛，食品业军需订货最多，冠生园营业十分畅旺。短短半年，他就还清了全部贷款。但好景不长。不久，南京、芜湖、九江一线陷落，汉口告急，中国政府继续西上。

　　冼冠生兵分两路，一路顺京广线南下到湖南桃源建罐头厂，用远近闻名的常德黄牛肉制罐头供应军需；一路溯江西去，在陪都重庆另建新店。到重庆以后，冼冠生选定闹市中心的都邮街店址，照上海办法开设了门市、餐饮、冷饮等部。这时，上海大量的银行、工厂、学校、机关也都迁往重庆，他们和冠生园是"他乡遇故知"，别有情怀。下江人（注：重庆居民称长江下游上海等地居民为下江人）如此风情，当地客也分外好奇。一尝之下，果然别有风味。

　　从此，冠生园门庭若市，餐饮部几乎成了名流们聚会的场所。中共代表周恩来就常在这里邀宴聚谈。"丘八诗人"冯玉祥以春秋时郑国爱国商人弦高作比，亲题"现代弦高"四字赠给冼冠生。冠生园在重庆很快兴建了食品厂和四家分店，职工人数达到四百人，成为山城一绝。冼冠生又抓住机遇，风尘仆仆地奔走于云贵川等地，在昆明、贵阳、成都、泸州等地也开设了分店。他在后方商界一时名声大噪。

　　1945 年 8 月，终于盼来了日本无条件投降的喜讯，冼冠生喜出望外。他带着战时积累的利润一亿元法币、二万元美金、二百两黄金回到上海，急于重振家业。但事与愿违，上海食品市场已全被美国战时剩余物资占下；国内又烽烟四起，通货膨胀如脱缰野马。董事会因上海沦陷时公司股票转让被其他人把持，他们排挤冼冠生。冼冠生内外交困，多年高血压引发心脏病，不能视事。冠生园元气大伤。1949 年以后，冠生园又一度陷入困境。1952 年 4 月，冼冠生不幸逝世，终年 65 岁。

1956 年，冠生园上海总部"一分为三"，各地分店企业都隶属各地，与上海冠生园再无关系。此后的上海冠生园，几经风雨。在改革开放时期，上海冠生园抓住机会，在市场经济中逐渐走出困境，成为时至今日上海最大的食品企业之一。

15 曾是宋氏姐妹、胡蝶的"服装定制专家"：
鸿翔公司为何被称为"海派旗袍"的起源？

◎金泰康

鸿翔时装公司自 1917 年在上海开出首家成衣铺，逐渐在同行竞争中脱颖而出，金鸿翔、金仪翔兄弟二人，通过悉心研究改造旗袍的制作工艺，丰富了旗袍的花色品种。可以说：改良旗袍因金鸿翔兄弟而风行发展，金鸿翔兄弟也因改良旗袍而"发家致富"，这就是后来大家将"鸿翔"称为"海派旗袍"起源的缘由所在，直到现在服装行业里许多人仍公认"鸿翔"是海派旗袍的始创者。

从旗人服装到现代旗袍

旗袍，顾名思义与满清旗人服装有关，古代的旗袍在南京的"江宁织造博物馆"里有陈列。传说满清入关后，汉人坚持"男降女不降"，所以男子剃头留辫，改穿长袍马褂，女的还是上衫下裙（裤）、足缠小脚的习惯，没有改穿旗装。现代的旗袍，则是从进入民国前后开始，率先在当时女学生中流行起来的，后来人称"改良旗袍"。

其制作简单，穿着方便，符合学生简朴自由的特点，与中国传统服装最大的不同，就是改变了女装上面衫袄、下面裤裙的习惯，款式接近于西方的连衣裙、跑路衣。

现代旗袍出现后，为了顺应社会上妇女打破封建思想枷锁、迫切要求服饰美观的愿望，应运而生地出现了一些经营生产旗袍的服装店铺和改良旗袍的设计师。他们不仅丰富了旗袍面料的花色品种，而且多方改革了旗袍的制作工艺，使得旗袍服饰得到了空前发展。

这其中，我认为，在旗袍工艺上改良最多、对社会影响最深的，是鸿翔时装公司和金鸿翔、金仪翔兄弟。

从为宋氏姐妹做旗袍开始，成为"国货津梁"

1912 年，18 岁的金鸿翔刚结束学徒生涯，就到俄国海参崴去打工。不久，由于一战爆发而回到上海。回国后，起初是在一些外国领事馆、外国商人的家中，拎着包裹为他们的女眷做服装，同时也为上层华人公馆里的太太、小姐们做各种中西式的衣服；就在那个时候，金鸿翔认识了宋氏三姐妹和她们的母亲倪桂珍；倪桂珍与金鸿翔同为上海川沙人，她对金鸿翔的手艺非常赏识，金鸿翔此后一直为宋家做衣服。

1917 年，胸怀大志的金鸿翔集合了几个朋友，在静安寺路（今南京西路）租了房子，开了家"成衣铺"，除了做拎包裹的活，更多是门面上以国人为主的顾客。因为他拜师学的手艺是女式裁缝，所以都是女性主顾。那时候这种成衣铺，在上海的大街小巷里，比比皆是，要想脱颖而出，就非得有与众不同的经营方法、高人一等的工艺技术不可。金鸿翔自己富有开拓精神，又学过西式裁缝，到国外见过世面，做过外国人的"跑路衣"、连衣裙、礼服，经常出入上层人士家庭，熟悉女性心理，有着这么多优越的条件，于是将女装作为发展重点。

在此后的十多年里，金氏兄弟对旗袍的操作工艺作了巨大改革：一是在裁剪上，改变了学生旗袍笔直笼统的简单操作方法，把西式的"开省、打裥、装袖"等技术融合进去，使旗袍穿在女性身上更加贴身，充分显示出女性的曲线美；二是把中国服装上的"镶、嵌、滚、包"等传统工艺用到旗袍的装饰上去；三是在丝绸旗袍上绣花，绣的不是传统旗装上的图案花纹，而是苏绣里的花卉禽鸟，使旗袍更加华贵靓丽。

这些优点也流传到社会上，使整个民间的旗袍越发丰富多彩，促成更多的女性改穿旗袍，鸿翔也确立了旗袍中的领导地位。具备这些优越条件的金氏兄弟，

鸿翔老店

把所有"天时、地利、人和"的有利条件，统统运用到"改良"旗袍上去，因而取得了不同凡响的成功。

鸿翔从 1917 年开始营业，到 1927 年翻建店面、更改店名这十年间，经营的可以说完全是旗袍业务，其业绩和效益是十分惊人的。开店时金鸿翔在亲友间筹得 600 元资金租了店面，由于资金短缺，连窗户上的玻璃也配不起，是用桑皮纸糊上去的。

之后，金氏兄弟以经营所得，买下了这块土地及其周边的几亩地块和房屋，金氏兄弟和十多个家属，都将就居住在这些简屋中；十年后到 1927 年，金鸿翔在商店后门的斜桥路（今吴江路步行街）兴建了占地半亩的住宅，随后就在鸿翔旧址及周边后来买进的土地、房屋上，新建起三层钢骨水泥、面积有一千多平方米的商店和工场，两处的地价和造价当时耗资数万银元。在十年里，能够积累到这么多的资金，可见"改良旗袍"业务之盛。

在 20 世纪 30 年代前后，鸿翔还常常邀请社会名媛和电影明星，假座百乐门饭店、大华花园、夏令配克电影院等处举办时装、旗袍表演。那时还没有专业的时装表演模特儿，参加者都是友情演出，鸿翔时装依靠这些明星、名媛的出场，提高了商店的知名度。影星、名媛靠鸿翔的新装，提高了自身在社会上的名气，可谓相互得益。

电影皇后胡蝶在她晚年的回忆录里写道："我的服装都是在鸿翔公司定做的。"她结婚时，鸿翔送了一件绣有一百只蝴蝶的结婚礼服。鸿翔也为伴娘袁美云、顾兰君，小傧相胡蓉蓉等定做了礼服，拍了照片分发给鸿翔门市上的顾客。

1932 年鸿翔分店开张时，宋庆龄曾为鸿翔公司题字"推陈出新，妙手天成，国货精华，经济干城"。1933 年世界博览会在美国芝加哥举行，那时我国的经济还很落后，只有一些民间工艺品和特产，如丝绸、瓷器、茶叶、名酒等送去参加展出，金鸿翔在金门饭店遇到中国方面主办参展工作的缪凯伯，得知其他国家都有服装展出，心想旗袍既是中国民间服装，又是手工艺品，符合参展条件，于是精制了六件旗袍，托他送去参加展览，获得了大会的银质奖。既为国家争光，也使鸿翔名闻遐迩。

为了扩大"时装"的影响，1934 年，鸿翔在百乐门舞厅举办了一次时装表演会，上台的都是当红电影明星，有胡蝶、阮玲玉、徐来、黎莉莉、宣景琳等，这是上海也是全国的第一次时装表演。以后，在夏令配克电影院、大华花园等处，先后举办过多次时装表演，参加表演者既有电影明星，也有社会上的名媛淑女。抗战时期，鸿翔也参加了抵制日货运动，蔡元培亲手题字"国货津梁"。

鸿翔公司当时不但在上海时装店中首屈一指，而且在全中国乃至远东声名远播。有些穿着鸿翔大衣的妇女，特地在手挽大衣时，要把"鸿翔"的商标露在外面给人看，以显示自己的身价。鸿翔的大衣在典当、当铺里，可以多"当"10%的钞票。

当年，上海的服装店，不论男式女式，都是前店（商店）后场（工场）的模式，职员加技工等从业人员，一般都只有几十人，没有超过百人以上的，但那时的鸿翔却发展到单是一个辅助工段的绣花车间，就有几十个绣花女工，全部技工最多时有 400 人，是过去民营服装行业中绝无仅有的。当时已经是大商铺、名牌店的老介福绸布店看到鸿翔生意这么多，信誉又非常好，同意把他们商店里的绸缎原料商品，寄放在鸿翔的门市里，供顾客挑选定制旗袍，货款与鸿翔每逢三节（春节、端午节、中秋节）结账。老介福是当时的名店，它肯这样做，可想而知鸿翔旗袍生意之盛。

引领国货时尚，赠送英国女王

民国时期，国人结婚采用西式婚礼的多了起来，鸿翔兼营"礼服"；二楼都有华丽的礼服厅。鸿翔在二楼有上百平方米的礼服厅，配以四壁全部镶有落地镜子的试衣室，新娘可以很方便地看到自己前后左右的身影，凡是定制、租借礼服的，都要赠送一对穿了礼服、新郎新娘打扮的"赛璐珞"洋娃娃，可以挂在婚车上、新房里，所以营业格外红火。

正当鸿翔的旗袍经营得十分红火时，上海时尚妇女穿着的外衣，也从原来的斗篷、披风，转向西式的女装大衣；金鸿翔看准这是一个比旗袍卖钱更多、发展空间更大的商机，决定扩大经营、产销大衣。之前，上海只有男式的"西服业同业公会"和中式的"机缝业同业公会"，女式服装店，只能依附于这两个公会。1927 年，金鸿翔在原址购地造起三层楼房，店面扩大为六开间，店名由"鸿翔华装部"改为"鸿翔时装公司"，"时装"二字也于此时起，成为西式女子服装的正式名称。后来并由他发起成立了"时装业同业公会"，任理事长至退休。

鸿翔不仅在上海、在全国有名，甚至在远东、在海外也享有盛誉，国外不乏冒用"鸿翔"招牌开店的。笔者过去曾收到美国旧金山唐人街上"鸿翔"的门面照片，最近又收到从美国纽约、云南澜沧电邮传来"鸿翔服饰店"的门面照相，大多是做来料加工、修改缝补的小型店铺，纽约这家的旗袍加工费是 300—450 美元。

此外，鸿翔公司在经营和宣传上，也有其独到之处。每到换季和服装行业旺季来临之时，鸿翔就要在主要报纸上大做广告，发售"礼券"，就是以 80 元现金购 100 元礼券，等于买大衣打了 8 折，于是把本来要买的、本来不想买的、将

HONG ZANG FRENCH MODELS.
No 863 Bubbling Well Road TEL 32267 36270

鸿翔时装公司

是最的服门
东完女装专
亚备子店商

@申哥_老上海風情萬種

本公司女装製服专于新颖
就美装尚高华经济

总静安寺路八六三號
電話：三六二七 三二二六O

分南京路七五零號
電話：九一二二七

鸿翔公司老广告

来想买的、原来要到别处买的、送礼用的众多顾客都拉到鸿翔来，折扣的损失完全可以补回来而有余；还按营业额发奖券，头奖价值 3000 元的三克拉钻戒与二等奖 20 枚小钻戒的实物，就陈列在南京路分店隔壁的"品珍珠宝店"大橱窗里，每天吸引大量过路行人驻足观看，也招揽了无数顾客；还常常请京剧名伶，像马连良、张君秋和沪剧、滑稽戏名演员等在广播电台里做特别节目，做广告宣传。

我是在 1945 年才到鸿翔公司工作的，这时鸿翔停止经营旗袍已有十多年，改而经营女式大衣，金氏兄弟对这过去二十年里经营旗袍的事，几乎只字未提。

不过我清楚地记得，抗日战争期间，十岁左右的我和一群姐妹兄弟，每年要到浦东老家过暑假。闲来无事，女孩子用许多店里原来用作旗袍上绣花、后来废弃不用的五颜六色的珠子和金属片串着玩，我们男孩子则把许多已经没用处的旗袍样本用来做折纸、剪纸等消遣，这些材料数量之多、质地之精，足见当时鸿翔的旗袍业务，曾经十分兴盛。

1946 年，我国苏北地区洪水成灾，大批难民流离失所，国民党政府忙于接收沦陷地区又忙于准备内战，无暇、无力经办赈灾事务。蒋介石把上海的募款救灾工作，授权给上海大亨杜月笙经办，杜月笙于是借救灾名义发起选举"上海小姐"大会，用大会的门票收入和"选美"时捐款者购买"选票"的收入，充作赈灾款项；为了迎合女性对服装的爱好，邀请金鸿翔为筹备会发起人。当时传闻，鸿翔公司要向每一个参赛者赠送一件旗袍。

事实上，这时鸿翔早已停止经营旗袍，鸿翔公司只是在会后，为每个获奖者量身定制、赠送花色不同的礼服各一袭，其中有上海小姐冠军王韵梅、亚军谢家骅，歌后韩菁清、舞后管敏莉等。本来打算在发奖大会上，由这些获奖者穿了礼服拍摄照片，上台亮相的，但是到后来，据说这次选美活动在社会上引起的反响很不好，所以最后把颁奖大会取消了。这些获奖者穿了鸿翔赠送礼服的照片，都曾摆设在照相馆的橱窗里，悬挂在鸿翔公司的商场里。

1946年，英国女王伊丽莎白结婚，规定不收民间礼物，鸿翔精工制作了一袭中式绣花礼服，配了一只雕花樟木箱，托一位在英国领事馆里工作的熟人，送给女王作礼物。后来收到英国"白金汉宫"女王亲笔签名的"答谢信"，一直挂在店堂里。

经历时代变革，昔日精品走近寻常百姓

上海解放以后，穿着男子西装、女子旗袍，一度被视为资产阶级的生活方式，连呢绒大衣也因为价格昂贵而很少有人问津，所有的男女式服装店统统改为经营棉布面料的两用衫、人民装、裤子、裙子。20世纪70年代市面上曾经供应的"家庭裁剪服装纸样"里，有两用衫、西裤、中山装、罩衫等二三十种款式，唯独没有西装和旗袍这两个品种。

当时金鸿翔在经营上遇到些困难。鸿翔过去经营的是呢绒、皮毛大衣，而解放初期，国家提倡节约，原先的那些顾客，有的去了国外，有的不敢张扬消费，呢大衣销售不畅，营业一落千丈，单位到了伙食费也发不出的地步，一些服装店只好歇业。

但是国家不希望鸿翔这样一家名店、大店停业，员工也决心克服困难、共渡

难关，所谓"穷则变"，在困境中进行了三项改革：一是服务对象由中上阶层转向人民大众；二是经营品种由大衣转向两用衫、裤子等普通商品；三是服装面料由呢绒、皮毛转为棉布、化纤。

这从根本上转变了经营方向，国家也在政策上予以扶持，给予出口服装加工订货任务。1956年公私合营后，由于地区不同，两家鸿翔分别属于静安、黄浦两家服装公司管辖，行政和经济各自独立，笔者一直在东号工作，但是两店的基本情况，大体相同。

1956年以后，单位经营步入正轨。鸿翔在行业中牵头办了几件为人民服务的好事：一是响应政府号召，放下大店架子，承接修旧翻新、小修小改业务；二是把原来工场里当废品卖的零料，做成"节约领"，受到顾客欢迎，于是就大批生产，每年的销量达十多万只；三是卖"纸样"，为了解决有些市民有缝纫机想自己做衣裳却没有裁剪技术的困难，鸿翔土法上马，用牛皮纸绘制油印了服装裁片，供市民买了自裁自做，设计有三十几个品种，年销几十万张，并改由专业的印刷厂大规模生产。

这三项业务，收益虽然不多，但是对节约社会物资、丰富人民生活所产生的社会效益却意义深远。

改革开放之初，香港同胞和海外华侨回来探亲游览者日众，其中有许多女性出于慕名或怀旧，想在国内定做旗袍，有的是1949年之前去了港台和国外同胞的亲戚或后人，他们指名想到鸿翔来定做旗袍。那段时间，常常有熟人来问我有关做旗袍的事情，但是像鸿翔等一些大型的时装店，已有几十年没做旗袍，技术和人才都已流失，不可能再起炉灶承接旗袍生意，我只能把这些客人介绍到还在做旗袍的"龙凤服装店"和茂名路一带几家服装商店里去。

20世纪80年代末，黄浦区编写地方志，我被上级公司指定为鸿翔公司撰写店史。在上海市档案馆等处查阅历史资料时，看到一本1934年专为鸿翔公司发行的《社会晚报特刊》，登载有宋庆龄和蔡元培给鸿翔公司的题词，以及鸿翔在百乐门大饭店举行的时装表演，里面有一些明星、名媛穿着鸿翔旗袍的照片。

1985年出版的《经济参考》则用整版报道"女服之王——鸿翔时装公司"，提到鸿翔获得世界博览会银质奖的事情。当时，上海电视台拍摄电视剧《上海一家人》，剧中的人物、服装店老板若男的原型就是金鸿翔。他们同样是服装艺徒出身，后来又都以开设服装店发家致富，解放前夕，又同样拒绝朋友邀请去台湾创业。该剧的编剧黄允在创作时，就曾多次来我处收取素材，拍摄中曾多次邀我到制片现场作顾问，剧中演员李羚、曹翠芬等也到鸿翔来体验生活。

20 世纪 80 年代，人民生活水平提高，衣着需求骤增，鸿翔的销售直线上升，呢服装、呢大衣也大幅增加。此时，鸿翔的品牌还是起了一些作用，那时各单位兴起一股"工作服"热，大家总是慕名要到鸿翔做，有些绸布店里资深的售货员在给顾客算料时，往往会提醒一下，如果是到鸿翔去加工，要多剪十到二十公分面料，因为鸿翔为了保证质量，如果料子少了，裁剪要拼接，是宁可少做生意，回绝不做的。

这段时间，是鸿翔历史上业务最忙的黄金时期，有些年份，年销服装一百多万件，自己工场的产量无法满足，只能在郊县、外地发展协作加工单位，最多时达到三十多户，技工近二千人，是过去鸿翔私营时的几倍。20 世纪 80 年代初，与市百一店、永安公司等十二户，同列为商业局"商业七十三条"试点单位，每年上缴的利税，比一个鸿翔公司的资金还要多；产品女大衣、呢裤曾多次获得部优、市优称号，列为国家和上海市名牌产品，并得到当时国家总理和上海市领导们的赞赏和肯定。

改革开放 40 多年，我们的国情和社会都有了很大变化，人民生活水平提高，审美情趣加强，为服装的创新提供了契机。而如何利用老字号，为全国各地女性成批生产旗袍，或许也将成为一个新的课题。

16 老上海照相馆里的 P 图大师：
去眼袋、修双眼皮、黑白照变彩色

◎王戎、徐雁华

开风气之先的上海，早在 160 多年前就有了照相馆。曾经慕名去照相馆拍照的市民络绎不绝，而市民的热情也催生出了一代代照相馆技师，他们以底片整修和照片着色的高超技术享誉业界。

技师们能将破损的底片完美修复，也将黑白照片通过着色变成一张张逼真细腻的彩照，技术之精妙堪称大师。他们用自己精湛的技艺和一丝不苟的工匠精神创造了一个个奇迹。

修复底片可是一件精细活

2019 年 2 月 19 日，图像处理软件 Photoshop 迎来了 29 岁的生日。Photoshop 从 1990 年发布至今已经成为最流行的平面设计软件之一，很多人认为数字修图的发明改变了摄影的本来面目。然而，远在 Photoshop 之前，人工修图在摄影领域就早已有之。不像如今使用的各种修图软件，一键就能修复，在那时，修复底片可是一件精细活。

马庆华和吴明珠就是上海老一代技师的代表，用纯手工的方式开启了一个大师的时代。

回忆起自己学手艺的经历，上海王开照相馆底片整修技师马庆华介绍说："那时候基本上是一个师傅带教一两名徒弟，师傅先是拿报废的照片给徒弟练习修整，大照片和小照片的修复技术是不一样的。小的照片修复起来要更加细致和耐心，像证件照修复起来的要求更高，而大照片修复起来则要相对宽松一些，但是又不能太宽松，特别是修复结婚照，追求的是漂亮。"

在工作中，马庆华总结出了很多底片整修的经验，光是要整修的眉毛就可以分为很多类型，妇女、儿童、年轻人、老年人的眉毛各有不同，马庆华在整修底片时特别留心各个人群的眉毛特征。通过在生活中的细致观察和在工作上的精益求精，经马庆华修复后的人像就特别传神。

一根根画出新娘子的眼睫毛

以前，到照相馆拍照可谓生活中的一件大事，充满了仪式感，所以人们都希望拍下自己最快乐、最好看的瞬间。王开照相馆作为上海乃至全国照相行业的名牌，从1923年开办以来就坚持质量至上，不仅照相技术上乘，修整底片的技术也堪称一流。在新中国成立后的相当长一段时期里，"王开"与"中国""人民""万象"一起并列为上海四大特级照相馆。

在王开照相馆拍摄的照片是不会褪色的。老员工张哲清说："这里的秘密就是漂水漂得特别干净。王开照相馆专门有一个人负责漂水，照片洗好后把它放在清水里反复漂，就跟洗衣服一样，肥皂水洗没了，照片就能放很长时间，不会泛黄。"

没有金刚钻，不敢揽瓷器活，正是经过这样严格的训练，王开的技师们才能完成很多艰巨的任务。照相馆的老经理陈铭楷还记得，当年他们不仅能用简陋的器材拍摄有上千人的团体照，还能把两三米长的底片在一夜之间修好。

陈林兴是上海人民照相馆整修底片的高级技师，经过他的手，修复了很多珍贵的照片，他至今仍然保留着修整底片的全套工具。如今，陈林兴既是国家级高级整修师，又是首批"上海工匠"之一，在他手上修复了不少珍贵的老照片。

说起底片整修工作，陈林兴的兴致一下子提了上来。他说："过去我们给新人拍好结婚照后，都会先给他们先看样张，然后根据新人的要求，在底片上进行修改，这就是最早的 Photoshop 呀！"陈林兴说："不要小看老式的 Photoshop，

王开照相馆老广告

眼袋太深，我们可以修掉，单眼皮我们也能修成双眼皮，很多新娘子的眼睫毛都是我一根一根画出来的。"

照片呈现油画的美感

至今，底片修复的技艺还担负了整理珍贵历史资料的重任，但照片着色这个行当可就没那么幸运了。在彩色胶片兴起之前，手工着色是摄影行业重要的技术，黑白照片出来后，经过着色师的二度创作，使得原来色彩单调的照片有了一种绘画的美感。

吴明珠是有名的照片着色技师，从 20 世纪 60 年代参加工作直到退休，她一直在从事着照片着色工作，属于我国第二代着色技师。而她师承的第一代着色技师大多为画家出身，他们有着扎实的绘画功底。

据吴明珠介绍说，她的老师徐锦明本身是学油画出身，对色彩有着十分独到的理解力，因此做出来的照片往往像彩色照片一样鲜艳。另一位一代技师陈秉勤毕业于苏州美专，有着十分扎实的油画基础，做出来的照片是油画风格的，特别的漂亮。

陈秉勤喜欢拍风景照，拍完后就让徒弟着色，光是一朵白云，里面就有很多学问，照片上雪白的云在着色时不仅要一点一点地把颜色渐变上去，还要拿棉花球把画出来的云朵擦白，于是照片上有层次感的云朵就显现出来了。陈秉勤经常带着徒弟到公园里观察不同时刻的云，他经常告诫徒弟说"要时时处处做有心人"。

从 20 世纪 30 年代起，油彩着色已经形成，即以透明度较高的油性颜料敷于黑白照片之上，一直到 20 世纪 80 年代，着色技术始终运用于照片上。吴明珠着色讲究光影的自然衔接、和谐过渡，甚至可以添加彩霞、云彩、柳树等装饰，经过她加工的照片，往往成为照相馆橱窗里的时尚样本。

记忆里的视觉大师

在名牌技师的引领下，上海的各大照相馆渐渐形成了自己的着色风格，顾客可以按照自己的喜好选择照相馆加工照片。开设在黄浦区的王开照相馆、中国照相馆，追求清透的着色风格，静安区的照相馆着色时有点往油画的方向发展，而徐汇区的美伦照相馆着色则比较浓艳，类似胭脂红，这主要看顾客的喜好了。

当时，各地手工上色也有很多不同的风格。上海的技师大多使用水粉、水彩等植物性的颜料，画面非常细腻、透明，但是在很多内陆城市，大多使用一种油性的颜料，如果功夫不到家，画面通常显得呆板、匠气，然而位于上海静安寺的中国照相馆的着色技师周靓新却敢于挑战油画颜料。

周靓新记得，当时她用"马头"牌油画颜料给照片上色，上色后的照片不仅不滋润，反而有点干燥，因此，她在颜料里放了一点调色油，涂上这一层后，照片的质感就出来了。上海这些照相馆的着色技艺迅速得到了其他城市老百姓的青睐，不少上海人都有帮助外地的亲友到照相馆加工照片的经历。

在彩色照片还远远没有成为主流的年代，多少上海人的童年记忆里，都有几张着色或黑白的全家福和艺术照。画师们会用颜料给照片精心上色，让每张照片都拥有独一无二的彩色效果，只要多加一些钱，当年的潮人一样可以拥有彩色照片。

那时，一张十二寸着色的照片要 9 元多，相对于每月才三四十元的工资来说，这价格是蛮昂贵的。改革开放初期，彩色胶卷虽然已经在上海出现，但是距离中国普通老百姓的生活还是非常遥远。由于时代风气的巨变，结婚照、艺术照出现了井喷式需求，这些照片往往需要着色。

20 世纪 80 年代中期，婚纱照的流行让这些着色技师们忙得不可开交，往往是好不容易做好了上一批，紧接着就来了下一批，技师们只能没日没夜地加班。因为着色这技术偷不了懒，一笔下去，到不到位会立马显露出来，而完成每一张照片，其中也承载了顾客们的期待和嘱托，着色技师们自然不会懈怠。

然而随着彩色照相技术的普及，对大多数人而言，拍一张彩色照片不再是可望不可及的高消费，而依附于传统拍摄工艺的照片着色技艺也渐渐没有了用武之地。

就在彩色胶片独领风骚数十年之后，数码照相机以及自带拍照功能的手机迅速普及，如大潮般卷走了胶片原先不可替代的优势，随之而来的电脑修图软件如同一阵旋风把传统的技术请出了历史舞台。

上海的照相馆如今已慢慢衰落，只留存了少数几个拥有传统品牌的老字号，单凭有限的创新和技艺传承仍不足以重建新的天地。

但无论怎样，当我们回首那个时代，那些凭借一双巧手，创造视觉奇迹的人们却依然是一代人记忆深处的大师。时代在变化，在发展，但照片修复大师们的情怀依旧在延续，对于一项技艺的执着追求也是这个时代不可或缺的"工匠精神"。

17 "做一个中国人，总要对得起自己的国家"：
一粒粒小味精背后的大情怀

◎方亚琪

味精是现代人日常生活中常见的一种调味料。今天的中国，味精年产量已占全球需求量的 60% 以上，是名副其实的味精生产大国。然而，鲜有人知道的是，百年前的中国，国内味精市场却一度被日本品牌所垄断……那么，中国味精市场是什么时候回到中国人自己手上的？其间经历了怎样一番曲折与发展？这一粒粒小小的味精背后又有着怎样的传奇故事呢？

20 世纪初的中国，各类洋货品牌横行一时，在市场上大量倾销。那时的民族资本家，不少人心中怀有一种反抗西方资本主义工业掠夺中华财富的使命感，立志要工业兴国、实业强国的不在少数。在这样的环境下，作为工业重镇的上海涌现出一批颇令国人骄傲的国产名牌，天厨味精厂生产的"佛手"牌味精就是其中之一。

化工男闯入味精市场

天厨味精厂创始人吴蕴初，是江苏嘉定（今上海市嘉定区）人。他出身于一个清寒的塾师家庭，自十三岁起在乡间私塾读了两年书，十五岁进入培养洋务人才的"广方言馆"，学习一些洋文。一年后，因家境贫寒，辍学出来做小学教员养家。后来又设法进入"陆军部兵工厂专门学校"，学习化学。

彼时的兵工学校偏重机械与化学两科，机械科注重钢铁制造，化学科注重火药制造，课程由德国化学教员教授，尤其注重实验。在这样的环境下，吴蕴初打下了极为扎实的化学基础。由于家境不好，他常常需要在外兼职做些教学，以维持生计和补贴家用。靠着学校得来的奖学金和教书所得的"束脩"，吴蕴初刻苦学习、节俭度日，每月积下二十几块，几乎统统用来补贴家用，生活不可谓不艰难。

三年后，吴蕴初从兵工学校毕业，先在上海制造局实习一年，后来辗转于汉阳钢铁厂、汉阳兵工厂、汉口炽昌硝碱公司等处任职，靠着在化学上的一技之长养家糊口。1921 年，吴蕴初 31 岁之时，他受邀来上海创设"炽昌新制胶厂"，任经理兼技师。既然是与化学本职有关的工作，吴蕴初便欣然接受了。

在上海主持炽昌期间，吴蕴初一直念念不忘要振兴民族化工产业。经过深思熟虑，他决心从轻工业着手，再逐步发展壮大。

当时，国内的味精市场由日本产"美女"牌味之素垄断，他见日本产味之素在市场畅销，便花了四角小钱，从街上买了一瓶，带回家里化验，决心造出国产调味素，以和日本品牌一较高下。

味之素的主要成分是谷氨酸钠。早在 1915 年，日本化学家池田菊苗从海带中提取出谷氨酸钠，并开始大规模生产味之素，行销世界。日本人对配方严格保密，高筑技术壁垒，从而垄断了世界市场。但吴蕴初硬是凭借一个理工男坚韧不拔、刻苦钻研的精神，依靠简陋的酒精灯、试剂瓶等工具，白天上班，晚上做实验，成功研制出了不同于日本技术的、使用小麦粉提取的谷氨酸钠配方，可以随时投入生产。

可当时的吴蕴初，虽然已经是化工厂的经理，但本质上还是个打工仔，没有多少本钱。技术有了，钱从哪里来呢？吴蕴初为此深感苦恼。但皇天不负有心人，机缘巧合，很快他就经人介绍，见到了彼时上海"宁波帮"（宁波籍商人的代称）巨商——张氏酱园的老板张逸云。

张逸云为张氏酱园的老板，旗下产业历经三代经营，有九大酱园、百余门市，身家极丰。张氏虽身在商海，却常以读书人自居，颇有风骨。当时的中国风雨飘摇，国势衰败，胸怀抱负的张逸云"一心想以新式工业为本走实业强国之路"，但却不得其法，和痴迷于化学研究、希望一展抱负却独缺资金的吴蕴初正是天作之合。两人一拍即合、相见恨晚，张氏当即拍板，出资 5000 元，吴氏以技术入股，合办一家工厂。

吴蕴初表示，日本的调味产品叫做"味之素"，我们的产品需要和他们区分开来，就叫做"味精"，有味中精品之意。张逸云深表赞同，又定商标为"佛手"，给工厂取名为"天厨"，取"天上庖厨"之意，天厨味精厂就此于1923年正式诞生。

积极营销夺回味精市场

天厨厂投产后，产量与日俱增，投放市场，很快就面临着"美女"牌味之素的直接竞争。吴蕴初敏锐地发现，天厨具备一个天然的优势，那就是彼时在爱国主义情感激荡之下国人对于国货的支持。著名工商业家刘鸿生在讲述自己创办的火柴厂打垮"凤凰"牌瑞典火柴和"猴"牌日本火柴的经历时，这样讲道："经过了一年多的斗争，国货火柴在市面上取得了优势……那时的爱国运动推动了这个企业的发展，因为当时每个人都愿意买国货。"

可见，国民的爱国主义热忱是民族实业家崛起的一大助力。"佛手"牌味精通过张氏酱园业的营销渠道打开市场，在上海主要路段狂打广告，大量使用了"完全国货""国产之光"等宣传语，直接与"美女"打对垒。天厨厂所用的味精配方经过吴蕴初的不断改良，不仅品相优秀，味道鲜美，价格更比"美女"牌低廉。物美且价廉，又有"国货"身份加持，"美女"牌味之素自然节节败退。

市场被挤占，产品遭到积压，日方资本感到十分恼火。于是，他们通过日方领事馆向北洋政府农商部起诉，声称"味之素"的广告中有"调味精品"四字，天厨使用"味精"二字，属于剽窃与侵权行为，并以命令式的语气，要求将"味精"注册成他们的专用商标。

此事一出，舆论大哗。日方处理商业竞争之骄横跋扈，激起义愤。当时正逢五卅运动爆发后，举国上下群情激愤，掀起了抵制日货的浪潮。吴蕴初敏锐地捕捉到时机，加大宣传，积极抗争。在这样的情况下，当局最终驳回了日本人的无理要求，将"味精"的专利权一并判归于吴蕴初。吴蕴初的"佛手"味精，经过这次"炒作"，也因祸得福，名声大振，销路更广。

1926—1927年间，天厨厂的"味精"制造法在英、美、法专利局均取得了专

天厨味精当时的宣传画

利。1928 年，"为提倡国人从事于此项工业起见"，吴蕴初宣布放弃味精的国内专利，呼吁全国各地大量仿造生产。于是国产味精品牌如雨后春笋般纷纷涌现，日货更无销售之机。到了 20 世纪 20 年代后期，中国市场上已难以见到日本产味之素的身影。

事实证明，只要有过硬的质量，中国人是不惮于甚至是乐于使用国货的。天厨对阵味之素的大胜充分说明了这一点。《生活周刊》刊登的《创制味精的吴蕴初君》一文中曾经写道："……最初每年营业仅十万元，目今每年营业近三百万

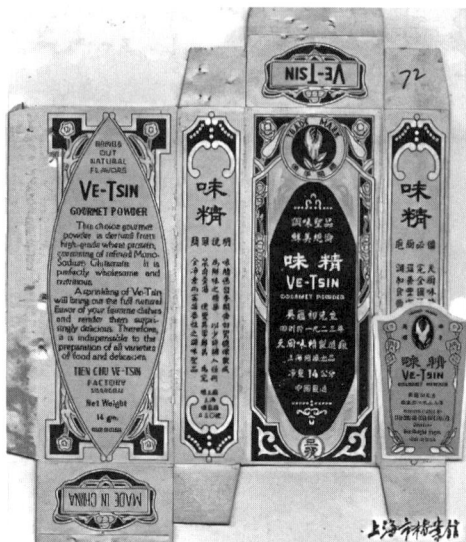

天厨味精外包装（上海市档案馆藏）

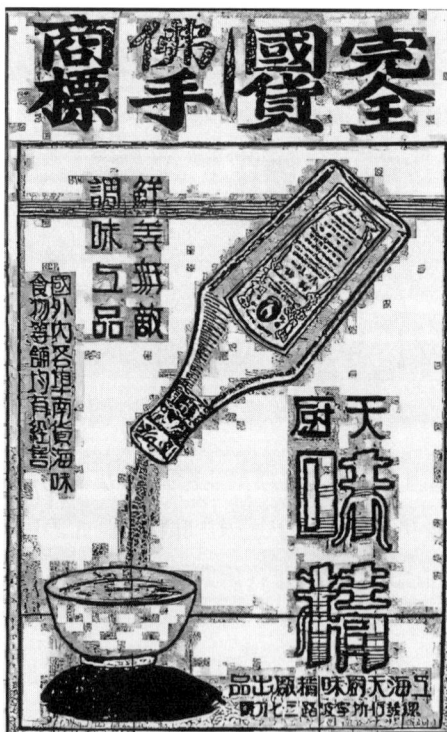

天厨味精老广告

元……此每年三百万元的生意，实无异由'味之素'所掠夺中抢回来者……故记者常以为空口提倡国货无济于事，必国人中多能出其聪明才智，研究创制各种'价廉物美'的代用品，始有实效可言。"

从天厨厂到"天"字号四大企业

在击败"美女"牌味之素后，天厨厂得到了迅速发展。"佛手"牌味精在美国举办的"万国商品博览会"上，以其雅致的包装、优良的品质获得大奖，由此扩展了海外市场，产品行销世界。在全面抗战前一两年，天厨味精销往南洋和欧美各国的销量几乎达到全部销量的百分之七十。

但吴蕴初并未就此满足，他依然在不断地加深研究，力图提高味精的质量。此时吴蕴初已有了更大的计划，那就是以天厨为基础，扩大建立国产化工产业。他首先要做的，就是完成天厨产品原料的本地化生产。

由于制造味精所需的重要原料——盐酸，当时只能从国外进口，并且市面上大多数盐酸，是用硫酸法制成，杂质过多，用于制造味精还需进一步提纯，并不适用。另外，盐酸也是现代工业极为重要的一项基础原料，对于发展国产基础工

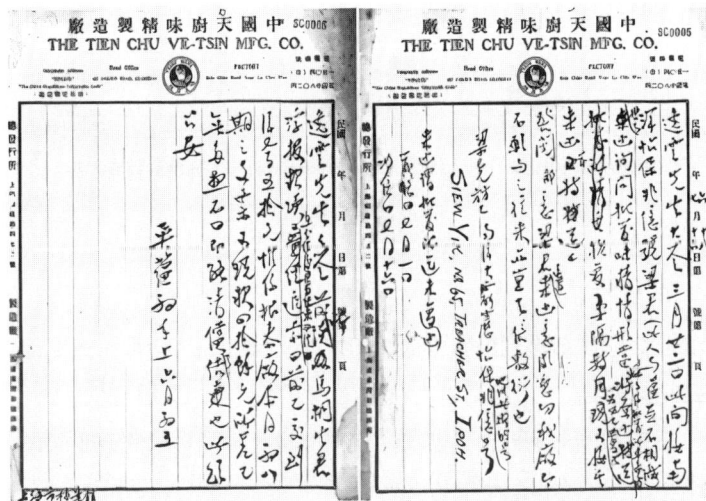

吴蕴初为天厨厂业务问题致张逸云的文件（上海市档案馆藏）

民国教科书《初中新化学》上的天原电化厂

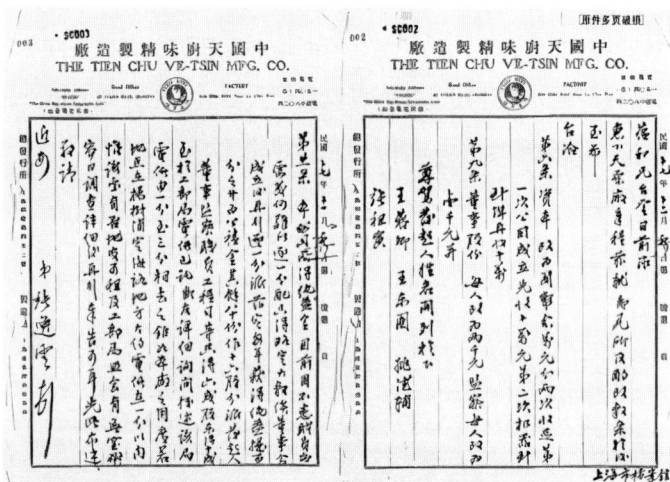

张逸云就天原电化厂章程事和吴蕴初的往来文件（上海市档案馆藏）

业具有重要价值。

在这样的境况下，吴蕴初决心要创办一个自营的盐酸厂，使用电化的方法来制造味精。这一想法再度得到张逸云的大力支持。经过一番积极筹备，天原电化厂于1930年正式成立。除了生产盐酸这一重要原料，天原电化厂还生产烧碱、漂白粉等。吴蕴初十分高兴，他希望"将来能将此本国自制的重要原料，供给本国各项工业之用，不必再乞怜于舶来品"。

天原厂的成立再度影响了日、英商人在中国市场的既得利益。为打击天原产品，外商一度压价倾销，日本漂白粉甚至以低于成本的价格出售。面对压力，吴蕴初通过改进技术降低成本、降低包装费用等方式顽强抗争，最终在市场上站稳了脚跟。半年后，日、英商行不仅没能打垮天原，自己反而损失不小，只好放弃，天原厂取得了初步的胜利。

天原厂成立后，吴蕴初又先后成立了天利氮气厂和天盛陶器厂，分别制作合成氨、硝酸和耐酸陶器。至1934年，天厨、天原、天利、天盛四大"天"字号企业已自成体系，为国产化学工业填补了大片空白。吴蕴初对此深感喜悦，自刻石印一枚"知其不可为而为之"，以示畅快之情。

一个民族实业家的赤子情怀

吴蕴初一生致力于实业救国、科学救国。他一向坚定地相信，"做一个中国人，总要对得起自己的国家"。在成为一名成功的企业家后，他终生都在为振兴民族工业而努力。1928年，吴蕴初筹办建立中华化工研究所，自任董事长，他表示："虽集数无多，能力有限，为小规模之研究，然而于有心振兴实业者，或亦不无小补矣。"

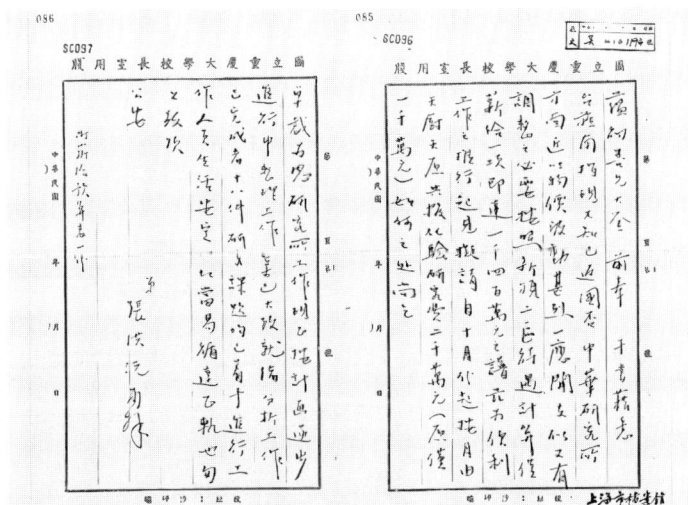

重庆大学校长张洪沅关于中华工业化学研究所研究经费一事致吴蕴初的文件（上海市档案馆藏）

1932 年，吴蕴初提议开展"天厨化学论文奖"评选活动，吸引向往化学研究的莘莘学子投稿，促进化学研究；又出资五万元，建立"清寒教育基金"，资助成绩优秀又家境贫寒的学生，著名科学家钱伟长就曾受过资助。

一二八淞沪抗战爆发后，吴蕴初在强烈爱国心的驱动下，积极支持十九路军抗战，为前线提供了大批物资，又联合上海其他厂家，制造大量防毒面具准备提供给十九路军将士，以应对日本的毒气。1933 年，又花了十二万元，购买全金属战斗机、教练机各一架，命名为"天厨"号，支援抗战，民族企业家拳拳爱国之心，由此可见一斑。

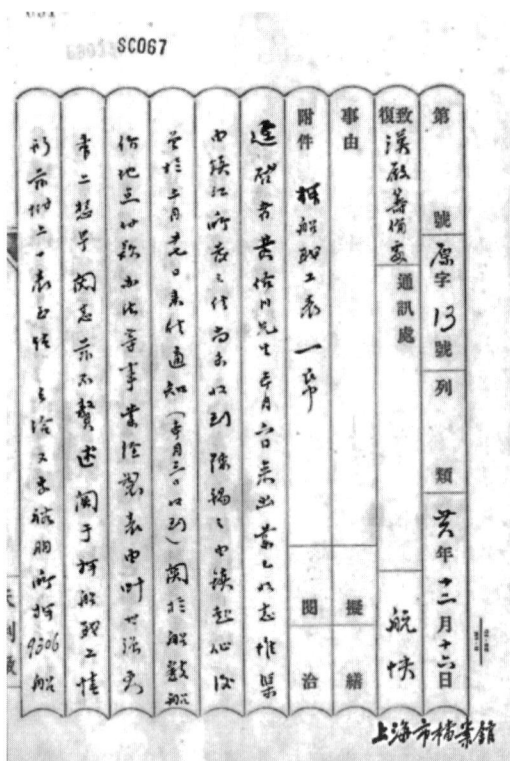

1938 年，吴蕴初关于天原电化厂设备内迁支援抗战的函（上海市档案馆藏）

1945 年，抗战胜利，同全国人民一样，吴蕴初也大为振奋。结合自己多年奋斗的经历，吴蕴初深刻地感受到，民族工商业只有在一个稳定、独立、民主、富强的国家里才有发展前途。既然抗战已经结束，他希望能够大展拳脚，放开手脚全力建设国产化工事业。

但内战很快爆发了。战乱再起，使吴氏的企业陷入重重困境，吴蕴初多方尝试，发现自己发展国产化工的宏图在当时的环境下难以实现。带着不甘与疑虑，他在 1948 年底取道香港，前往美国。

1949 年解放后，吴蕴初对于是否回国，颇有疑虑。上海解放后，他从美国打长途电话回来，询问情况。在得知自己在上海的天厨、天原、天利三厂一切运营正常后，深感庆幸。1950 年 10 月，他从香港乘船到天津，转道前往北京。11 月，他回到自己阔别已久的上海工厂，受到了厂里职工的热烈欢迎。在谈到发展内地工业时，他愉快地讲道："当我离开上海的时候，是一片混乱，正是黎明前最黑暗的时候；现在一切全变了，变得生气蓬勃。这次我路过北京，在那里逗留了两个星期，所看到的全是令人振奋的事；与以前大不相同。在重庆我们曾有许多打算，可是都行不通……现在只要你去干，什么都有希望。"

回到上海后，吴蕴初担任华东军政委员会委员、上海市人民政府委员、上海市工商联合会副主任委员等职务，继续积极为中国化工事业做贡献。1953 年，吴蕴初的夫人吴仪因癌症不幸去世，吴蕴初深受打击，一病不起。住院期间，陈毅市长曾前往探望，要他好好养病，病好后继续发展中国的化工事业。然而吴蕴初最终没有战胜病魔，1953 年 10 月，这位中国化工产业的先驱者永远闭上了双眼。

"天厨"今何在？

今天的中国依然是一个味精生产大国。至 2019 年，我国味精年产量已高达 200 多万吨，占全球需求量的 60% 以上。那么曾经的味精大王——天厨制造的"佛手"牌味精现况如何呢？

说来有趣，现在大家如果上网去搜索一下"天厨"或是"佛手"牌味精，能搜到三家不同的味精厂商，分别是：上海冠生园天厨调味品有限公司，重庆天厨天雁食品有限公司，香港天厨有限公司。每一家都称其前身为吴蕴初先生于 1923 年创立的老字号天厨厂，这是怎么回事呢？

原来，1937 年，"七七事变"和"八一三事变"先后爆发，吴蕴初的上海工厂遭到日军轰炸，"南市各厂于炮火及掠劫中，尽毁为平地"。对此，吴蕴初并未灰心，而是积极奔走，组织将厂中设备运往内地，重建"天"字号企业，支援抗战。经过反复不懈的努力，吴蕴初将自己的产业分别搬到了四川和香港，而天厨厂则在重庆和香港都建立了分厂。

"乃于民国二十七年在香港九龙成立香港分厂，于民国二十九年在重庆成立四川分厂，从事制造……战后因港、渝厂之设立，规模更非昔比，乃于总管理处之下分三个单位，名称为上海工厂、四川工厂及香港工厂……沪、渝、港三厂生产之总和，则可超过战前产量百分之五十矣。"

所以，无论是上海、重庆，还是香港的"天厨"品牌，历史都可追溯至吴蕴初当年所创立的"天厨"厂。如今，这三家"天厨"企业，依旧将味精作为其主打生产经营范围，产品行销世界各地。其中，上海冠生园天厨调味品有限公司旗下的"佛手"商标，被国家商务部列入了"中华老字号"品牌名录。从1923年诞生至今，已经走入百年历史的"天厨"品牌，不仅是一段中国民族实业发展历史的见证，也承载着一位民族实业家百折不挠的创业精神和精诚报国的赤子情怀。

18 老火靓汤，回味悠长：粤菜在上海的三次蜕变是如何完成的？

◎沈嘉禄

　　上海汇聚了天南地北、海内外的各种美食，其中粤菜占有非常重要的一席之地。在 2020 年评选出的上海米其林榜单中，上榜的很多都是粤菜餐馆。为什么上海人喜爱粤菜？这种来自广东的菜系是如何进入上海的，为了适应上海人的口味它经历了哪些改变，现在在上海的发展又如何呢？跟随本文作者的讲述，我们一起回顾——"老广味道在上海的三次蜕变"，看它如何征服上海人的味觉。

秘境之旅与水晶虾仁

　　话说二十世纪七十年代初，有一次，美国参议员代表团一行六人访问上海，在南京东路新雅粤菜馆吃了一顿午餐，席间有一盘水晶虾仁，让美国佬大快朵颐，连声称好。

　　事实上，当时黄浦区虽然十六帮派菜馆齐全，但真正有能力接待外宾的，也就是新雅与杏花楼这两家粤菜馆，其他饭店要么菜式比较简单，要么装潢简陋，不够雅洁，不符合外事接待要求。

　　后来我看到一张照片，是《中美联合公报》签署后周恩来总理在锦江饭店设宴招待尼克松总统时拍摄的，餐桌中央"坐"着一只雕花刻字的冬瓜盅。冬瓜盅是广帮菜中的一道著名汤品，最适合在礼仪场合向外国人展现中国饮食文化的丰富性和审美内涵。

老广的味道为什么就这么受欢迎呢？这个一直困惑我的问题，直到改革开放后，才琢磨出一点答案来。

粤菜唤醒上海人的味蕾

改革开放高歌猛进，上海经济开足马达高速运转，餐饮市场走向繁荣，但是唤醒上海人味蕾的不是本帮菜，也不是麻辣烫之类的小吃，而是粤菜，俗称广帮菜。

如果从地域上来看，上海与广东距离遥远，饮食交流的可能性并不大，但要是回望一眼近代史，话又得另说了。清朝晚期，勇立潮头的粤商已在上海开疆辟土，把海味、南糖、洋货、棉花等生意做得风生水起。

外来移民初来上海一般采取抱团取暖的策略，并以会馆公所为精神家园。先后建立的南海邑馆、香山同胞会、广肇公所、潮州八邑会馆、潮惠会馆以及粤商俱乐部等都有相当强的势力和号召力。

清咸丰三年，小刀会起义爆发，起义失败后，清政府将粤闽两省人士视为不安定因素，采取了报复和防范措施，在颁发的"十不准"布告中就明确禁止广潮人在县城内居住经商。于是，有相当多的广东人被迫回到原籍，没有返乡的广东人就到船厂或货栈寻找工作。这时上海的工厂码头都设在苏州河北岸或黄浦江西侧，慢慢地，虹口区就成了他们的聚居地，特别是 1910 年工部局"越界筑路"后，形成并完善了黄陆路、江湾路、施高塔路、窦乐安路、北四川路、赫司克尔路、狄司威路、欧嘉路等主干道，租界与广东籍人士生活密切相关的服务设施也随之兴起。

四川北路是虹口的核心地带。四川北路在旧上海叫作北四川路，初步建成大概是在 19 世纪末，不久就出现了上海第一家具有相当规模的和昌洋服店，而后又出现了新大北茶食店等各类商店。1908 年，静安寺至虹口公园的有轨电车通车，促进了这一地区市政建筑和经济发展，房地产商又在沿线大量开发建设住宅和商铺，北四川路迅速发展为仅次于南京路的商业街。

1932 年出版的《上海风土杂记》里讲道："北四川路一带的住宅，十之六七为粤人。数逾十万，因此烧鸭烧猪随处点缀，不脱五羊城的风味。"对于北四川路的商业格局，《上海风土杂记》还进一步描述："北四川路跳舞场、中下等影戏院、粤菜馆、粤茶楼、粤妓院、日本菜馆、日本浴室、日本妓院、欧人妓院、美容院、按摩院甚多，星罗棋布。别有一种不中不西的风味。全上海除南京路、四马路以外，以北四川路为最繁盛，日夕车辆、行人拥挤……繁盛速率，日增月异。"

鲁迅吃过的广东馆子

及至辛亥革命前，虹口一带真正的粤菜馆不多，街头巷尾轻易可见的倒是消夜馆。据葛元熙等人编撰的《沪游杂记》所记："大小消夜馆甚多，唯杏花楼、中华园为最。窗棂屏格，雕镂绝精，金碧丹青，辉煌耀日。平时小饮可以两客叫一消夜，一客者，冷热两菜也。"

此种格局颇能满足一般民众的日常需要，但地位不高。民间风行的竹枝词也记了一笔："深宵何处觅清娱，烧起红泥小火炉。吃到鱼生诗兴动，此间可惜不西湖。"可见一般人士认为广东人的小吃不如浙江风味。

新雅与杏花楼的前身都是消夜馆，前者叫新雅茶室，地处北四川路虬江路口，是一开间店面的二层小楼，底楼卖杏仁茶、咖啡及罐头食品；二楼卖鸡肉包、叉烧包、马拉糕、鱼生粥等，两年后才扩建成可置办酒席的粤菜馆。后者最初叫杏华楼，二开间店面，白天供应腊味饭、鸭肉饭，晚上供应五香粥和鸭肉粥等，兼售莲子羹、杏仁茶等，冬天增加边炉。直到 1927 年才扩大成有七开间店面楼上楼下的大酒楼。

一位在虹口生活了半个多世纪的老上海告诉我：二十世纪二十年代除了北四川路上的新雅茶室、江南春、陶陶酒家，在四马路和宝善街等处还有万家春、悦香居、竹生居、品香居、燕华楼、广珍楼、翠芳居等，都是生意兴隆的消夜馆。

广东商人做生意喜欢借大场面交际应酬，又因为粤菜与浓油赤酱的本帮菜大相径庭，取料生鲜，格调清雅，招待客人倍有面子，不少消夜馆转身为粤菜馆，这是老广味道在上海的第一次蜕变。

民国以后，粤菜馆在虹口如雨后春笋般地开张，其地位与京馆、徽馆、甬馆、扬州馆并列。

民国画报中的"茶博士"

不过广东馆子的食客仍以广东籍人士居多，为什么会这样呢？据1925年《上海年鉴》所称："真正之广东菜，他省人多不喜食，故普通用粤席者甚鲜，寻常皆食宵夜，则价廉而物美。"上海的土著以及江、浙、京、津等地人士还认为广东菜看是南蛮遗风，难以接受。

鲁迅在上海虹口的九年，因为交际的原因，去过的酒楼饭馆太多了，光是日记提供的线索就有八十多家，其中不少就是粤菜馆。比如东亚饭店、大东食堂、新雅、冠生园、杏花楼、味雅等，虽然粤菜并不是这位从绍兴走出来的大文豪最爱的风味，但根据上述饭店刊布在报端的广告，鲁迅应该吃过烧鸭、油鸡、广式香肠、炒鱿鱼、蚝油牛肉、炒响螺、叉烧、炸鸡肫、翠凤翼、冬菇蒸鸡等。

"孤岛时期" 的粤菜

但时尚总在变化中，何况上海是一座瞬息万变、举世瞩目的国际大都市。随着南京东路华商（其实就是粤商）四大公司相继开张，广东馆子的阵脚慢慢向福州路和南京路移动。特别是南京东路商业街的最终定型，成为广东人显示实力的时尚高地和社交场所。新雅和杏花楼就是在这样的大背景下迁至南京路和福州路的。同时，在北四川路上仍有粤商大酒楼、广东大酒楼、秀色酒家、会元楼、安乐酒家、天天酒家、西湖酒楼等据守旧地。作为粤商大本营的新亚大饭店则建成于 1934 年。据 1934 年出版的《上海顾问》一书记载："沪上西菜而外，以粤菜川菜为最盛。"

《上海风土杂记》也强调："粤菜以味胜，烹调得法，陈设雅洁，故得人心。现在上海的粤菜馆很多，盛行一时。日本人、西洋人亦颇嗜粤菜。前数年日本派出名厨师若干人至中国研究烹煮法，评定粤菜为世界第一名馔。""目下四马路至虹口一带新开粤菜馆极多，大部分系本地人交易，营业之发达，超过别种菜馆之上。"

在老上海的口碑中，大三元酒楼、新雅粤菜馆、冠生园酒楼的早茶都是一流的，而且通行广东话。先施公司酒菜部、味雅酒楼、陶陶酒楼、冠珍酒楼、美心酒楼等除了正餐兼供消夜，味雅最有名的是炒牛肉丝，陶陶的炖猪肺汤很不错，美心的炒排骨、炒猪肚丁都是老吃客心仪的下酒妙品。杏花楼的红烧鲍鱼、软炸鲜蚝、脆皮烧鸡、金钱虾饼、炖冬菇、蚝油滑炒鸡片、挂炉烤鸭都是驰名遐迩的名菜，价格也相当公道。若要饮茶，老靶子路一带还有很多广式茶楼，而新雅茶室的铁观音最为著名。

抗战爆发后，凶悍的日军一时还不能进入英租界和法租界，所以在苏州河南岸就有了"孤岛"一说，许多外国人、富人和难民纷纷涌入租界寻求庇护，导致人口激增，各业杂陈，财富聚集，囤积居奇，形成了畸形繁华，也刺激了餐饮业的发展，酒菜馆中高朋满座，胜友如云，"朝朝裙展，夜夜笙歌，酒绿灯红，金迷纸醉"。这是老广味道在上海的第二次蜕变。

据唐艳香、褚晓琦在《近代上海饭店与菜场》一书中统计，差不多同时开张的还有东亚酒楼、东亚又一楼、南华酒店、大东酒楼、大三元、清一色、燕华楼、梅园、桃园、金陵酒家、环球酒家、江南春、陶陶酒家、广珍楼、翠芳居、新华酒家、红棉酒家、京华酒家、荣华酒楼、康乐大酒店、冠生园饮食部、林园萝蔓饭店等，不少酒家在菜肴、服务与就餐环境等方面在整个上海都堪称一流。

广东人特别注重地段与消费人群的关系，上述这些饭店几乎都占据上海最繁华的商业街区。南京东路四大公司中有些本身也设有广州风味的茶室或酒楼，比如大东、东亚、新新等，特别是七重天上的大东茶室，是报馆记者、书局编辑扎堆聊天、打听消息、评议时局的场所，"一盅两件"所费无多，可以消磨半天时光。许多记者干脆在此写好稿子，壶盖一搁，下楼去四马路报馆交差，回来继续喝茶聊天，茶博士仍然热情周到。

粤菜的深远影响

广帮菜之所以能在上海越做越大，称盛一时，直到今天仍是上海餐饮市场的佼佼者，时势造英雄只是客观原因，主观方面更值得分析研究，在强调匠心精神、诚信经营的当下，它的文化价值愈发得以彰显。

首先是选料广泛。"海派"广帮菜，选用江南一带所产食材，引进或创制了烤乳猪、七星葫芦鸭、大良炒鲜奶、水晶虾仁、西施虾仁、蚝油牛肉、肉茸锅渣、四瓜盅、葱油鸡、咕咾肉、炒猪杂、烟鲳鱼等菜品，还有些小规模的粤菜馆为争取生存空间，推出"零拆碗菜"等措施，成为上海市民领略南国风味、买醉抒怀的好去处。

其次是敢为人先。在长达一个世纪的苦心经营中，粤菜馆在上海滩创下多项"第一"：第一个安装空调设备；第一个播放背景音乐；第一个招聘女服务员——以前上海的饭店酒楼相当保守，清一色由男性担当跑堂；第一个取消"响堂制"——也就是服务员不能在店堂里哇啦哇啦地报菜名；第一个在装潢上舍得花大钱，画栋雕梁，四壁挂名人字画——以前上海的饭店都是泡一桶石灰水刷刷墙壁算了，哪里想得到张挂字画……所以老外和买办阶层愿意在粤菜馆吃吃喝喝。这就叫领风气之先。

第三，注意食客的体验度。广东馆子从老板到服务员，素来重视跟食客沟通感情，店经理有向老顾客敬酒倒茶的习惯，殷勤周到。他们还十分注意顾客的体验与反馈，顾客对某道菜有意见，马上换一盘，决无二话。

老广味道的第三次蜕变

敢为人先的广东人，总在物质与精神两个层面提升上海这座城市的品质，老火靓汤，情意浓浓。

改革开放后的二十世纪八十年代初，粤菜再次为上海餐饮市场注入了兴奋剂，但起关键作用的倒不是硕果仅存的那几家国有老字号，而是平地而起的民营饭店。广东老板带着厨师班子一路北上，抢滩沪滨，特别是在乍浦路和黄河路两条美食街上安营扎寨，凭借潮州火锅和生猛海鲜的强大号召力，拳打脚踢，打开了一个全新的局面。

在上海旅游业开始勃兴之际，外国团队游客一般都选择在粤菜馆里用餐，烧鹅、蚝油牛肉、咕咾肉、葱油鸡、水晶虾仁、冬瓜盅等经典菜肴让他们对中国美食有了美好的第一印象。

作为餐饮界新秀的广帮海鲜酒家，必定配置一只活水鱼缸，里面游动的鱼货是上海人未曾见识过的，什么斑节虾、基围虾、东星斑、老鼠斑、苏眉、澳龙、帝王蟹、面包蟹、九孔鲍等，点来一尝，鲜嫩爽滑，清雅隽永，对以往的美食经验是极大的颠覆，"味道不要太好噢！"

西餐中烹鱼一技是软肋，所以老外吃到了广东厨师的清蒸鱼，不再纠结有没有鱼头了，鱼肉的鲜嫩滑爽已经将他们彻底征服。

借改革开放的东风，老广味道在上海实现了第三次蜕变。

随着上海的经济发展，餐饮市场也在激烈竞争中走向繁荣繁华，今天上海的酒楼饭店数量已经超过十二万之巨，但粤菜依然是上海食客的优选，生猛海鲜依然生猛无比，潮州牛肉火锅依然是"冬天里的一把火"。

新雅粤菜馆前不久还恢复了二十世纪二十年代的新雅茶室，蛋黄流沙包、红米肠、虾皇饺、灌汤饺、蒸粉果、虾多士、萝卜糕、双皮奶、陈皮豆沙、叉烧肠粉等还真不错。怀旧客闻讯前去小坐片刻，呷一口鸳鸯奶茶，看一眼对面红颜渐衰的丽人，回忆逝去的韶光。

19 为了让"蝴蝶"翩翩起舞
——听劳模包惠良讲述奋斗往事

◎包惠良（口述）、洪梅芬（整理）

一

　　1948 年春，我 16 岁。在堂姐夫的帮助下，离开家乡张家港来到上海，在闸北区乌镇路桥下一家名为徐鸿记翻砂厂的小作坊学当铸造工，也就是翻砂工。什么叫翻砂？就是将机器各种零件的模型——有金属的、有铝合金的、有木质的，应用耐高温的各种砂土，适当加入黏土和水分，再应用上述模型铸成各种各样的型腔，经熔炼浇注金属液体，冷却后，成为各种机器零件的坯件。

　　当时这家作坊主要铸造汽车活塞、纺织机件、缝纫机铸件以及医疗器械零件等。我的工作非常艰苦，早上 6 点起床，工作到晚上 11 点才能洗澡、睡觉。每天要熔炼 1400 多度的高温铁水。工作时满脸乌黑，只有两只眼睛是白的，汗水将衣服湿了干，干了又湿，单衣是白花花的。

　　有一次，我修的铁水包倒入铁水。突然，浇包一炮火，全部烧毁，没有一点耐火泥。老板看到了，跑过来就重重打了我一个头抷，我心里难过极了。当时，现场十分紧张，铁水从炉内满溢出来，浇包都不能用了，什么原因？不知道。只见老板急急忙忙用泥浆和白铅粉混合后，用泥浆先涂在铁水包上，再用白铅粉涂上，烘干后就又可以用了。我也赶紧学着这么做，总算度过了难关。后来我才知道，我用的是摇头松质煤。松质煤可以省时间，但会立即燃烧，可以做炸药，所以出了大错。但所有这些，没有人告诉你，只能靠自己摸索思考，总结教训，积累经验，不断改进。后来我就再也没有被老板打过。几个月后，我开始做搪大炉、搪石盆装载炉料、开化铁炉、造型等工作，这些工作很有技术性，老板对我越来越信任。半年后，我的操作技能有了很大进步。

干这份工作虽然又苦又累又脏，但我却觉得蛮有意思的，看着铸出的各种机器零件输送到各个五金加工厂，制造成各种机器，我脑子里就在想：这大概就叫做工业生产吗？能够在上海看到这样的工厂，太奇妙了！

1949年春节，我回老家过年。大年初十回到上海时，上海已经进入了黎明前的黑暗：物价飞涨，钞票变得像草纸，小厂经济十分困难。到了4月初，小作坊已经难以开炉了，此时解放军已解放了大半中国，准备渡过长江。一天，老板向大家宣布：实在没有办法了，大家先回老家吧！

5月初，我和同乡在上海解放前夕离开了上海。我们是在回家的路上，迎接张家港解放的。一路上，我们感受着解放区的天是人民的天、穷人翻身得解放的欢乐与激动。

回到家里，我脑海里一直在想念上海的这家小作坊，回味在砂泥中铸造各种机器零件的经历……我坚信这个工业肯定有发展前途，我学到的手艺是不会丢掉的。1950年10月中旬，借着去上海卖大白菜的机会，我沿着苏州河，又来到了熟悉的乌镇路33号，欣喜地又看到了徐鸿记翻砂厂，虽然门面规模变小了，但我还是像找到了家那样兴奋，第二天就回老家带上铺盖又回到了这家小作坊。

从此，开启了我人生的希望之路。虽然白天的劳作十分艰苦，但我坚持晚上努力学习文化知识，先后在上海市育才中学读了三年夜校，在上海机器制造学校读了一年夜校。那些年，我白天工作夜里学习，虽然很艰苦，却感觉很充实。1953年我加入了中国共产党。1955年，与赵章娣经过三年恋爱后结婚。赵章娣是1952年的上海市劳动模范，我们是在一个需要低头进弯腰出、仅16平方米的小屋里建立起了属于我们的幸福家庭，这段日子是我人生中最宝贵的美好记忆。

1957年上半年，徐鸿记翻砂厂与顾鸿昌翻砂厂合并。不到一年，1958年春，我们的小厂又并入了协昌缝纫机厂。从此，开启了我人生、事业的新征程。可以说，我的事业是与协昌缝纫机铸造的变革紧密联系在一起的。

二

协昌缝纫机厂，创建于 1919 年。当时，处于半封建、半殖民地的旧中国，在帝国主义列强的蹂躏下，国内市场上到处是美国、德国、日本的缝纫机，一个小小的缝纫机厂，又怎能敌得过外国垄断资本的竞争？开厂没几个月就濒临破产，改为专替外国资本家经营缝纫机零件买卖和修理业务的商店。抗战胜利后，"协昌"重整工厂，出高薪聘请技术人员，派专人四处购买大批的进口零部件，组织生产，装配缝纫机，并定名为"无敌"牌，梦想"天下无敌"。可是，当时美国的"胜家"牌缝纫机正是全盛时期，"无敌"牌哪是它的对手？

全国解放后，协昌缝纫机厂获得了新生，社会主义制度为缝纫机工业的发展开辟了广阔前景。工人们发扬主人翁精神，吃在厂里，睡在厂里，以最快的速度恢复生产。1949 年底，第一台国产"蝴蝶"牌缝纫机诞生。公私合营后，随着国民经济的恢复和发展，相继有 91 家小工厂并入了协昌缝纫机厂，我们就是第一批被并入协昌厂的小工厂之一。当时，协昌缝纫机厂年产缝纫机达万台以上，成为上海缝纫机行业的主干厂。就在这一年，国际缝纫机市场上，首次出现了这个厂生产的"BUTTERFLY"（蝴蝶）牌缝纫机。"蝴蝶"牌缝纫机质量稳定，运转轻滑，价廉物美，很快销售一空。这一消息传到厂里，振奋了全厂职工，大家纷纷表示：保证让新中国的"蝴蝶"飞遍全世界！从那起，工人们八小时内拼命生产，八小时外主动参加义务劳动，在设备简陋陈旧的条件下，不断增加产量。

与此同时，群众性的技术革新和技术革命，也在厂里如火如荼。翻砂，是全厂生产的"龙头"，也是增产的关键。一台缝纫机的零件，翻砂铸件占了百分之七十五以上。面对简陋的翻砂设备和原始的操作工艺，首先就需要攻破翻砂这关。

1958 年夏，上海缝纫机公司组织去湖南湘潭兵工厂学习铸造、电镀、热处理技术。协昌厂派我，还有电镀车间技术员、热处理车间技术员共三人前往。

20 世纪 50 年代外贸宣传册上的"无敌"牌缝纫机广告，当时的英文品牌名称已改为"Butterfly"

　　回厂后，我把湘潭兵工厂的各种生产工艺，向公司、厂里领导和技术人员作了汇报，认为有两种工艺可以推广，一种是活拆式砂箱造型。该工艺是将造好的铸型，应用专门的推箱板，一型靠一型，这样就不用塞箱，可以节约 25% 摊放面积场地。当时厂里决定先推广摊地坪造型、不塞箱工艺。我和同事春林铸造出的产品质量尚好，错边较少，但还是比往常的塞箱老工艺多；另外一位同事的错边则比较多。全面推广后，生产效率略有提高，但铸件错位的废品率也增高了。我提出，进行示范操作以纠正错误，但是大多数工人都不愿意这样操作。最后只能急速收场，全部恢复原来的造型方式。

　　我认真总结分析失败的原因：一是推广得太快；二是推箱地坪的条件有差异；三是推广的目的是节约地坪，增加产量，而我厂的实际是地方大，不存在节约场地的问题，新工艺还增加了每个工人的劳动量，所以得不到大家的拥护。

　　一次次的失败与教训，使我不仅积累了经验，更渴望学习专业知识。在上海机器制造学校读了一年夜校后，又到半工半读的上海工业大学进行了四年专业学习，期间还在夜校学习了一年日语。

三

1958 年，全国掀起大炼钢铁热潮，但是炼出来的大都是白口铁无法用于铸造缝纫机。而协昌缝纫机厂生产的每台缝纫机要用 36 千克灰铸铁。当时缝纫机制造面临的最大问题是如何将白口铁变成灰口铁。缝纫机公司有位日本专家懂化

协昌缝纫机厂的工人们在热火朝天地工作（上海市档案馆藏）

学，他告诉我们：白口铁的化学成分中碳与硅的含量低，硫与磷的含量高，因此其质地坚硬，却是脆性物质，无法进行精加工。要将它改变成有用的灰口铁，必须提高碳、硅、锰的含量，降低硫与磷的含量。但这位日本专家只知道理论，却不知道如何去改变。为此，厂领导急得团团转。

后来我们获悉，位于西宝兴路的炼铁铸锅厂是专门铸造铁锅的，我们随即前去参观。该厂是采用黏土型铸造模，小高炉炼铁。这炉能够连续熔炼一到两个星期。该厂有五、六座高炉，但炼出的不是灰口铁，还是白口铁，有时是马口铁，因为这铁锅是不需要精加工的，可以直接成型。

这给了我很大启发。当时，我在上海机器制造学校读夜校，已懂得化学平衡方程、"门捷列夫周期表"和机械制图，于是就开始画些化铁炉的简图、写些书面说明……没想到，此举得到了厂长倪一平的大力支持与鼓励。我画了一个星期的简图，分发到机工车间建造化铁炉。车间铸造环型、矩形、热风管道，我也在车间里一起参加铸造，并通知供应科采购火砖、耐火泥、石棉泥、低硫的特定焦炭以及含钙高的石灰石。当大炉焊接好后，我亲自砌炉，指挥起重队组装管道。从烘炉、检查进风各管道是否有渗漏，都一一确保无误后，再进行正式的定日定时开炉。前后共花了一个多月，我睡在宿舍，日日夜夜，风雨无阻。第一次开炉，不到三四个小时，出铁口就冻结死，根本不见铁水出来，只好宣告失败，打炉。

经过仔细检查，查出了出不了铁的主要原因，一是应用的耐火泥搅拌得太稀，石英砂配比太少；二是第一次开炉，炉子没有烘干、底灰没有清除；三是风量过大，温度不高，熔化速率太快。

经过上述改进后，再次开炉一个星期，就能够炼出灰口铁了，大家都非常高兴，但是后来又出白口铁了，只好再次宣布打炉。

再次总结经验教训，这样反反复复多次。终于到了第四炉，连续开炉15天，天天产出的都是优质灰口铁，每天的出铁量17—18吨。"我们终于能自己炼铁了！"大家心里别提有多高兴了。当时厂工会拿着红旗，敲锣打鼓来慰问我们，庆贺成功。曾经压在我心头的沉重大石也终于落了地。市里在我厂开了现场会，我还在大会上介绍经验。当时我的一件帆布衣上布满了火烧的小孔，也证明这项工作是非常艰苦的。后来，外省市来厂参观的人就更多了。

四

　　1958 年的协昌缝纫机厂，已是有八九个车间、二千多工人的中型厂了，需要大量的原材料。当时，厂子里把创造条件、解决原材料供给作为头等重要的大事。协昌厂由开始炼铁、炼焦供应本缝纫机公司，又开始炼锰铁，明确由我负责炼锰铁。我利用现有的炼铁炉，略作改进。因为炼锰铁的矿渣比较多，40%—50% 炉缸熔量需要升高、进风口要适当放大，出锰铁口与出渣口要分层，并适当提高出渣口，提高底焦的储存量和炉温的稳定性。锰矿石呈绿黄色，含锰量在 30% 左右，即 70% 是矿渣。

　　由于我们已经掌握了炼铁的熟练技术，工作进展比较顺利，第一次开炉就炼出了锰铁，淡绿色的渣，比重比较轻，出渣的次数增多，出锰的数量比铁少。当时的锰渣也成了宝物，因为它的氧化锰经过熔炼化学反应，可以生成硫化锰，使原来铁中的含硫量更低，效果非常好，可谓：宝中之宝，物尽其用。浪费的东西一点都没有，锰渣可以与石灰石一起应用，作为化铁炉的正常熔剂。

　　这样，我们就交换开炉，两个星期交换炼铁。由于工作比较顺利，耗费的无效劳动也可减少，铁与锰铁都出铁至定型的铁模中，渣放到定量的渣桶里，减少了很多重复劳动。炼锰铁的实得效益最高，可称是连皮带渣都有用。

　　这个时代，确实可以称之为激情燃烧的时代，我和同事们为了能炼出有用的好铁都很忘我。厂里的各级、各部门领导也都全力支持我的工作。在炼锰铁时，我头戴白色风衣帽，身穿白色帆布衣，脚穿耐高温的高靴鞋，每天至少工作 12 个小时，我的那件帆布工作服被飞溅的铁水烧得千疮百孔。厂长倪一平每天上班总比厂里其他干部早到半小时。一到厂里，他会到各车间先兜上一圈。来到我们车间，他会用带着北方口音的普通话问我：包惠良，工作上有什么困难吗？我总是回答：工作顺利，很好。他总能及时为我们解决工作上的各种困难。供应科的林菊明科长是个好管家。那时物资奇缺，但供应科总是千方百计采购奇缺的急材。机工车间主任叶圣涛也经常来车间看我。"有什么精加工零件吗？"他话不多，但总是像及时雨，帮我解决问题。财务科科长祁礼圣，白天到车间参加劳动，晚上在办公室挑灯夜战……我则和同事全心协作，工作晚了，我们就住在厂边门的宿舍里。记得有一次，我好多天没有回家，妻子赵章娣带着替换衣服来找我，让我既感动又愧疚。

<h1 style="text-align:center">五</h1>

1959年，厂里决定制造多功能缝纫机，主设计师是姚关龙。根据设计，该缝纫机机身壳体是铝合金，内部有很多零件是中碳钢铸钢件，还有很多冲压件、粉墨冶金，要采用很多新材料、新工艺。缝纫机的壳体是采用铝、硅、铜、铝合金等材料。当时，铝合金材料全部是我自行配制的。缝纫机的壳体采用壳型铸造。壳型铸造工艺是我1958年与缝纫机公司的一位日本专家一起到北京清华大学参观时见到的。这不是一般的砂型铸造，要配备很多专用设备、专用工具。首先要制作一台40千瓦的箱式电炉，内箱两侧是加热电热丝，底部是滑车轨道，前向有活动门，保温材料全部采用石英与玻璃丝棉，并配有温度指示标尺。当时，我把简图画好，交给厂部的电工蒋士伟完成。按我的设计要求，并叮嘱他发挥才智，功率只多不少。后来他完成得很好。零件摆梭车间的一位老工人帮我完成了可以翻转180度的壳模机、平衡式杠杆式顶模机，还制作了很多的定型工具。模具则由厂技术科奚湘源按照我的要求出图，并配上很多顶模、弹簧机件等零件。

这些模具设备制作完成后，我就与黄汉清搭档，由模具加温烘烤、扣固紧固翻斗，到移出顶模，第一次浇注出完整的"万能缝纫机壳体铸件"。这壳体光滑明亮，不亚于压铸件。按理，这种铝合金机件应该用铝合金压铸机，但我们轻工业厂根本买不到这类设备。它的价格又特别昂贵，试生产只能采用这样的工艺。

缝纫机结构内部有很多铸钢件，需要采用失蜡铸造，这工艺我在前几年去湘潭厂时见过，后来也曾编写过一些技术资料。但亲自动手制作却是第一次。这个工艺比较复杂，需要懂得化学平衡方程式，能够设计……对我们来说，一切都是从零起点，自行摸索、创造。浇注钢液，我自行制造煤焦炉，采用焦炭为燃料。当时，我带着一般的手套，浇注起包时，把手指都烫焦了。倪一平厂长知道后来看我，督促供应科为我采购石棉手套和石棉围兜。这下好了，我可以大胆工作了。后来，缝纫机上很多铸钢件都采用了煤焦炉熔炼，材料采用中碳钢。回想当时为了铸造这些多功能缝纫机铝合金壳体和各种铸钢件，从模具配备各种设备、焙烧烘烤熔炼，到浇注成机壳、各种零件铸钢件，整个过程，都只能是靠我们独立自主地创造条件去完成，此间的艰苦真是难以言表。

1959 年，我先后荣获了上海市劳动模范和全国先进工作者的光荣称号。永远都不会忘记，这一年的国庆节，我是在北京度过的。上海市政府组织全国劳动模范、全国先进生产者赴京参加全国群英会。我们轻工业系统由自行车缝纫机公司自行车厂的厂长王世封带队，成员除了我，还有李惠堂、曹慧菊、孟德和。国庆节前夜，我们住进了北京中南海，受到敬爱的周恩来总理的亲切接见，还参加了盛大的国庆招待会。10 月 1 日，我们很早就出发来到天安门城楼的左侧观礼台。庆典开始了，我们仰望天安门城楼，清晰地见到了伟大领袖毛主席和周总理，看到在场的很多中央首长。国庆节的天安门广场非常热闹，我们也沉浸在欢乐的海洋里，大声高呼：祖国万岁！毛主席万岁！一直到中午，才回到西郊宾馆。后来，我们又去游览长城、颐和园、八达岭，期间遇到了铁人王进喜，著名劳模杨怀远、杨富珍等。

六

从北京回来，我更加勤奋努力地工作，全心全意地投入到铸造生产的设计和革新中，可以说是几十年如一日。我曾和同事一起设计了无箱挤压造型半自动铸造车间。在老翻砂车间搬迁到泗泾分厂后，又和同事们共同努力，开发了能够年产万吨铸件的新的半自动化铸造车间。其中两条脉动式自动造型线的生产量达到每线 1600 箱，是全市同行业中生产效率最高、环境条件最好的铸造车间。与此同时，我还担任了上海市铸铁行业组的小组长，积极努力为同行服务，把由自己主导设计的铸造车间、全自动脉动式造型线录像提供给全国各地的同行观看。还参加了由国家轻工业部组织的对日本缝纫机工业的考察，苏联铸造工业的考察……所有这一切都让我深切地体会到人生因奋斗而幸福的道理。

缝纫机券（上海市档案馆藏）

1966 年上海市轻工业局关于 JA1-1 型家用蝴蝶牌缝纫机的产品质量评定书（上海市档案馆藏）

20 绒线背后的国货老店传奇：顾客当年抽奖 "海陆空旅游"，周璇、白杨曾做毛衣模特

◎吴基民

1927 年初夏的一个早上，在一片爆竹声中，位于上海四马路（今福州路）一间在弄堂口搭出来的半开间门面的小店，挂上了一块用黑漆书写的匾额"恒源祥"，老板是一个个子矮小的苏州东山人，叫沈莱舟，时年 33 岁。

这块匾额是由著名书法家马公愚题写的，出自"恒源百货，源发千祥"这副对联。恒，取其恒古长存；源，取其源泉勃涌，源流绵长；祥，自然是吉祥如意。

恒源祥批发为主，门售为辅，经营洋杂百货，主要是绒线，以及与绒线相关联的人造丝。以后谁也没有想到，这间毫不起眼的半开间门面的小店，会成为上海赫赫有名的绒线大王。

"买绒线 兴圣街"

沈莱舟家境贫寒。他刚生下不久，父亲就患伤寒症去世。母亲抱着年长他 6 岁的哥哥沈汝舟从上海回到苏州东山艰难度日。14 岁他从乡下到上海在久康洋杂货号学生意，后来还曾在汇丰银行工作过。在此期间，他认识了德记洋行的老板英国人亨特生，在之后的岁月里，亨特生给了沈莱舟许多帮助。

恒源祥开了起来，但绒线的生意并不好，因为上海的老百姓已经形成了一个思维定式：买绒线，兴圣街（今永胜路）。这就使沈莱舟下定了一个决心：恒源祥一定要搬到兴圣街去。诚如他晚年对自己的儿子沈缉丞、沈光权等所说的：

"只有把店开到兴圣街,恒源祥才称得上是地地道道的绒线专卖店;店开到那里,我才有了一双(观察绒线行情涨落的)眼睛。"

但是要把开在四马路上的恒源祥搬到兴圣街,谈何容易,关键在于资金。可机会总是在不经意中产生的。那时沈莱舟由亨特生先生介绍,正在和意大利人做人造丝的生意。人造丝是意大利人发明的,手感光滑、色泽艳丽,用人造丝织成布,很受上海女性的欢迎。从意大利进口人造丝到上海销售,获利丰厚。

沈莱舟曾多次对自己的子女们说:"做生意最精明的一等商人用别人的钱,二等商人用祖宗的钱,三等商人用自己的钱。"

原先他从意大利进口人造丝,都需先将货款全部付清对方才肯发货,以后只需支付押金。几次交易下来,对方见恒源祥很有信用,于是连押金都不需付,等货运到上海卖掉后再结账。

这样沈莱舟便要实现将恒源祥搬到兴圣街的梦想了。他经过多次考察,花了好几根金条,顶下了兴圣街与法大马路(今金陵东路)交汇口的 139 号至 141 号整个一幢两开间门面的三层楼建筑物。不久,又顶下了法大马路 143 号,后来还将 139 号、143 号房屋的产权都买了下来。

1935 年初,装饰一新的"恒源祥公记号绒线店"开张了!一连三开间的门面,楼上还有仓库和账房,是同行中门面最大的。沈莱舟将恒源祥开在这里,等于扼住了兴圣街的咽喉。

《申报》所登的恒源祥广告

当时兴圣街上几乎所有的绒线店,外观都没有橱窗,绒线都是摆在店堂内的木头柜子里,再加上店内灯光暗淡,顾客站在柜台外朝里看,连绒线的颜色也分辨不清楚。大红与酱红、深绿与深蓝……有时连店员也会搞错。

当时先施、永安、大新、新新四大公司，已在南京路陆续开张，将欧美大都市流行的百货业销售方式传递到了上海。沈莱舟充分学习了这种崭新的方式。

首先，他将恒源祥装饰一新。沿街是崭亮的大玻璃窗，上海滩流行的霓虹灯从 1 楼装到 3 楼，店堂里灯光明亮，摆绒线的全部是玻璃柜台，绒线摆在柜台里，粗粗细细，各种颜色，一目了然。

恒源祥绒线老包装纸

恒源祥绒线旧包装盒

　　沈莱舟做生意很会动脑筋，他晓得绒线传入上海不久，太太小姐大都不会结绒线，于是便聘请了绒线编织大师鲍国芳、冯秋萍、黄培英等到恒源祥来坐堂，专门教授绒线编织的技法。

　　沈莱舟还专门花钱出版了《冯秋萍毛衣编织花样与技巧》一书，在恒源祥店堂里免费赠送。他同时还从日本专门进口了一批编织绒线的竹针，两根一副包装起来，买一斤绒线送一副竹针。他还专门邀请上海滩的演艺明星到恒源祥来试穿新款毛衣，扩大恒源祥的影响。著名演员周璇、白杨、上官云珠、竺水招、徐玉兰、尹

著名影星上官云珠为恒源祥当模特

恒源祥在解放前出版的绒线编织书，算得上当时上海的时尚读物桂芳、童芷苓等都曾到恒源祥来穿过冯秋萍编织的毛衣。

这一系列的商业运作，使恒源祥名声大噪，生意日益红火，同样也让兴圣街上其他老板们目瞪口呆，妒忌心大发，于是一项恶毒的阴谋出台了……

遭遇封杀　愈挫愈勇

绒线是舶来货，上海滩所有店里的绒线都是由英商洋行，以后陆续还有德商洋行与日商洋行供给的。兴圣街上最大的绒线店如隆兴昌、泰隆、兴源盛等共8家，号称"八大号"，联手向洋行进货，再由他们将绒线批发给其他绒线店。

为了办事方便，他们还成立了一个联丰办事处。他们从洋行拿货，不需要预付货款，同时，能拿到九二折和九三折的折扣。而其他绒线店从联丰办事处进货，一则需要预付款，二则只能拿到九八折的折扣。沈莱舟到联丰办事处，大买办唐禾苓曾亲口对他讲："我不给你货，就叫你们商店开不下去。"

沈莱舟找人细细打听，这才晓得"八大号"已联手通过决议，拒绝向恒源祥供货，封杀恒源祥，达到最终将恒源祥赶出绒线行业的目的。

其实沈莱舟早已对联丰办事处制订的不公平的折扣不满了，"封杀"这一举动反倒让沈莱舟提早下了一个决心，就是要想将绒线业做大，必须自己办厂，这样才能有最稳固最便宜的货源。

于是他一面请德记洋行的亨特生先生帮忙，从国外进一点各种花色的绒线以解燃眉之急，另一方面他和同样有办厂意愿的兴申泰绒线店老板刘文藻、义生昌华洋杂货店的老板冯生等商量，集资35万元，后又陆续增资到60万元，合股集资办厂。

这一段日子，沈莱舟非常繁忙，他在英租界马白路（今新会路142号）觅得一块地，共3亩，接着便是兴建厂房，进口机器设备和进口生产绒线的原料毛条。1936年初，专门生产绒线的裕民毛线厂诞生了，职工二百余人，生产的绒线起名"地球"牌与"双洋"牌。这是中国最早诞生的绒线厂之一，是沈莱舟对民族工业的重大贡献。

这是沈莱舟事业中的第一个高峰期，恒源祥店厂合一，生意蒸蒸日上，前程似乎一片锦绣。

1941 年 12 月 7 日，日军偷袭珍珠港，太平洋战争爆发，孤岛沦陷，日军占领了整个上海。为了掠夺中国的资源，占领军当局发布命令，宣布："将包括羊毛在内的 18 种物资，列为统制物资，非经日本军方兴亚院华中联络部发给的许可证，一律禁止移动和使用。"

所谓"禁止移动和使用"，就羊毛而言，就是不能用库存的毛条生产绒线，即使有了绒线，也不准随便买卖。于是裕民厂关门，这一关就是三年半，一直关到抗战胜利。恒源祥也陷入了开业以来最大的困境。

化解危机　走上巅峰

1942 年春的一个早晨，日本国驻华公使田尻带了几个便衣军警，来到恒源祥找沈莱舟，负责店面管理的周红喻连忙出来挡驾。田尻对周红喻讲，要沈莱舟出任"全国商业统制总会"的相关职务，并暗示：只要沈先生担任"毛统会"会长，裕民厂也可以解禁开工。

但沈莱舟主意已定，死也不做日本人的什么会长。于是大隐于市，他独自一人化名在南京路外滩的汇中饭店开了间房间，足足住了三个多月，等风头过去了，"毛统会长"也另有人选，才悄然潜回了杜美路的寓所。

1945 年 8 月，抗战终于胜利了。裕民毛线厂于 1946 年初重新开工，恒源祥打扮得漂漂亮亮迎来抗战胜利后那段短暂的和平与发展时期。当时上海各界妇女民主空气日益浓烈，走出家庭、自食其力，成为妇女界的时尚。沈莱舟审时度势，邀请因抗战而静寂多日的冯秋萍重新出山。

他买下了复青玻璃电台和新运电台的各档黄金时段，请冯秋萍讲授绒线编织技法，同时将讲课的内容整理成书，出版了融冯秋萍绒线编织技法之大全的《秋萍毛线刺绣编结法》4 集共 16 册。海上名人王晓籁、严独鹤等为此书题签。沈莱舟重金聘请上海小姐谢家骅、著名京剧明星李蔷华、电影明星张翠红等担任模特儿，在书中一一刊登她们身着冯秋萍专门编织的新潮绒线时装。

深秋，是绒线销售的旺季，沈莱舟又在上海各报刊登广告：恒源祥绒线店推出"海陆空有奖销售"。

这在上海滩商界里是史无前例的。所谓"海陆空有奖销售"就是，超等级获得者可在上海龙华机场乘飞机到天空中遨游；特等级获得者可乘海轮到宁波玩两天；优等级获得者可坐火车到无锡、苏州玩两天。

当时，恒源祥的生意实在是好。据刘仰候与同样在恒源祥店里当过学徒的周维乔回忆："当时，沈莱舟先生在南京西路王家沙、南京东路大新公司斜对面、霞飞路贝勒路等处，都开了恒源祥分号。"

当时这几家分号的职工几乎天天加菜自然是不用提了，职工中还有人买了进口摩托车和自备小汽车，这在别家绒线店里是无法想象的。沈莱舟对恒源祥职工买自备车非常开心，他还亲自坐上职工的自备汽车在马路上兜风。他讲，恒源祥店员买汽车是他这个做老板的光荣。

1948年初，沈莱舟的事业走到了自己一生中的顶峰。他的恒源祥单单一家总号一天销售的绒线就1000磅以上，被大家称为"绒线大王"。他将自己在东山老家先后置下的1000亩地捐献给乡亲，让他们办学校。他还出资修缮了东山著名的唐代寺院紫金庵。

然后他最大的举措还是在事业上。他对自己的儿子们多次讲过：如果你想当一个中国的绒线大王，那不仅要看你一年卖掉多少绒线，还要看你一年生产多少绒线。

他梦寐以求想要办一家自己掌控的独资的毛纺厂。他将厂的名字都想好了，就是恒丰毛纺织厂。

他让二儿子沈辑丞全权操办这件事，让在光华大学工商管理系毕业的三儿子沈玉丞协助这件事。他买下了地处虹桥的一块地，并已订购了机器，在香港储存了一批毛条。然而时局的发展完全打乱了他的计划。

元气大伤　东山再起

国民党蒋介石为了挽救其失败的命运，从上海掠夺走最后的一笔财富，于1948年8月19日起在上海实行新经济政策，推行币制改革，将法币兑换成金圆券，同时对全市二十余种主要商品实行限价，这些限价商品必须按 8 月 18 日的价格销售，不得涨价。

出于对国统区内物价飞涨的深恶痛绝，一开始沈莱舟对"限价政策"是非常拥护的。他一方面让裕民厂按照"八一九"以前的产量生产绒线，同时在恒源祥各字号都以"八一九"限价前的低价硬挺着卖给顾客。

兴圣街大多数老板都讲沈莱舟是"寿头"，劝他留一个心眼，藏一点绒线，但他依然硬挺着。结果短短两个月的时间，损失了 5 万多磅绒线，收进 40 多万元金圆券，到 1948 年底便成为一堆废纸，可谓元气大伤！

那些日子兴圣街几个大字号绒线店的老板相互之间几乎天天串门，聚在一起反反复复议论的就是一句话：怎么办？

沈莱舟经过"八一九"限价的风波对国民党失望至极，他虽然是学徒出身，从小受苦，但现在毕竟是一个大老板了，自己打拼了几十年留下的全部家产都搁在上海安全吗？

于是他将恒丰厂的工程停了下来，同时偷偷抽出一笔资金从澳洲进口了 20 万磅毛条，囤积在香港的仓库里不动。其间，他风尘仆仆两次到香港考察，据说还去过一次台湾，但都觉得不理想。他苦思冥想、踯躅彷徨……

有一天晚上，沈莱舟到香港旺角的志成公司探望一位朋友，朋友不在，他手下的一个职员刘先生递给他一本薄薄的小册子让他带回去看一看。他回到寓所细细一看，原来是著名的民主人士、经济学家千家驹先生写的剖析毛泽东提出的新民主主义政策的小册子。

书中详细介绍了共产党关于"发展生产、繁荣经济、公私兼顾、劳资两利"的政策等，沈莱舟读罢豁然开朗，他觉得自己不能再考虑出走香港，他要留在上海，他的事业在上海。

其实共产党也在关心着沈莱舟，关心着恒源祥。在他店里共有三位中共地下党员，其中一位便是他的远房亲戚沈恒春。沈莱舟对沈恒春等人的活动也心照不宣，对他们晚上留在店里开会、印传单等活动也眼开眼闭。

有一天早上，沈莱舟先生来到店里，沈恒春也跟着进来了，他对沈莱舟讲，我要离开店里，到外面去几天。沈莱舟什么也没问，拿出一叠银元递给他，说这些钱你拿着，也许会用得着的。沈恒春把银元收下了。他再三叮嘱沈莱舟，哪儿也别去，就留在家里，自己两三天就会回来的。

果然不过三天上海解放了。沈恒春打来电话，说他已经回到上海，正忙着参加接管工作，并希望他做做工作，让兴圣街的绒线店早日开业。沈莱舟一口答应，他一家一家做工作，上海解放当日下午4点，整个绒线业都开门营业了。

1950年元旦，随着震天的锣鼓，恒丰毛纺织厂建成开工，当日便生产出第一绞优质毛线，沈莱舟喜气洋洋，将它定名为"红福"牌。他托沈恒春将这第一绞毛线转赠给陈毅市长。同日，红福牌绒线摆在了恒源祥柜上供应，给顾客一抢而空。沈莱舟将自己所有的厂、所有的店，将自己用一生心血打造成的恒源祥都留在了新中国，留在了上海……

21 有一种复古叫"回力"：这双红白色国民球鞋，是否也曾伴你走过青春的岁月？

◎楚焰辉

多年以前，有这样一款红白配色的国产球鞋：它曾经作为战靴被中国国家男子篮球队主力中锋穆铁柱踩在脚下，带领中国男篮称霸亚洲；也曾经在 20 世纪 80 年代，陪伴中国女排姑娘们征战赛场，助力她们取得一个又一个的世界冠军。

然而，这个见证了中国运动员辉煌历史的球鞋品牌却曾经在 21 世纪初一度宣告破产，从时尚潮品沦为"地摊货"，在此后的多年里，陷入沉寂。

时光流转到了今天，这个品牌的经典款式又再度出现在了诸多国内外潮人的时尚穿搭中，影视、模特圈的许多潮流人物纷纷用实际行动为其"带货"。

谁能想到，这个受到热捧的球鞋品牌，并不是活跃在当今中国市场的阿迪达斯、耐克、匡威，或李宁、安踏，而是一个多年前几乎快要被人遗忘、有着 90 多年历史的上海老字号品牌——"回力"！

"回力"旧商标和新版横"F"形商标

从乏人问津到再度引发时尚追捧，这个颇为神奇的老字号品牌，背后又有怎样的故事呢？

从华人小厂到球鞋名企

"回力"球鞋的历史要上溯到20世纪20年代。最初,"回力"并不被称为"回力",而是拥有一个东洋味十足的名称"八吉";厂名也不是后来大名鼎鼎的正泰橡胶厂,而是叫作"义昌橡皮物品制造厂"。

1927年,经营日本杂货的正泰昌、义大两家商号的业主刘永康、石芝珊等人集资白银一万两开设了这家小厂,厂址设在日侨扎堆的虹口塘山路(今唐山路)。由石芝珊任厂长,雇工百余人,聘请的也是日籍技师,日产"八吉"牌胶鞋200双。此时,距离上海第一家生产套鞋的企业——亚洲橡胶厂的创设仅仅隔了五年。

正泰信记橡胶厂旧影(上海市档案馆藏)

正泰信记橡胶厂的"回力"经典"人箭"牌商标和"大喜"牌商标（上海市档案馆藏）

此后，这家华人小厂先后更名为"正泰橡皮物品制造厂"和"正泰信记橡胶厂"，其间经历了诸多风险，尤其是 1933 年的一场火灾几乎把正泰厂推到了破产的边缘。在迁入大连湾路（今大连路）512 弄的新址后，正泰信记橡胶厂开始时来运转。

1935 年 4 月，该企业正式注册了中文"回力"和英文"WARRIOR"商标，作为运动鞋的品牌。"回力"一词来自英文 WARRIOR 的谐音，意为战士、勇士或斗士，而"回力"意即"回天之力"，喻指"能战胜困难的巨大力量"。

在"回力"球鞋的几十年变迁中，有两个人是值得一提的，一是薛铭三，一是杨少振。薛铭三是应大股东刘永康的礼聘，于 1934 年担任正泰信记橡胶厂经理。毕业于清华大学经济系的他深识工业企业管理，正是他一手策划并创立了"回力"牌商标。

1934 年 10 月 7 日的上海《申报》刊登了"回力"球鞋征求改名揭晓的大幅广告，由读者投稿、投票决定是否使用"回力"这一名字。最终，寓意"回天之力"的"回力"赢得好评，"回力"在社会上引起广泛关注。

杨少振，曾在正泰昌洋货抄庄当学徒。1934 年，掌管正泰信记橡胶厂原材料采购。在他的积极谋划下，正泰厂扩大了营销业务，相继在无锡、杭州、汉口等地开设营业所，并在上海广设销售门市部。

正泰信记橡胶厂产品广告（上海市档案馆藏）

布面胶鞋制造过程表（上海市档案馆藏）

原本，大中华厂的"双钱"牌套鞋是名牌产品，资力雄厚，处于优势。正泰厂在竞争中经常处于不利地位。正是在薛铭三、杨少振等经营人才的努力下，正泰才另辟蹊径，着眼布面球鞋的不断翻新。同时从内部进一步改进经营管理，建立规章制度，改善职工待遇，选拔精干人才。

一面降低成本，提高质量；一面大做广告，廉价倾销。灵活销售策略，实际产销见面。终于使"回力"球鞋异军崛起，风行一时，在同业竞争中由劣转优。正泰橡胶厂逐渐从一个设备简陋的小厂，发展到拥有五家制造厂、一家总公司、十家分公司、职工五千余人的大型企业。

全面抗战前夕的1937年初，正泰厂拓展为股份有限公司，资本总额55万元，地址在今延安东路53—55号。"八一三"战事一起，工厂一度毁于日军炮火，1941年又恢复了正泰信记橡胶厂厂名。

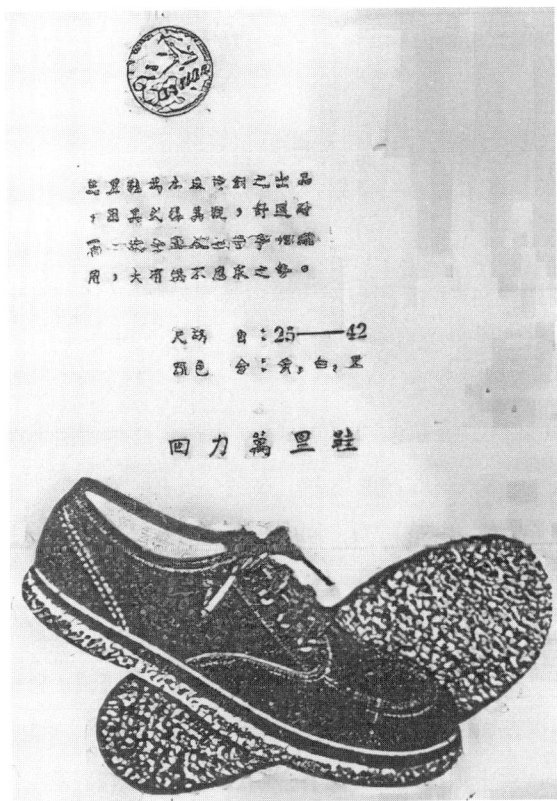

"回力万里鞋"老广告

战后，该公司盘进通用橡胶厂（即正泰三厂），专制万里鞋；又租赁了交通部汽车器材总库之上海橡胶厂（即正泰二厂），专制胶面鞋靴。解放后，经过20世纪50年代的公私合营，"回力"商标主要由上海胶鞋六厂和上海胶鞋七厂使用。

风靡全国的"时尚潮牌"

从20世纪40年代起，"回力"球鞋逐渐畅销市场，且时不时地推出深受市场欢迎的热销款式，其中尤以A字弓型底球鞋以及创制于20世纪50年代的"565"型篮球鞋最受推崇。

"565"型篮球鞋，是为当时国家篮球队参加奥运会而特制的，和五十多年后流行的高帮帆布鞋款式一模一样，是上海胶鞋六厂的杰作，曾出口东南亚、北欧等地。

二十世纪六七十年代，"回力"球鞋也经历了一番曲折。根据档案披露，1969年，"回力"牌球鞋在出口外销过程中，曾一度将"回力"商标修改为"前进"牌商标。

不料，修改商标名称后，出口公司销路受到影响，后在当时广交会上又了解了国外客户的反映，不得不着手恢复"回力"商标。1972年，"回力"牌乒乓鞋成功出口。

1979年，风靡全国的WB-1篮球鞋横空出世。这是"回力"极具代表性的篮球鞋，20世纪80年代最时尚的球鞋，直到今天在"回力"产品销量中都占有较大的份额。那个年代，拥有一双"回力"鞋在青少年中已经是相当牛的潮人标志，行货要卖到36元一双。

日后中国篮坛不同年代的代表人物，如胡卫东、王治郅、姚明等，他们的少年时光也是穿"回力"走过的。在中国排坛，郎平、周晓兰、陈招娣等老女排队员的身影都曾出现在"回力"企业现场，与技术人员直接"对接"，研究哪里需要改进。1984年，老中国女排就是穿着"回力"排球鞋夺得第二十三届奥运会冠军。"回力"球鞋可以称得上"一代经典"。

除了专业运动员，"回力"鞋也成为学生在晨跑、体育课、运动会中的首选。很多人都还记得，为了不让鞋子变脏，条件好点的人用粉饼擦鞋，学生们就直接用粉笔来擦，就又变成"回力"的经典白了。

大起大落的"鞋生"

改革开放后，大量的欧美运动鞋品牌涌入中国市场，人们开始崇尚阿迪达斯、耐克、匡威，"回力"不再是球鞋的一线品牌了。从20世纪90年代中期开始，"回力"鞋不再是人们的首选，更不是时尚的代表了，它逐渐从人们的视线中淡出。在很长的一段时间里，"回力"只能出现在批发市场的小摊上，甚至在大城市都不知道去哪里可以买到。

2000年以后，上海胶鞋公司及所属厂家上海回力鞋业总厂等宣告破产。后来，"回力"系列商标被转至上海华谊（集团）公司保全，回力公司成为华谊集团独家投资的全国有子公司。虽然商标得以保全，"回力"作为曾经辉煌无比的国货品牌，却在球鞋市场上逐渐沉寂了下去。

但"回力"却并没有就此消失。在经历了破产和三次转型之后，"回力"品牌生产商开始重整旗鼓，把"回力"当作一个品牌来运作，试图赢回球鞋市场。

这些年来，"回力"不断地挖掘经典设计，改变经营模式，通过积极地营销和推广，很多人儿时记忆中那款白底红标的经典"回力"鞋又开始回到大众视野。565、WB-1等经典鞋型，不仅在国内受到追捧，更是火到了国外，出现在欧美时尚达人的穿搭中，很多人们耳熟能详的影视、时尚圈代表人物也都穿上了"回力"经典款小红鞋。

纵观过往，"回力"已经走过了百年的风风雨雨。如今，在这个"国货振兴"的时代，"回力"也不再仅仅是一种回忆，而是成为当下消费品市场中一个颇受欢迎的时尚潮流品牌，越来越受到90后、00后们由衷的喜爱。我们期待着更多如"回力"一样的老品牌能够越做越好，再次擦亮老字号的金字招牌，让我们致敬老一辈匠人精神，让国潮之光闪亮每一个角落！

现在的"回力"海报

22 "红帮裁缝"戴祖贻：我在日本经营"培罗蒙"57年

◎戴祖贻（口述）、李瑊（整理）

人物链接：

戴祖贻，是上海著名的西服店"培罗蒙"创始人许达昌的第一嫡传弟子，一直在培罗蒙工作。他于 1951 年去日本发展，在东京经营"培罗蒙"长达 57 年，在当地服装界赢得了很高的地位和声望，被誉为"培罗蒙"先生。

他将"培罗蒙"西服店开设于历史悠久、富有传奇色彩的东京帝国饭店，客户名单中，有来自世界各国的知名人物，如美国前总统福特、韩国"三星"创始人李秉喆、日本影星高仓健……

成为"培罗蒙"第一个学徒

我是宁波北仑霞浦戴村人，1920 年 4 月 25 日出生。我是家中的长子，14 岁时进入上海著名的西服店培罗蒙做学徒。

培罗蒙是定海人许达昌开设的。我娘舅是做呢绒生意的，与培罗蒙有往来，就把我介绍进培罗蒙当学徒。临行前，母亲再三嘱咐我，做事要勤快，手脚要清爽，万事要忍耐、刻苦。我当时只有 14 岁，是在 1934 年 6 月 24 日那一天拜师进店，是许达昌的第一个门生。当时店里就一个伙计，姓沈，是绍兴人。那时许达昌还时常到客人处做"包袱生意"（指拎着包袱兜揽生意，到处帮人家做衣服）。

1935 年，许达昌和蔡履新及蔡的一个朋友邵宝华，三人合伙在静安寺路

284—286号跑马厅对面开了一家双开间新店。不到一年，蔡、邵二位在霞飞路（今淮海中路）开了自己的西服店，培罗蒙则由许达昌个人经营。

当时客人中一个人叫潘有声，是电影皇后胡蝶的丈夫，在我们店里做了西装后，感到很满意，于是介绍《中华日报》的经理林柏生也到店里来做衣服，他也觉得满意。于是口碑相传，生意越来越好。

陆续被介绍到店里来的客人有许多当时的政界要人，还有经济界、商界、金融界、文艺界、体育界的著名人士以及许多外国大公司大银行的大班巨头、外交使馆人员等。后来外交部大使公使和出国人员的一切行装，包括所有服装和各种礼服等，也都由培罗蒙承包了。

拜师三年后穿上西装

培罗蒙的生意之所以那么红火，是因为许达昌的裁剪技术高超。对于不同体型的客人，他有不同的裁法，叫"各人各式裁法"。他有一样拿手的绝活，对于客人喜欢的衣服式样，可以直接从衣服中打出纸样，可以说"百发百中"。我们店里的裁缝用的都是老师傅，包括当时称为"四大名旦"的四人：王阿福、沈雪海、鲍昌海、庄志龙。工人有二十多人。

当时每逢周末，大光明电影院9点钟有夜场电影，有很多外国人来看电影。旁边的培罗蒙店堂里灯火通明，许达昌身穿一件笔挺的大衣，在店堂内裁衣服，学徒们则站在一旁看着。电影散场时马路上的汽车排成长龙，店里的情景被外面的客人透过大玻璃窗看得一清二楚，许达昌正是通过这种方式来做"活广告"。

许达昌工作勤奋，他经常教导我们：要勤俭耐劳，做事一定要向前求进，有什么事要挺身而出，勇于承担；忍耐才有福；做活要勤奋巴结，待人要忠实客气。

业师许达昌对我特别好，对我提拔也快，拜师三年后就让我穿西服，还陪我去买皮鞋，7元钱一双，一般人都穿2元钱一双的鞋子。我对店里的工作也看得比自己家的事还重，尽职尽力，星期天也不休息，还去店里干活。1945年抗战胜利我被提升为襄理，店内的一些事多由我负责。

辗转香港再去东京

1948 年许达昌从上海去香港。他在思豪酒店二楼租了一间房间，开始营业，专做上海老顾客和到香港的外国游客的生意，又招聘了几位陆续去香港的裁缝老师傅，也包括培罗蒙老店的师傅。因为生意忙不过来，许达昌就叫我也去香港。1949 年 12 月，我撇下妻子儿女，独自一人由澳门去了香港。

许达昌去香港开设培罗蒙时，并没有带多少钱，本来在香港栈房里还有一箱原先培罗蒙预订的大衣呢料子，虽然后来因为起火，这一箱衣料被烧没了，但因此取得了一些保险费，就是以这点钱起家的。在香港，培罗蒙还是被公认为最高级的西服店，外国杂志及当地报纸也是特别推荐。

香港培罗蒙也经历了三次搬迁。先由思豪酒店搬到干诺道，又迁到太子行，再迁到於仁行。客人也多是社会名流，如董浩云、包玉刚、李嘉诚、邵逸夫、陈廷骅、何鸿燊等人，还有美国前总统肯尼迪的弟弟等。

香港客人中有一个叫王仲恒的在东京富国大厦有家店面，想要出让，问许达昌是否想到日本开店。许应允前往，于是在 1950 年许达昌去了日本开店。香港方面则由我负责代理。但过了没多久，许达昌糖尿病发作回香港。于是他唤我去日本接替工作。

1951 年 7 月 24 日，我从香港乘太原轮到日本，8 月 2 日在横滨登陆。

后来，王仲恒因为他的轮船出事，公司不能继续经营，必须结束，富国大楼的培罗蒙店也必须搬出。我告诉业师许达昌，但他已无意再在日本经营，嘱我结束日本的店务回香港。因为培罗蒙在东京的生意已经卜路，结束很觉可惜。事有凑巧，富国大楼的房东很照顾我们，他租给我楼上 415 的半间写字间供营业用，又提供地下室的一间房子作为工场，这样我有了立足之地，于是决定继续留在日本发展。

当时朝鲜战争爆发，美国的军人军属必须先经日本去韩国，日本成了美军的歇脚地。当时日本的服装生意很好，以致很多香港的上海裁缝只要能说英语，利用旅行护照到日本兜生意，接几宗活，量好尺寸，寄回香港制作，再寄回来，生意非常兴旺，这种状况一直持续到朝鲜战争结束。

培罗蒙的主客多是在日本的外国商界巨头及外交官员。当时有一位做船舰材料的商人介绍美国联合参谋总长雷德福到培罗蒙做衣服。雷德福对我们的手艺和服务都感到非常满意，经他介绍，美国远东总司令李密滋将军、太平洋舰队司令史敦普将军等亦光临我店。以后雷德福又介绍美国亚立逊大使、麦克阿瑟大使等人到我们店里来做西装。这些贵客的光顾，使培罗蒙的声望在日本格外出名。

1964年正值日本举办奥运会，富国大楼要拆造，我只得在附近的青山一丁目开了一家培罗蒙，双开间门面，三楼是工场，生意也还好。

帝国饭店里的中国裁剪大师

1967年9月，许达昌把日本的店铺正式转让给我，由我独自经营。许达昌于86岁退休，1991年3月14日在香港去世，享年97岁。美国《财富》杂志1981年9月登载文章，称誉许达昌为全球八大著名杰出裁剪大师之一，全亚洲只有他一个人获此殊荣。

1970年，东京帝国饭店重新开业。这是世界五大超级Hotel之一，战前是日本皇族、政界举办重要活动的场所，一般人不能使用，如果能在这里开店，生意肯定很好。当时里面已有四十家名牌店。因为我是外国人，很难进入里面开店。后来我经友人介绍，通过日本自治大臣野田武夫的关系，再经过他们的审查，才办妥手续，"挤进"帝国饭店大门，开了第41家店铺。到帝国来的客人都是很"高级"的，1972年，又适逢日本举办大阪万国博览会，国外来的客人很多，对我的生意又起到了推动和促进的作用。

我高薪请来日本最好的师傅，有中国人也有日本人，用最好的进口料子，亲自裁剪、试样、管理，生意非常红火。我的业务范围也非常广泛，不仅在日本，与英国、意大利的服装公司、厂商均有联系。如英国的AQUASCUTUM，意大利的BELVEST都是世界有名的一流的服装公司暨工厂，欧洲名牌服饰多数都由他们制造，然后各公司再贴上他们各自的品牌。我们与他们有直接的关系，我也曾亲自去他们公司参观工厂，直接订货，他们的产品我另外取名"BARLITTI"（与

BAROMON ITALY 相同之意，即意大利培罗蒙）。

日本政界，包括首相大臣、财界、商界、金融界、文艺界、电影界、体育界很多名流都是我的客人，像演艺界的高仓健，体育界的王贞治等。再如日本的国技相扑横纲北尾光司，他的身体非常高大，有二百多公斤，他在培罗蒙做了好几件衣服，他定制一件双排扣的大衣，用料要比普通人多一半，裁剪的台子不够大，只得在地上摊开裁剪；缝制衣服时也要占用比一般衣服大几倍的地方。

还有包括英、美、德、法、俄、意、加拿大、荷兰、瑞士等二十多个国家驻东京的使领馆外交人员。有的外国大使要觐见天皇，递交国书，规定必须穿日本的大礼服（也称腰接礼服），他们就临时到我们店里，我们加班加点为他们赶制出来。再如夏威夷州长伯恩斯要去参加韩国朴正熙总统的就职典礼，他的礼服就是我们在东京用三天时间赶制而成的。还有，韩国前总统朴正熙所穿的西装衣料，多数由韩国驻日本大使馆在培罗蒙购买。还有，日隆公司的吉永重光和大和制罐的山口久吉曾在培罗蒙购买大衣、西服料子及配件辅料送给金日成和金正日父子。

我们国家曾有一位国家领导人让我做一套西服。我在电视上看到过他的形象，然后通过他的亲友了解了他的身高和腰身，根据这两个数据，我直接裁了一套样子，请他试样。只是袖子稍短，其他地方都服贴挺刮，一点都不用改动，大家都为之惊叹。

"顾客永远是对的"

除了手艺要精、做人要本分，做牛意还有不少的诀窍和学问。我的经验主要是：首先尊重顾客。日本人称顾客是神，财神，必须顶礼膜拜，"顾客永远是对的"。培罗蒙的收款收据是自己设计印刷的，收据的最上方写的是对客人的感谢之语，以示敬意。客人来店做衣服或买东西，最好能记住他的姓名、地址、职业、与本店关系，更要记住他上次做过什么样的衣服。他再次来时，你在接待中可以谈及上次衣服的款式、布料等，这样，顾客心里一定很高兴，那么新的生意又可以成交了。

完工的衣服是裁缝的作品，外面必须有精良的衣套，衣服叠好后，里面再衬入白软纸，然后派人坐着黄包车送到客人家，一路上要双手捧着衣服，保证衣服不皱，像刚熨过一样。还要推广微笑服务，一定要自然的、发自心灵深处的微笑，切不能装腔作势。还有要多为顾客着想，想人所想，急人所急。总之，我最怕人家说培罗蒙不好，这是最大的损失，名誉的损失比任何金钱方面的损失都要大。

就这样，我在日本经营培罗蒙近六十年。接待过各种脾气、各样性格的客人。如：有的客人做西装喜欢全部都用藏青的颜色；有的客人全年只穿夏季马海薄型料，冬夏一样；有的客人只喜欢穿双排扣的西服；有的人刚做好一套衣服，可能穿舒服了紧接着又是一套，觉得很有趣味。

特别的客人

还有一位美国客人彭斯克，他在美国前四百位富豪当中排第140名，有私人飞机，来东京是坐自己的飞机来的，就住在帝国饭店。他是我们培罗蒙开店以来最大的客人，在前十二年内共做了二百多套衣服及一百多条裤子。开始他先定了一套，经过试身后，很满意，即刻又订了六套。

以后彭斯克每次来东京，必定要做衣服。有时五六套，多的时候十数套，每种花样做两套，一套双扣一套单扣，而且裤子一种颜色就定六条（三条有卷甲，三条是平的），从来不问价格，都是一次性付款。有一次他因身体发胖，要改衣服，又没有时间来日本，于是来信希望我能去美国替他量身定做，他还提供给我往返机票及旅馆住宿费用，并派专人到机场接我。

他在美国的家是一幢高级大洋房，专门有衣服间，里面挂满了衣服，多数是培罗蒙做的，还有运动衣、羊毛衫等，分门别类地摆放，好似一家洋服店。那次他改了十余套衣服，又定了十四套新衣服及裤子。后来他儿子又定了七套衣服。那次我满载而归，很是高兴。他的衣服因为颜色相似，做得又多，我们只好用阿拉伯数字在衣服上编号，免得弄错。

几十年间，我对顾客诚心相待，与很多人结下了深厚的友谊。美国前总统福特经友人介绍在培罗蒙做过两套衣服，很是满意。他还与我和家人各拍了照片留念，而且还送我一副有美国国徽标志的袖口纽、一幅他在白宫的签名照片及介绍信，每年年底还会寄来贺年卡。

高尔夫世界球王山姆·斯尼德也是培罗蒙的老主客，他与我极其相熟，有时他需要做衣服，又照顾我不必长途奔波，就直接在电话里"预订"："我要做三件上衣，一件藏青、一件咖啡及一件灰色，再配三条各色裤子，请你选料后，做好寄给我。"因为店里有他的"纸样"，他的个性我也了解，这样不用"量体"就可以"裁衣"。

韩国三星集团的创始人李秉喆会长是培罗蒙开店以来的老主客，三星集团的第一毛织厂开始所产的呢绒以及织边多是用培罗蒙的呢绒做的拷贝样子。因为李会长身材比较特别，他是"特别"的平肩，于是我也替他特别加工，做成普通的"美人肩"，他感觉非常满意。

李会长还介绍日本一流商界人士惠顾我店，如新日本制铁的社长稻山嘉宽及大和制罐的社长山口久吉等，制衣的费用都由他支付。他1987年11月19日去世，我特地赶去韩国吊唁，感到非常悲痛可惜。

1996年12月我正式退休。因为我的长子于1988年生病去世，没有接班人，我只得把店铺转让给一个日本裁缝，他使用别的招牌，但店里挂我的照片，表示该店的承继关系，还请我在随后的半年里随时去店里指导。培罗蒙这块招牌我要一直珍藏，作为纪念。现在偶尔还有老主顾要我做衣服。

我做了七十多年西服，其中在日本57年，真是感到非常荣幸和高兴。培罗蒙是我一生经营的店铺，亦是我戴家的维新发源地，可以说是我的生命。为纪念"培罗蒙"，我特别关照儿孙们，他们的子孙取名字时要采用这三个字。现在我的第一个玄孙就取名叫"戴培元"，其次则是罗正，第三是蒙久，意思就是培罗蒙"开始、正规、长久"之意。

23 顾氏家族与"百雀羚"的前尘往事

◎柯兆银

20 世纪 40 年代，这个诞生于弄堂作坊的国货品牌已成当时上海名媛佳丽的首选，著名电影明星胡蝶，著名歌星、影星周璇等，都用上了百雀羚——南京路永安公司楼下柜台，常常连样品都断货。百雀羚取代德国妮维雅成为国内化妆品第一品牌……

回溯百雀羚的诞生，绕不开一个家族的创业故事。而这个故事的发端，还要从先施百货公司的一场招聘说起……

先施老板慧眼识才

1929 年，26 岁的顾植民看到南京东路上的先施百货公司登报招聘营业员，先施公司、永安公司、新新公司和后来的大新公司并称上海四大公司，在海内外赫赫有名。尽管应聘的人很多，顾植民还是大胆地报名了。

顾植民出生于 1903 年，上海嘉定黄渡人，14 岁时就到上海城里谋生，十二年来已经饱尝过多份工作的艰辛：在烟纸店、茶馆和工厂当学徒，在米号、典当行当账房先生，在百货店当伙计和店员，当上门推销的"跑街先生"。21 岁时娶才女徐贞志为妻，当年儿子顾炯为出生，顾植民渴望有一份既能挣钱又体面的工作。

尽管应聘竞争激烈，顾植民还是被录取了！先施百货公司老板马应彪后来把他找去，对他说："我看你很有才干，不要做营业员，应该做更重要的事。我希望你负责化妆品的市场调研和销售。"

顾植民二话不说，一口答应，就这样开始与化妆品打起了交道……

弄堂制造的美丽

转眼几年过去了，顾植民常年奔波在外，用脚奔波，用心做事，他的销售业绩年年上升，职位从最普通的职员上升到公司中层，薪水高，待遇好。

这时，顾植民心里有一个念头在暗暗地滋长：化妆品市场广阔，并且利润丰厚，我为什么不自己创业当老板呢？

顾植民和妻子徐贞志反复商量研究，最终，他果断地辞职了。1931 年，顾植民成立了富贝康化妆品有限公司。

上海崇德路 91 弄（培福里）33 号，一幢石库门房子，顾植民一家三口住在楼上；底层四间房子 100 来个平方米是工厂；他高薪聘请来一位技术工人，还有两三个操作工和两三个包装工，都在一条香料搅拌混合的生产线和成品包装生产线上忙碌着——这就是他创业的全班人马。

顾植民请人研制了配方，为了保证质量，他采用的香料大多从国外进口。最初，仅仅生产一些花露水、胭脂，慢慢地增加了香水、香粉等。顾植民既当老板又是工人，每天很早就来到车间，全程注视着工人操作：把硬脂酸、十八醇和甘油等油性原料放入金属容器内，加热到七八十摄氏度后倒入大瓷缸，用长圆木棒边搅拌油脂边倒入热水，搅拌冷却至料体开始乳化时加入香精，最后直到成为乳白色软膏体。

"等到生产稳定了，父亲才从弄堂车间脱身出来，全力负责销售。"在接受采访时，顾植民之子顾炯为向笔者回忆说，"即使这样，父亲每天还是要到车间跑几趟，他上班的时间比工人还要长。"

富贝康的化妆品渐渐有了销路，销售量缓慢但稳步上升。顾植民初战告捷，更清晰地意识到：上海人注重仪容仪态，大部分女性都在使用化妆品，把国产化妆品的品质做好，一定大有市场。

"百鸟鸣凤"很灵光

1940年秋天，经过精心准备，顾植民推出了正式的商标。"当年父亲正在为新产品的起名苦思冥想，正巧碰见一位算命瞎子。瞎子掐指一算，说：百雀羚。百雀，取其百鸟朝凤，热闹景象；羚，是上海话'灵光'的谐音。父亲一听，拍手连声叫好。"

顾炯为笑道："许多百雀羚老用户说，百雀羚喜欢在千家万户的屋檐下筑窝，讨人喜爱，这名字讨口彩啊！"

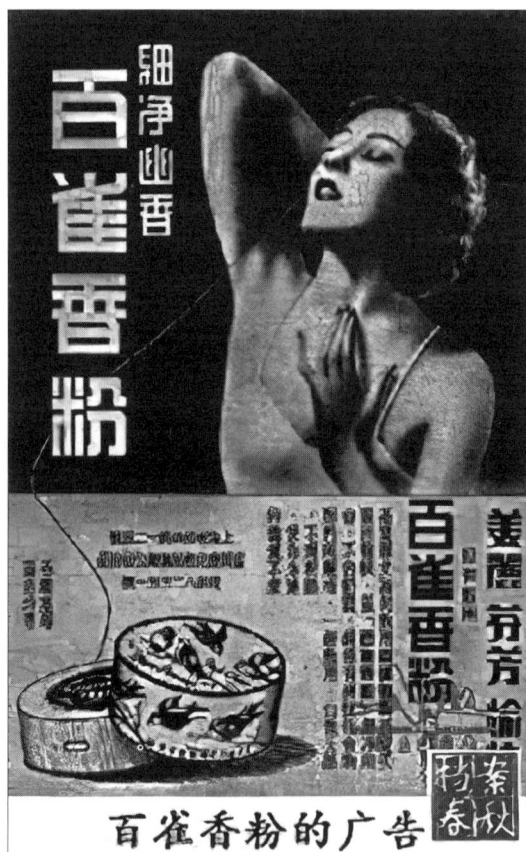

百雀香粉老广告

第一款百雀羚冷霜产品保湿效果强，香气浓郁；顾植民还用上了又圆又扁的蓝色铁盒外包装。顾植民深谙经营之道，他使出浑身手段，除了常规地在报纸上刊登广告、在电车车身上打广告之外，还亲自带着工厂技术员走进当时最流行的电台直播间，向广大听众讲解百雀羚的种种好处……

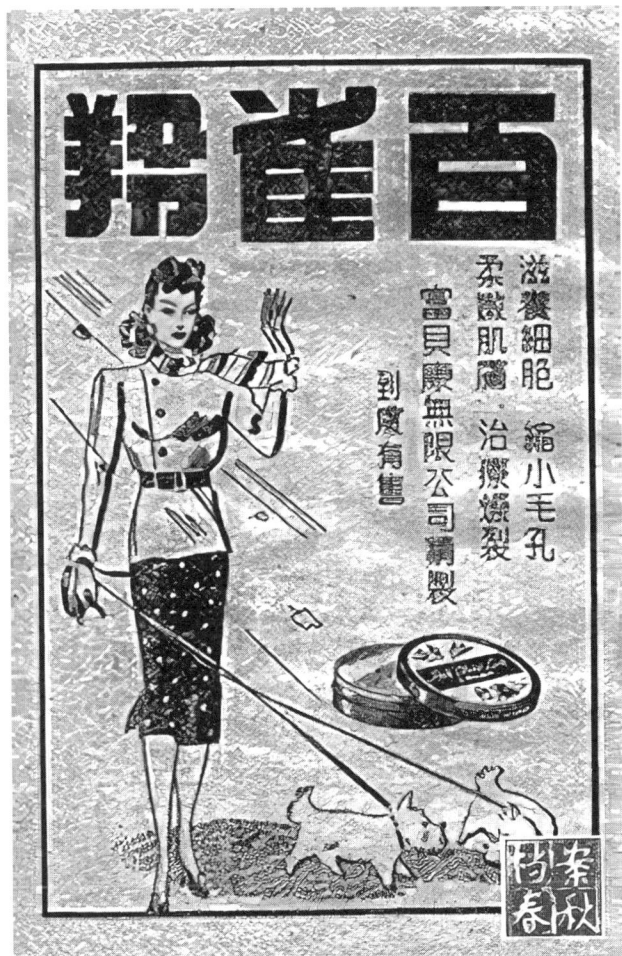

百雀羚老广告

这一连串的奇招很灵，上门订购的客户络绎不绝，来要货的电话不停地响，上海各大商店化妆品柜台，顾客纷纷来点名要百雀羚。百雀羚在上海滩一炮打响，成为时尚畅销货。

要扩大市场，必须要改变家庭作坊式的生产模式。顾植民获知崇德路 91 弄西侧近济南路崇德路口有一处厂房在出售，马上赶过去洽谈。经过多次谈判，最后用好几十根金条买下该厂房。

新厂房一楼是产品仓库和原料仓库，二楼用作厂房。顾植民又对设备大刀阔斧地改进，原来人工的搅拌工艺改成了机械搅拌，他同时改进各种产品的生产工艺，特别是重点改进百雀羚冷霜的先进生产工艺。

这时，顾植民除了生产百雀羚冷霜产品外，还生产香水、花露水、香粉、胭脂和口红。公司员工也配备齐整，负责财务的凌福康先生为首的两三人组成管理团队；学徒工约有五六个，包装工七八个；顾植民专管技术和销售，妻子徐贞志负责技术配方原料的保密工作和管理工作，因为她会讲英语，还负责和外籍客商打交道。

百雀羚化妆品名气越来越响，越卖越好，特别是在 1945 年 8 月日军投降后，上海复归和平，化妆品的需求掀起了一个高潮。尽管中外各种化妆品争奇斗艳，但百雀羚化妆品销得特别好。

顾植民也从一名职员成为大老板，1948 年购买了法租界陕西南路 25 弄一套新式豪华公寓，汽车进出。

为入朝志愿军防寒护肤

1949 年，中国政局面临着历史性的变革，上海解放前夕，不少实业家纷纷逃离上海前往台湾和香港。

顾植民面临人生的十字路口。有人提出把工厂关掉，带着资金前往台湾重启炉灶，顾植民否定了。他不想离开上海。这时，一位在印度尼西亚经商的朋友来了。"到印尼重新开厂吧，百雀羚牌子在印尼很有影响啊！"朋友怂恿地说。顾植民左思右想，难以定夺，印尼的语言都听不懂，怎么做生意呢？唉，妻子如果在世就好了，至少有人可以商量。

原来，1948 年秋天，顾植民妻子拿着一叠报表从三楼往二楼走，一脚没踩稳，一下子摔到二楼，当场就晕了过去。她被救到附近"四明医院"（现名上海中医药大学附属曙光医院）抢救，可惜未能回天。顾植民无奈地叫儿子顾炯为放弃考大学，到工厂接替妻子的工作。顾炯为当时高中即将毕业，刚完成毕业考试。

面临着去还是留的重大抉择，顾植民考虑再三，还是决定留在上海。1949年8月，上海市人民政府、解放军上海市军事管制委员会执行中央恢复经济、扶助私营经济的政策，在上海成立了上海市工商联筹委会，顾植民应邀加入。上海市工商界订立爱国公约，顾植民带头在爱国公约上签字。

1950年，朝鲜战争爆发，入朝志愿军急需防寒护肤品，顾植民在工商联带头表态："我捐出百雀羚冷霜，送给志愿军！"他会后赶回厂里，史无前例地安排二班制，连续半个月生产百雀羚冷霜，全部装箱运往朝鲜。

1949年2月，儿子顾炯为结婚，亲家是中国制罐厂老板孙文豪，也是百雀羚包装（蓝色小铁盒）的供应商，媳妇是孙文豪的第二个女儿孙志芳。1950年12月，顾植民的孙子顾真扬在"大德医院"（新闸路江宁路口，上海大学成人教育学院对面）出生了。长孙的出生，给顾植民带来新的动力。

1956年，公司在公私合营后改名为公私合营富贝康日用化学工业公司。此后，因为心肌梗塞，顾植民在半百之年意外去世。

老品牌涅槃新生

顾植民之子顾炯为的人生，也始终与百雀羚缠绕着。

顾植民去世前半年，听说华东化工学院夜大学在招生，马上叫儿子顾炯为报名。当年自己中断了儿子的大学之梦，心里一直有愧疚。顾炯为报考"无机化学系专业"，念了整整五年，1961年7月，他获得一张本科文凭，还能讲一口流利的英语、法语、俄语和德语。顾炯为决心改进百雀羚油脂配方。经过几年努力，终于获得成功：百雀羚的油脂油和水分离，天热时不再会溢出来。

1962年，公私合营富贝康日用化学工业公司改名为"上海日用化学品二厂"，工厂从济南路崇德路搬到静安区句容路15号（近海防路口），二厂专业生产百雀羚系列化妆品。

1962年5月，顾炯为通过交换房子的方式，从石库门培福里搬到南昌路的光明邨，他终于告别了煤炉和马桶，这让他高兴；告别了百雀羚的诞生地，又让他感觉仿佛失去了什么。

1980年，顾炯为被轻工业局调往市日用化学研究所工作。1986年，日化二厂经过资产重组变成了上海凤凰日化有限公司，厂里党总支书记周丽媛又把顾炯为找了回来。那年，他和同事去法国作学术交流，兼任法语翻译；也是那年，他向上海市轻工业局提出申报高级工程师职称考试的请求，随后顺利地通过了考试。1989年，他获得了由上海市职称改革委员会颁发的高级工程师资格证书。

改革开放年代，凤凰日化公司连年亏损，工厂濒临破产，最后将百雀羚品牌仅仅以50万元人民币变卖给香港商人，从此，百雀羚在上海市场上销声匿迹。

眼见父亲顾植民建立起来的百雀羚品牌就这样被丢弃，顾炯为痛心疾首，在家对儿子顾真扬伤心地说："一个品牌要树立起来，需要几代人的努力；然而，要糟蹋一个品牌，几个人、几年就够了！"

孙辈顾真扬对百雀羚也有着执着的感情。"我出生于1950年，5岁的时候见过祖父，我6岁时祖父去世了。"顾真扬回忆道，"我还记得，祖父的公寓正对着赫赫有名的红房子西菜社，祖父常常带我和弟弟去吃西餐。崇德路培福里91弄33号，是百雀羚的诞生地，也是我从小生长的地方，直到1962年才搬离。如今，培福里已经消失了，可它还在我的心里鲜活着。"

让顾炯为、顾真扬父子感到欣慰的是，2008年，上海市政府用500万元人民币重新买回百雀羚的商标权，并在上海成立了百雀羚有限公司，百雀羚获得了新生。

24 海派西点里的仪式感，是上海人对生活的热爱！

◎张云骅、丛歌

上海市民记忆中的海派西点，或许是这样的画面：逢年过节去亲友家做客，在西点房排长队买回一只蛋糕，拎着大大的蛋糕盒走在马路上，神采飞扬、很扎台型；下班后的妈妈带回两块奶油小方蛋糕，还要"一分三"切切小，因为家里有好几个孩子；小囡用攒下的零花钱买了一只哈斗，先把表层厚厚的巧克力一口一口舔完，接着啃嚼脆脆的酥皮，最后把奶油馅心一记头吞下去……

这些场景里有没有你的回忆？老底子让上海人意犹未尽的海派西点都是什么样的呢？

上海人除了喜欢吃生煎馒头、大饼、油条、粢饭等中式点心外，也同样喜爱由面粉、糖、黄油和牛奶等主要原料做成的西式糕点（简称为西点）。

西点进入上海的历史可以追溯到上海开埠。西点由外国侨民带入上海，当时的上海滩有德式、法式、英式、俄式等不同风味的糕点，让上海市民的味蕾逐渐喜欢上了异域风味，各国各式西点也逐渐融合成为独具上海风味和特色的海派西点。哈斗、蝴蝶酥、蛋挞、蛋糕等都是上海人青睐的西点，那股浓浓的白脱香味总能让人回味无穷，特别是在物资匮乏的年代，如果家里能有蛋糕吃，那就是一件顶顶开心的事情。

上海特色的栗子蛋糕

上海的城市性格是海纳百川、兼容并蓄，它吸收各式文化的精髓，这其中也包括西餐西点文化。二十世纪初的上海，西点已成为颇受市民喜爱的流行风味。从那时起，一些海派西点老字号就在上海问世了，如淮海路上的哈尔滨、老大昌，南京路上的东海以及凯司令。

读过张爱玲小说的人，一定会记得她对上海西点的情有独钟。她最爱吃的蛋糕莫过于在《半生缘》中所提到的"凯司令栗子粉蛋糕"；她崇尚的生活，也像她在散文《双声》里描写的那样，一块奶油蛋糕，一杯热巧克力加奶油。

1928 年，凯司令在上海开办，初名起士林，后更名为凯司令。其实，凯司令最有名的栗子蛋糕并不是舶来品，而是上海西点师傅在传统工艺的基础上进行改良后的创意。凯司令的栗子蛋糕，糕坯里含有用当季栗子打碎的栗蓉，盖上层层叠叠的鲜奶裱花，栗子味与奶油香相混合，口感扎实而绵长。秋冬季节吃上这样的栗子蛋糕，是几代上海人难忘的记忆。

栗子蛋糕为什么好吃呢？"秘诀就是新鲜。栗子从生的进来到剥好、炸好以后，粉碎机粉好，这些隔夜都要弄好，蛋糕做好以后，当天就卖，栗子很娇气，时间放得长要馊掉，凯司令的栗子蛋糕就是这样出名的。"上海市非物质文化遗产项目"凯司令蛋糕制作技艺"代表性传承人杨雷雷说，"栗子蛋糕用的原材料是新鲜栗子，所以特别香，吃口也特别糯。"

过去制作栗子蛋糕需要赶在栗子成熟季节，而如今，栗子蛋糕经过加工改良，已经成了蛋糕店一年四季供应的产品。

麦淇淋蛋糕的仪式感

曾经的上海，每到过年时节，送蛋糕是当时的仪式之一。

"那时春节是发券的，人家拿一张黄鱼券，来跟我们换一张凯司令蛋糕的券。"杨雷雷说。在 20 世纪 80 年代中期，过年就流行送麦淇淋（人造奶油）蛋糕。那时的人们，肚子里也没什么油水，纯黄油、纯奶油蛋糕比较贵，麦淇淋蛋糕就属于价廉物美者。

当年的上海，过年前最忙也最热闹的，大概就是蛋糕店了：一位西点师打奶油，四五位西点师负责刮面，裱花的又有五六个人，这一套流程走下来，统统是流水作业。有人曾估算过，平均一分钟就要做出一只蛋糕。

过年前，蛋糕店里的活儿都是通宵达旦的，店门口永远排着长队。工作人员给顾客们发票子，就像人家以前排队买小菜一样的。因为赶工，等西点师们做完店里的收尾工作回家，已经很晚了。除夕之夜，公交车班次少、间隔长，等他们到家，基本只能赶上年夜饭的尾巴了。

尽管辛苦，但蛋糕师们热爱他们的工作，手艺也代代相传。退休多年的西点师张素莲回忆："那时候西点也简单，就是奶油蛋糕，但我喜欢研究龙凤，都是自己裱出来，我看了画图书后，自己模仿，一直用笔在练，练好以后就在蛋糕上裱，彩色的，那时还裱鸳鸯，还有牛、老虎，都富有立体感。"

20世纪七八十年代上海职工蛋糕裱花技能比赛（上海市档案馆藏）

一只蛋糕上的布局是很有讲究的：下面裱画，留空；中间写字，写字比较讲究笔锋，要练很长时间，才可以上手。该粗的地方，就要按得重一点挤出来，像寿比南山的"寿"，字头就要粗一些。

圆圆的裱花蛋糕，装饰精巧，图案美观，不仅凝聚着西点技师们的辛劳，而且蛋糕的糕与高寿、高兴的"高"谐音，象征着喜庆、圆满，成为上海人的送礼的首选。

20 世纪 70 年代，王祺慧的妈妈被评上单位先进工作者，奖品就是一只十二寸蛋糕的蛋糕券。"我家里有个扁的竹篓，我妈妈要我用这个去拿蛋糕，我就小心翼翼的，一路把蛋糕抱了回来。"王祺慧至今还记得当年的场景。

毛脚女婿第一次去丈母娘家拜访，麦淇淋蛋糕更是必备品，这仿佛是体面和风光的象征。当年的人们把火腿比作"机关枪"，香烟叫"子弹"，一只麦淇淋蛋糕则叫"炸药包"。这些东西走进丈母娘家里，丈母娘都高兴得不得了。

渐渐地，生日蛋糕也流行了起来，那是对庆生祝寿的美好寄托，点蜡烛、许心愿、切蛋糕，场面充满着仪式感。过生日，吹完蜡烛，寿星切下蛋糕的第一刀，生日上裱的花，也都归寿星吃。

那时，八分一只叫清水蛋糕，还要半两粮票，但味道很不错。物资匮乏年代，经济条件不好，能够拿一块蛋糕，走在马路上吃，甚至有种很扎台型的感觉。

随着经济发展、生活水平提高，市民们日常开始买小件的散装蛋糕。偶尔，蛋糕店也会出售卖性价比很高的"边角料"，当时的"边角料"只有一两角一斤，却依旧能吃出奶油蛋糕的感觉。

若干年后的今天，蛋糕的品种多了，造型也丰富了，但这个仪式感始终没有变。如今的蛋糕品种何止奶油小方，鲜奶味的、芝士味的、巧克力味的等等，应有尽有，琳琅满目。而记忆中的西式蛋糕虽然口味单一，但却让人倍感珍惜。

童年回忆攒奶油

相比又圆又大的裱花蛋糕，一款小小方方、鲜奶油上有半颗红樱桃的蛋糕也颇受上海人的青睐，上海人称之为奶油小方，许多海派西点房诸如红宝石等都有售卖。

奶油小方来自英国，属于淡奶油蛋糕，和麦淇淋蛋糕相比，更加爽口、柔软，蛋糕坯子也比较细腻、软和，许多上海人评价其"吃口很软和、很香，奶油味道很重"。

除了凯司令、红宝石，牛奶棚也是受到上海人青睐的海派西点房之一。笔者小时候家住西康路昌平路，穿出后弄堂，走五分钟就能到江宁路、昌平路路口的西北角，那里是乳品一厂的门市部，后来变成牛奶棚的西点房。

牛奶棚中，最著名的大概就是搅奶油了。搅奶油是在新鲜奶油里添加蔗糖后，再通过机械方法使其膨胀而制成的一种乳制品，可以直接吃，比较新鲜，口感也相当好，一直以来都是上海人最喜爱的西点之一。当年的搅奶油售价6角钱一杯，用的是纸杯，调羹也是木制的，剩下零用钱买一杯搅奶油，十分"落胃"。

上海人心目中的传统西点何止栗子蛋糕、奶油小方和搅奶油，还有一种硬酥皮上浇注巧克力酱、中间包裹鲜奶油的糕点，上海人称之为哈斗。

和哈斗齐名的还有拿破仑，曾是老上海的高档点心，拿破仑采用繁杂的起酥工艺，酥皮之间的夹层丰富，一层夹一层奶油，又被称为千层酥。西点的拿破仑，就是要松、酥，这块拿破仑，要拿一个筷子从头戳到下面，戳得到底，这个拿破仑是好吃的。拿破仑是一层白脱油、一层开面，就是说千层酥，吃在嘴里又酥又糯又香。

蕴含亲情的蝴蝶酥

无论是细密绵软的鲜奶蛋糕，还是松脆香酥的蝴蝶酥，这些原本只是摆放在店家橱柜里的西点，随着家用烘焙电器的普及，许多人在家里也能做出来，烘焙爱好者单霖斌，自小受到母亲张素莲的影响，现在，他也能做出很多种拿得出手的西点。

张素莲是上海市特二级西点师，有朋友来家里做客时，她经常会做蝴蝶酥招待客人。小泡芙、椰子挞也是她的拿手西点。

"今天做个蝴蝶酥，这个面粉是中筋粉，超市里都有卖的，一调羹白脱油，放四分之一的蛋，吃透水以后就多揉，这个面团放入冰箱，冰箱内静置最好二十分钟，这样让面团松筋。松了以后，开始可以做了。现在可以把皮子拉开，很听话的。这块酥皮油合上去，这样拎一拎把它合过来，这样弄好以后，开始敲，把它拍松，包起来，再醒二十分钟。"张素莲介绍。

经过再一次的冷藏、开面，张素莲从冰箱中取出黏着白砂糖的面团，切成小段，放入烤盘，炉温一般 220 度，先预热五分钟，热量足了再放进去。然后，就等待着面团破茧成蝶。

张素莲的工作离不开西点，生活的节奏离不开西点，她爱好西点，西点于她，是美的享受。

单霖斌第一次做蝴蝶酥是妈妈手把手教的："亲手制作后感到，做蝴蝶酥是有技巧的东西。揉捏面团的时间把握，我需要借助计时器辅助，而我妈妈则是全凭手感，她用手一搭，便知面团是否可以了，往往拿捏得恰到好处、丝毫不差。"

全家一起烘焙做西点是快乐的，西点也许是成就感来得最快的一个东西。两个鸡蛋、一袋面粉，一点奶油，一会儿工夫，香喷喷的蛋糕出炉啦！

凯司令的栗子蛋糕、红宝石的奶油小方、老大昌的拿破仑、哈尔滨的哈斗、国际饭店的蝴蝶酥、牛奶棚的掼奶油仍然在售卖。围绕着这些西点留下了许多美好的时刻，有的是西点本身入口即化的好滋味，有的是曾经陪伴你一起吃西点的人，有的是亲手制作西点的过程，还有的则是西点作为仪式感满满的礼物出现在某个重要场合……这些都深深地印在了许多上海市民的记忆里。

25 又到开学季，还记得这支来自上海、刻有华表图案的绿色铅笔吗？

◎徐鸣

又到开学季，每一位学生和家长都开始为新学期而忙碌。其中准备文具是必不可少的工作，而最普通的文具就要数铅笔了。说起铅笔，我们每个人在学生时代几乎都曾使用过上海制造的"中华"牌铅笔——第一次学写字、第一次机考答题、参加中考高考……这一支支绿色笔杆、刻有华表图案商标的铅笔，也见证了我们学习生涯中的难忘时刻。

这看似平凡无奇的铅笔背后，其实还蕴藏着一段与近现代中国民族工业有关的传奇。

中国人要创办真正的铅笔厂

作为现代人们文化生活中的主要书写工具之一，木杆石墨铅笔在 16 世纪起源于英国。17 世纪德国建成世界上第一家铅笔制造厂，18 世纪法国人研究改革铅芯制造工艺取得成功，对提高铅笔使用价值起到重大突破，并为近代铅笔工业的发展奠定了基础。19 世纪俄、日、美等国相继建立铅笔制造工厂。

清末，"废科举、办学堂"，使得铅笔一类舶来文具开始出现在国人面前。由于铅笔使用方便，价格低廉，国内市场需要量巨大，但那时的清朝政府并不重视这小小一支铅笔，结果被洋货乘虚而入。

19 世纪末，德、日、美等国家的铅笔先后输入我国，垄断了我国的铅笔市场，中国每年要为进口铅笔花去大量钱财。

据《海关中外贸易统计年刊》记载，从上海口岸进口的铅笔数量每年至少以 10% 的速率递增。仅 1931 年，进口铅笔花掉的外汇达到 949316 海关金单位（1 金单位＝2.26 元法币）。

中国民族铅笔制造业诞生于 20 世纪 30 年代。1932 年香港九龙由国人投资将英商经营的铅笔厂改建为"大华铅笔厂"，是中国第一家铅笔厂。1933 年在北平和上海又相继出现了"中国铅笔公司"和"华文铅笔厂"。可遗憾的是这两家铅笔厂仅仅为来料加工，并不是全套生产铅笔的工厂，且由于生产技术落后，都未能立足发展起来。

1933 年，满怀实业救国理想的常州人吴羹梅从日本留学归国，经过市场调研和深思熟虑，认为只要经营管理得当，国人完全有把握办好铅笔厂，从而打破洋货对中国市场的垄断。

但是当日本真崎大和铅笔株式会社社长得知吴羹梅欲办铅笔厂的想法时，却以傲慢的口吻劝道："创办铅笔厂可不是一件容易的事。即使到你吴鼎（吴羹梅原名）二世，你们中国也办不成铅笔厂，生产不出铅笔。还是买我们日本的铅笔吧！"

日本人的狂妄极大地伤害了吴羹梅的自尊心，同时也激起了他的一腔爱国热情，使他更坚定了要创办铅笔厂的决心。为此，吴羹梅邀请留日同学郭子春，在上海集资筹建铅笔厂。

他们在发起倡议书中大声疾呼："铅笔在各种文具品中占重要之位置而与小学生关系尤切。查海关贸易报告，1932 年铅笔输入我国者，达 150 万金单位之巨。区区铅笔一物，每年竟耗我国人之财富达数百万之巨，吾人所惕者在此，觉有从速创办此种工业之必要者亦在此。"

1934 年，郭子春应吴羹梅之邀来到上海。与此同时，通过熟人介绍，吴羹梅结识了善于理财的老乡章伟士。他们三人组成了"铁三角"，开始了创业之路。

"中国人用中国铅笔"

首先是筹措办厂资金。吴羹梅破釜沉舟，将老家分给他的两间房屋变卖所得

4500 元以及从亲友处借得 10500 元，共 15000 元全部投入。另外，吴羹梅设法拉一些社会闻人以及老朋友、老同学入股，共筹得资金 50000 元。

经过反复寻找，他们选中了南市斜徐路（今日晖东路西）1176 号一家旧厂房作为新厂厂址。自日本昭和铅笔机械厂订购制造铅笔的全套机器，并在常州老家和常州贫儿院里招募了一批年轻人做学徒，技术人员则从北平聘请。至于核心技术，主要由吴羹梅和郭子春负责。

到年底，董事会讨论通过，以"中国标准国货铅笔厂"为厂名向国民党政府实业部申请立案。董事会由潘公展任董事长，吴羹梅、章伟士等 6 人为董事（后来钱新之、黄炎培也加入董事行列）。章伟士兼经理，郭志成为工程师，吴羹梅任厂长兼协理。

建厂初期全厂不足百人。生产部门有制芯、制板、制杆和成品 4 个车间，青年工人进厂先培训两年。在这两年内，白天工作 8 小时，晚上学习 2 小时。厂里管吃、住，每人每月发 3 元零花钱。

1935 年春，机器和原料陆续到位后，开始试生产。经过半年多的研制，终于制造出合乎质量要求的铅笔。

1935 年 10 月 8 日，中国铅笔厂正式挂牌开工生产。

最先生产出来的铅笔为普及型"飞机牌 200 好学生铅笔"和"600 小朋友铅笔"。不久，又生产出中档型"飞机牌 500 铅笔"，其质量向德国的"老鸡"牌看齐。铅笔取名"飞机"牌，迎合了当时"航空救国"的口号，所以上市后非常受国人的欢迎。

到了 1937 年，中国铅笔厂已能生产高档"鼎"牌绘图铅笔，其寓意是不用等到"吴鼎二世"，中国人就能生产出高档铅笔。这款铅笔有力回击了日本人的傲慢，大长了中国人的志气。在抗战全面爆发前夕，中国铅笔厂已能生产全部使用国产原材料的普及型铅笔。

那年月，民族铅笔工业正面临中高档的德国货、美国货以及低档的日本货的冲击，竞争异常激烈。吴羹梅则充分利用全国人民高涨的反日爱国情绪和轰轰烈烈的提倡国货运动，将潘公展书写的"中国人用中国铅笔"8 个字刻印在铅笔杆上，并制成广告广为宣传，以进一步激发同胞们的爱国热情，为国货争得了一席之地。

尤其是低档"飞机牌"系列铅笔，价廉物美，受到广大中小学生的欢迎，一举取代了大部分日本铅笔。1936年，中国铅笔厂还争取到国民党政府教育部的大力支持。该部通知全国各级教育厅（局）及各学校，一律采用中国铅笔厂生产的铅笔书写，而各学校也都乐于采购。

中国铅笔厂外景（上海市档案馆藏）

此外，分布于全国各地的邮电局、铁路局，也都向中国铅笔厂定制大批书写铅笔。很快，中国铅笔厂生产的铅笔遍布大江南北，流入千家万户。

大后方唯一的铅笔生产者

1937年"八一三"后，为了保存实力，并为抗战提供军需物资，中国铅笔厂迁往重庆。1943年，为纪念中国铅笔厂改组一周年，特制"飞机牌1225胜利铅笔"。该铅笔笔杆变细，铅芯较软滑，适用于土纸书写，定价低廉。

1944年9月起，为适应市场需要和增加营业收入，大量生产"鼎牌108铅笔"，月产量达到216000支，创工厂成立后之新纪录。同年12月，为纪念"油煮木板"新工艺成功，特制"鼎牌808铅笔"。1945年1月，为纪念厂里有4位

中国铅笔厂生产场景：木工部制槽制杆（上海市档案馆藏）

中国铅笔厂生产场景：制芯部压制铅芯（上海市档案馆藏）

中国铅笔厂生产场景：成品部油漆铅笔（上海市档案馆藏）

职工自愿参军上前线去打鬼子，也推出了特制的纪念铅笔。

作为大后方唯一的铅笔生产方，中国铅笔厂的流水线从来没有停止过。从战争开始到结束生产出的五千余万支铅笔，铭记了一个企业在国家危难时对民族所尽的责任。全面抗战8年期间，中国铅笔厂每年产量如下：

1937年为1286万支；1938年因为迁厂路途中，没有统计产量数；1939年为520万支；1940年为577万支；1941年为479万支；1942年为514万支；1943年为723万支；1944年为733万支；1945年为258万支。

抗战胜利后，中国铅笔厂返回上海，在东汉阳路296号重起炉灶恢复生产。由于面临上海铅笔厂和长城铅笔厂的竞争，吴羹梅决策将生产重点放在普及型铅笔上。因此"飞机牌200好学生铅笔"成为中国铅笔厂的主打产品。

自1935年建厂到1949年上海解放，中国铅笔厂生产的产品种类见以下表格：

中国铅笔厂生产的铅笔种类

商标名	号码	种类名
飞机牌	1	完全国货
	600	小朋友
	200	好学生
	500	航空救国
鼎牌	100	高档铅笔
	102	高档铅笔
	800	拷贝铅笔
	700	全红全蓝或红蓝铅笔
	3—120	全红全蓝或红蓝铅笔
		黑铅笔加橡皮头

"中华"牌铅笔，最闪亮的明星

解放后，中国铅笔厂改组为中国铅笔一厂（现中国第一铅笔有限公司，简称"一铅"），中国铅笔制造业进入了全新的阶段。其中，"中华"牌铅笔无疑是最闪亮的明星。

"中华"牌铅笔诞生于1954年，当时正值新中国大规模掀起社会主义建设新高潮，用于绘制工程设计图纸的铅笔需求量很大，但绘图铅笔基本上是洋货的天下。为改变市场过于依赖价格昂贵的国外进口铅笔现状，"一铅"发扬主人翁精神、潜心研究、反复实验，最终成功试制出了"中华牌101高级绘图铅笔"。

商标名称中的"101"便是向10月1日国庆献礼的意思，因其过硬的质量和低廉的价格，从而将原本热门的美国货、德国货和日本货赶出中国市场。1979年，"101高级绘图铅笔"荣获国家质量银奖，在中国铅笔史上实现了划时代的意义，以后又获奖无数，深受国内外消费者的喜爱，成为中国铅笔出口的主力军。

经过几代铅笔人的不懈努力，"中华"牌铅笔一直在进步与完善。1999年，"中华"牌铅笔在行业中率先通过了ISO 9002质量体系认证。2004年，"中华"牌铅笔经中国名牌战略推进委员会评审，被国家质量监督检验检疫总局授予全国铅笔行业唯一的"中国名牌产品"称号。

2008年，"一铅"研制的"中华神七太空书写笔"伴随航天员实现了中国人首次太空行走壮举，为中国航天事业发展史添上了精彩的一笔。2018年"中华"牌铅笔成为"上海品牌"首批认证产品。

上海制造的"中华"牌铅笔，目前其旗下产品除了享誉全球的"101高级绘图铅笔"之外，还有"6151高级书写铅笔"，诞生于1970年，在香港市场占有率曾经达到50%以上，1988年荣获轻工业优秀出口产品银质奖；"6181高级书写铅笔"，诞生于1979年，被称为"金中华"铅笔，1988年荣获轻工业优秀出口产品银质奖；"6090高级防滑书写铅笔"，诞生于2013年，是为了适应2H书写领域开发的学习书写握姿笔，表面采用全新的防滑设计，特别适合初学写字的少年儿童及办公书写。

"中国人用中国铅笔"，这是当年民族工业创业者们一生的追求，"中华"牌铅笔实现了他们的初心。

26 据说，没有一只蛤蜊能走出"红房子"

◎蔺苏

　　"红房子"是中华老字号、"法菜之王"红房子西菜馆的简称。历史上的"红房子"在陕西南路37号，后来才搬到淮海中路。那时的"红房子"，漆成了一团火，红红的，远远看去，十分醒目。如今，"红房子"坐落高雅淮海路，虽然旧貌不再，但若论店招，"红颜"依旧。踏上二楼，坐定，点一份"焗蛤蜊"，慢慢品尝，顿觉有一股"怀旧"之风扑面而来。

上海西菜馆溯源

　　上海的西餐馆，历史并不长，这与东方民族的饮食习惯不无关系。美国人亨特在《旧中国杂记》一书中，援引一位中国人（1830年）眼里的"番鬼"（广东人对于入侵中国的西人之蔑称）饮食："他们坐在餐桌旁，吞食着一种流质，按他们的番话叫做苏披（即汤）。接着大嚼鱼肉，这些鱼肉是生吃的，生得几乎跟活鱼一样。然后，桌子的各个角都放着一盘盘烧得半生不熟的肉；这些肉都泡在浓汁里，要用一把剑一样形状的用具把肉一片片切下来，放在客人面前。"

　　对于如此这般的"西餐"，吃惯了米饭的中国人，焉能吃得？简直是在"生吞活剥"！至于吃饭，居然还要用"剑一样形状的用具"，那就更是让人瞠目结舌，视为怪异。

十九世纪六七十年代，上海外虹口一带，出现了外国人开的西餐馆。有人前去尝新，也因"西人肴馔俱就火上烤熟，牛羊鸡鸭之类，非酸辣即腥膻"而大摇其头。然而，西风东渐，中西方文化在岁月的流淌中逐渐融合，"张德彝是最早由官方培养的外事翻译，第一次尝到西餐，是在他出使欧洲乘的外国轮船上"。（《画说上海生活细节·小说一品香》）

1883 年前后，福州路（旧称四马路）22 号开出"一品香番菜馆"，这是上海滩较早出现的由中国人掌勺的一家西菜馆，"其装饰之华丽，侍应之周到，几欲驾苏馆、津馆而上之"。（《淞南梦影录》）开张之初，"食客纷至，多尝异味"，但其后并没有带来持续"香火"，不久便归于沉寂。

"一品香"掌柜灵机一动，买来几条蟒蛇，放在门厅展览。这一招，果然灵验，来看热闹的人络绎不绝，由此拉动了"番菜"消费。掌柜的索性一不做二不休，买了一只金钱豹，关在笼子里，供人参观，但前提是：必须买票，方可进店。以观豹为名，行"促销"之实，参观者进店参观，顺便品尝"番菜"。"一品香"终于"香"遍上海滩，成为一家远近闻名的西菜馆了。

这以后，福州路上的西餐馆渐渐多了起来，到了二十世纪初，竟然有十多家西餐馆。其中，海天春、吉祥春、四海春、江南村、万年春、锦谷春、金谷春、一家春、一品香等最为著名。店多成市，福州路几乎成了"西餐一条街"。

"红房子"的生存土壤

由陌生到熟悉再到接受西餐，上海这座海派城市在完成了观念上的嬗变后，去西餐馆吃西餐，不仅是一种时尚，而且也成了身份的象征。"朋友初到上海，主人头一件事就是请他吃大菜，《栩缘日记》作者王同愈记他光绪二十一年（1895年）去过的番菜馆就有吉祥春、万家春、一品香和张园等多处。戊戌变法那年（1898 年）农历二三月孙宝瑄来上海，一品香就去了七八回。"（《画说上海生活细节·小说一品香》）

《海上繁华梦》取材于晚清时期十里洋场的上海，真实地反映了当时的社会生活现状，其初集第三回写道："说那一品香番菜馆，乃四马路最有名的，上上下下，共有三十几号客房。四人坐了楼上第三十二号房间，侍者送上菜单，一人点了鲍鱼鸡丝汤、炸板鱼、冬菇鸭、法猪排，少牧点的是虾仁汤、禾花雀、火腿蛋、芥辣鸡饭，子靖点的是元蛤汤、腌鳜鱼、铁排鸡、香蕉夹饼，戟三自己点的是洋葱牛肉汤、腓利牛排、红煨山鸡、虾仁粉饺，另外更点了一道点心，是西米布丁。"彼时的西餐之热、之奢华，可见一斑。

1898年4月，各国领事和西商在上海张园宴请德国王子海因里希，菜单是：开胃菜、皇后汤、鳕鱼蛋黄酱、沙锥鱼酥皮盒、阉鸡冻、芦笋、朝鲜蓟配鹅肝、俄式色拉、烤羊里脊、松露馅烤火鸡配火腿、巧克力酱、草莓冰、奶油杏仁糖、甜点、咖啡。(《德文新报》)

这是一份典型的西餐菜单。其中的"皇后汤"，是用小牛肉或禽肉配以蘑菇、松露以及奶油调制而成的浓汤；酥皮盒是用面粉烘烤的法式点心，馅料为水果或各种肉类。宴席上的其他几种配料，如鹅肝、松露和芦笋，当时也都十分稀罕。

如此看来，红房子西餐馆的出现，其实并不突然，称它为"法菜之王"，也是有其生存土壤的，并且，由上海这座海派城市渐渐孵化而出，成为经典西菜的百年品牌。

缘何命名"红房子"？

1935年10月，意大利籍犹太人路易·罗威，在法租界霞飞路（现淮海中路）、亚尔培路（现陕西南路）附近开出一家西菜馆，店名"喜路迈"。这是上海滩上最早的一家法式西菜馆，门面坐南朝北，两开间，楼上楼下一共三层，底层和二楼是餐厅。当年，法租界供应法式大菜的"法国总会"是一幢白色建筑，顾客称它为"白房子"。路易·罗威和其法国籍妻子，为了强调"喜路迈"的经营特色，特意将店面漆成了大红色，"红房子"名称由此而来。久而久之，店名"喜路迈"反倒被人淡忘了。

路易·罗威是一名善于经营的商人，他的"犹太经营术"颇为独特，直白些说，就是以"少"见"多"、以"少"敌"多"，紧盯高收入之人。"喜路迈"

开张后，路易·罗威雇用了一位擅长烹饪法式西菜的中国籍厨师朱宗根，他在礼查饭店做事时和朱宗根是同事。路易·罗威以高薪将他从礼查饭店挖了过来，又将他在礼查饭店当侍应领班时的搭档、中国籍侍应生胡廷翔也引进了"红房子"。这位中国籍侍应生，懂法语，又懂英语，服务道地。朱宗根的法式西菜、胡廷翔的法式服务和路易·罗威的交际手腕，组成了一辆"红房子"牌"三驾马车"，吸引了很多洋人、富商、高官达人。"喜路迈"开张后，座无虚席，几乎天天客满。

1941 年，太平洋战争爆发，日军进入法租界，路易·罗威被日军关进了集中营，"喜路迈"关门。"二战"结束，路易·罗威获释，重操旧业。原址已易新主，路易·罗威选中亚尔培路（现陕西南路 37 号），只有两间街面房，只能摆七张桌，但他还是买了下来，取名"喜乐意"，择日开张。由于地处偏僻，顾客很少，路易·罗威终于无意经营，将"喜乐意"盘给了他人。上海解放后，外国人相继离开上海回国，上海人刘瑞甫以 2000 元将"喜乐意"盘进，注册登记时，刘瑞甫为店名踌躇再三：是沿袭老店名"喜乐意"呢，还是另起一个店名？

一代京剧宗师梅兰芳是"红房子"的常客。有一天，梅兰芳到"红房子"吃西菜，当家西菜大师俞永利亲自为他掌勺。言谈间，梅兰芳说，洋店名已记不清楚，只知道这西菜馆一直叫"红房子"。上海解放了，何不干脆将洋店名改为"红房子"？俞永利对刘瑞甫一说，刘瑞甫感到不错。1956 年公私合营，他便将"喜乐意"更名为"红房子"西菜馆了。

看家名菜"烙蛤蜊"

"红房子"的法式西餐如烙蛤蜊、法式洋葱汤、芥末牛排、奶酪烙鳜鱼、麦西尼鸡、红酒鸡、奶酪小牛肉，以及"沙勿来"、火烧冰淇淋等，风味独特，别具一格。看家名菜"烙蛤蜊"，更是名闻遐迩。但说起来，"烙蛤蜊"也是有故事的。经典的法式菜单上，原来并没有"烙蛤蜊"，只有"烙螺（或蜗牛）肉"。

1946 年以后，从法国进口的蜗牛中断，可是，生意还得照做。是年 24 岁的中国厨师俞永利，开始尝试用田螺肉代替蜗牛烹制"烙田螺"。螺肉老而乏味，食客不满意。俞永利继续"革故鼎新"，尝试"烙蛏子"。蛏子肉嫩，但不入味。有一次，他吃元蛤，突然有了灵感：将蛤蜊肉剔出，洗净滤干，加色拉油、酒、蒜泥、芹菜末等，放回蛤蜊壳，置于有凹洞的金属盘，入烤炉烘焙。出炉后的"烙蛤蜊"，色泽诱人，香味馥郁，肉质鲜嫩，顾客啧啧称道，连一些业界著名人物如面粉大王、酱油大王、味精大王、煤炭大王等也纷纷前来品尝。"烙蛤蜊"成了一道看家名菜。

1959 年 12 月 13 日，国家主席刘少奇到红房子用餐，品尝了烙蛤蜊、洋葱汤等佳肴，握着服务员的手说："红房子店小名气大。"周恩来、邓小平、陈毅、贺龙等国家领导人也先后到过"红房子"品尝法式西菜。

周恩来、邓小平、陈毅年轻时在法国留过学，品尝了红房子的法式西菜，大加赞赏："菜的法国风味很浓，很好，很好！"1960 年，周总理在外事活动中多次向外宾介绍："吃西菜，上海有一家红房子西菜馆。"

此后，法国总统蓬皮杜、丹麦首相安高·约恩森等贵宾也先后到"红房子"品尝法式西菜。至于文化界名人，如电影导演谢晋，演员赵丹、白杨、张瑞芳、秦怡、刘琼、舒适、顾也鲁，作家王元化、柯灵、何满子，画家朱屺瞻、黄永玉、黄苗子、郁风、陈逸飞，京昆剧演员赵燕侠、李玉茹、蔡正仁、岳美缇、张静娴、华文漪，越剧演员傅全香、范瑞娟、徐玉兰、王文娟、金采凤、戚雅仙，评弹演员蒋月泉、张如君、刘韵若，新闻界著名人士冯英子、黄裳、郑拾风等，都是"红房子"的座上宾。

20 世纪 90 年代，"红房子"六十周年店庆，远在北京的戏剧大师曹禺抱病写了"美食者之家"条幅，以表祝贺。早些年，欧洲共同体委派 6 位食品专家考察"红房子"，他们品尝了海鲜杯、烙蛤蜊、洋葱汤、红烩明虾、奶油鸡片贵仔、芥末牛排、什锦生菜，拉着厨师长的手说："这是我们在中国吃到的最好的西菜。"

上海市商业（饮食服务业）零售企业登记卡

制表单位：上海市第一、二商业局
批准单位：上海市统计局
编　　号：(63)南 540 号
创表日期：1963 年 10 月

自然行业：西 餐　　登记证商二饮户西全册第 002 号

企业名称	公私合营红房子西菜馆			
地　址	卢湾区（县）陕西南路 37 号			
负责人姓名	胡更翔	经济性质	公私合营	创业日期 1905
核算形式	独立核算	国部个单位统一核算		
经营间品大类	主营 西 菜	历史上主营商品大类	法式	主营品种数
	兼营			兼营品种数
核定流动资金（现金部流动资金）	12,666			
从业人员数	17 人	其中：艺佣　3 人。		
		其中：管理人员　人，营业员　人，其他业务人员　人。		
		生产加工人员 5 人，其他人员 3 人。		
		服务员 6 人		
间面面积	231.93 平方公尺（M²）	其中：营业面积 168 M²，仓库面积 2.16 M²，加工生产面积 38.2 M²，其他面积 4.13 M²。（其中　　　　）		
	门面开间：2 间　　二层楼			
饮食服务业设备	座位实际放数　104	自然房间数		
营业额	1962 年全年 183,000 元 1963 年 1—3 季度 62,594 元。			
备注	1. 特色品种：清炒虾仁、奶油焗蟹肉、烙蛤蜊、芥末牛舌、火煎猪排、腌剑头鸡、炸鱼柳、白煮火腿、每日大菜、鸡丝春卷、咖喱牛肉、葡国鸡、红烩鸭子、红烩烟鸡、红门舌片、法国栗蓉沙拉等共三十八种 18 种			
	2. 厨师以上 停职 1人			
	3. 煤气 1 日 8 立			
	电冰箱 2 立			
	木冰箱 1 立			

上海市档案馆　　　　　　　　　　　062

1972 年红房子西菜馆填报的上海市商业（饮食服务业）零售企业登记卡（上海市档案馆藏）

27 据说每个家庭都有的牡丹花"国民床单"，原来在八十多年前就风靡一时

◎楚焰辉

    总有一些带着历史滤镜的老物件，深深埋藏在我们的记忆中挥之不去。它们不仅承载着旧时的许多珍贵回忆，更埋藏着过去那个时代的专属记忆。还记得小时候家里的床单吗？你家里是否曾有一条印有浅红色牡丹花的老式纯棉床单？没错，就是那条曾经上过热搜的"国民床单"……

一条床单引发集体怀旧

    一个意外，让"国民床单"在网络上走红。起初，一位上海网友发了条微博，并配图抱怨自己的耳机被猫咬了。不料，几乎没人关注他那倒霉的耳机，相反，耳机下的床单——一条印有浅红牡丹花图案的老式棉布床单，却吸引了众人眼球。短短几天之内，该微博被转发超过 3 万多次！

    "这种床单是如此熟悉！"

    "我家也有。"

    "这是当年的流行款啊！"

    "我家用了 30 年也没坏呢！"

    "我妈结婚时托了不知多少人才买到的"。

    ……

    这款款式、花色、材质令几乎每户中国家庭都再熟悉不过的老式棉布床单竟

让网友们纷纷产生共鸣，将其称之为"国民床单"。

就在众多网友竞相晒出自家的同款床单时，有一位还特地把床单的标签露了出来：上海民光被单厂，就是这些款式经典和经久耐用的"国民床单"的制造商，上海著名的老字号企业。由此，"民光"床单前生今世的秘密揭开了。

"国民床单"的前世今生

1935年6月6日，一个颇被商人看好的日子，上海东北部的岳州路兴祥里，企业家项立民在一个不起眼的弄堂内开设了一家仅有8名雇工的小厂，其全部家当仅1台人力毛巾木织机和1台人力被单木织机，可生产简单的毛巾、被单，那时的店招是"民光织物社"——上海民光被单厂的前身。日后人人皆知的"国民

早期"民光"被单广告

1947 年，民光织物社提交的上海纱商业同业公会厂商登记表（上海市档案馆藏）

1948 年，民光织物社加入上海市毛巾被毯工业同业公会的入会志愿书（上海市档案馆藏）

床单"就在这样一个看似简陋的小工厂中孕育成长。

据说，"民光"中的"民"字，即代表项立民的"民"，"光"则隐喻他的事业发扬光大。关于创始人项立民，他本人的介绍传世甚少。据上海市档案馆馆藏档案记载：项立民，又名项起，出生于 1907 年 1 月，浙江杭州人。1920 年从浙江杭州县立贫儿院高小毕业的他进入三友实业社，从练习生做起，通过自己的勤奋、努力升任为工程师、织部副主任。1927 年离开三友后，先后在安禄棉织厂、杭州临丰染织厂、华纯织造厂任厂长，直至 1935 年开始了他的"民光"创业史。

当年生产的第一条床单品种的货号为 2465，其中"24"代表民国 24 年，即公元 1935 年，"6"代表 6 尺，"5"代表五彩印花。因此"2465"即表示 1935 年生产的民光牌 6 尺五彩印花床单。当时采用的是油纸花板套色印花，月产量 200 条左右。此时的民光织物社，距上海滩第一家生产毛巾厂家的诞生已 35 年了，离第一家成功制造独幅被单的三友实业社的崛起也有 13 年了，然而 20 世纪 30 年代的确是一个纺织行业极其兴旺的年代，抗战爆发前后，正是各类纺织企业如雨后春笋冒出的时候。

20 世纪 80 年代"民光"床单广告

　　第二年，项立民又在兰州路兰桂坊租用两幢石库门房子，添置十余台人力被单木织机和毛巾织机以及简单的漂印设备，雇用二十余名工人。1937年"八一三"事变后，开办才两年的民光织物社因遭破坏，被迫停产。但项老板偏不认命。1938年，移址延平路叶家宅恢复生产。第二年，又与他人合资创办"中一印染厂"和"华一织造厂"。1945年1月，三家企业正式合并为"民光织物社制造厂"。抗战胜利后，眼见内地及南洋要货迫切，毛巾被毯销路复见好转，项立民立马选择通北路的6亩4分地，陆续建造厂房，扩大生产规模。后几经迁并改造，至1956年公私合营时，民光织物社制造厂已全部实现电力织机生产，有被单织机和毛巾织机近80台，职工人数达600余名。1978年，上海民光被单厂成立。

　　值得一提的是，近来走红的"国民床单"，历来是民光企业在各个时期的主打产品。该床单采用与普通床单不同的特殊工艺，以纱线交织，具有色彩鲜艳、挺括耐用、久洗不坏等特点，在民国时期就风靡一时。

1964年民光织造厂填报的彩格印花被单产品质量评定书（上海市档案馆藏）

新中国成立后，民光厂通过不断的技术改造和技术创新，其产品一跃成为上海滩的知名品牌，成为家家户户的必备床上用品。二十世纪七八十年代，是"民光"床单最风光的时候。那时，床单上的牡丹花是主导，款式简单、大方，且用纯棉制造，是很多新娘的必备嫁妆，以致"一单难求"。据说最红火时，求购的人流在厂房外排成长龙，产品刚一下线就被抢购一空。

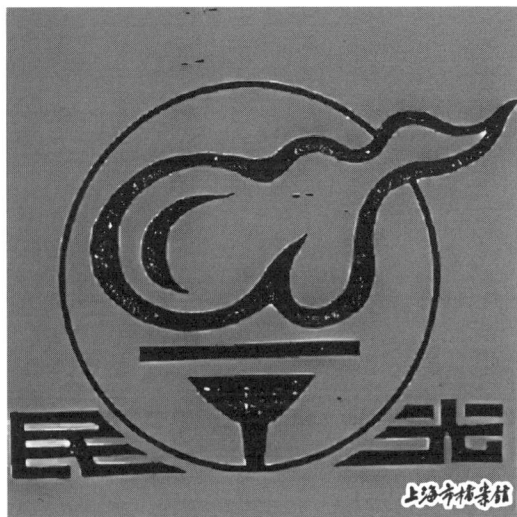

"民光"商标（上海市档案馆藏）

1994 年 12 月，以民光品牌组建的上海民光国际企业有限公司宣告成立，民光厂成为该公司的母体企业。新时代的民光人赋予了民光新的含义，新设备、新技术、新工艺的运用，形成了民光牌床单的独特风格。它以布身耐磨、平整挺括，色泽亮丽、久洗长新，花型精细典雅而著称。2010 年，上海民光国际企业有限公司又更名为上海龙头家纺有限公司。华丽转身后的公司拥有民光床单、凤凰毛毯、皇后牌毛巾、钟牌 414 毛巾等，是唯一一家从事品牌家纺以及床上用品制作和销售的企业，其每一个品牌都传承着"国民床单"的百年基业。

目前，橘红色、棉质的、印有牡丹花图的"国民被单"仍在市场销售，虽不如二十世纪七八十年代那么火爆，但市场业绩仍然不错。自"国民床单"意外走红网络后，商家已悄然在淘宝上架，销售业绩亦被看好。在天猫商城中，已有几十个款式的床单被命名为"国民床单",名为"民光正品 国民床单 全棉半线传统怀旧老床单 套餐",颇受欢迎。

在若干年前的一场中华老字号博览会上,一条广告语再次勾起人们对"老字号"家纺用品的回忆:"一条国民床单,所承载的不仅仅是记忆,更是对生活的共同期待和信仰。"

28 永不消逝的美丽
——龙凤旗袍的传奇故事

◎应秀菊、贾晨玲

旗袍，是中国和世界华人女性的传统服装，被誉为中国国粹和女性国服，是中国悠久的服饰文化中最绚烂的现象和形式之一。

犹忆起电影《花样年华》里那令人炫目的旗袍，在张曼玉的演绎下，妩媚多姿，曼妙唯美。在旗袍的装扮下，女主角时而忧郁，时而雍容，时而悲伤，时而大度……每一件旗袍都衬托出其不同的心境。当女主角不断变换着旗袍的颜色和款式时，人们仿佛看到东方美人古典气质的绽放，旖旎而美丽。

海派旗袍的由来

1843年上海开埠，华洋并处，五方杂居，开放而追求个性的西方文化与江南细致含蓄的本土文化结合，形成兼容并蓄的海派文化。在这样的文化背景熏陶下，20世纪20年代，上海民众服饰逐渐体现出独树一帜的风格，特别表现在男装的西服和女装的旗袍上。

无论是在光影世界还是在现实生活中，上海的风情少不了上海女人，上海女人的风韵少不了旗袍。在一个世纪前的上海，身穿改良旗袍的年轻女子被视作个性自由、女性解放的象征。20世纪20年代末，上海得风气之先，服装风尚几与欧美同步。在上海这块土壤上，旗袍吸纳了传统服饰的样式，吸收了西方服饰的一些元素，进行综合改制、改良以后成为一种新型的款式。在开放创新、兼容并

月份牌中的旗袍女郎

蓄的海派文化浸染下，海派旗袍应运而生。"海派旗袍"将西式裁剪结构与中式精细零部件装饰相结合，独具特色。与中国妇女传统的保守拘谨、线条平直、宽衣博袖不同，海派旗袍突破了种种禁锢，吸取了欧美流行时装的元素，将旗袍缩短长度，收紧腰身，用合体适度的款式，第一次把东方女性曼妙动人的曲线展示出来。中西合璧的款式、精良细致的装饰、流畅曼妙的曲线、高贵典雅的韵味，把海派旗袍的风姿永久地定格在中国近代历史的长卷中。

1926 年，上海流行杂志《紫罗兰》出版了一期"旗袍"特刊，其中周瘦鹃在《我不反对旗袍》一文中对当时旗袍的流行状况进行了详细的描述："上海妇女无论老的少的幼的，差不多十人中有七八人穿旗袍，秋风刚起，已有人穿夹旗袍……少数时髦的妇女，甚至夏天也有纱罗制的单旗袍，那似乎不足为训了。"足见当时旗袍之流行。到 20 世纪 30 年代，海派旗袍已成为上海各阶层妇女的时尚，处处可见旗袍的"倩影"。并从"全国时装中心"的上海扩散到各地，在中国女装史留下光辉的一页。"龙凤旗袍"具有独特的设计思想和精妙的制作技艺，是海派旗袍制作技艺的代表，更是中国传统服饰工艺的精华之一。

"龙凤旗袍"应运而生

据档案记载，"龙凤旗袍"制作技术源自苏广成衣铺手艺精髓。龙凤旗袍的历史最早可追溯到清乾隆末年，当时上海已出现专做中式服装的"苏广成衣铺"，以苏州精湛技艺和广州新颖衣式而闻名。晚清时期，苏广成衣铺是传统中式服装制作的代表，它的制作方式沿袭了中国古老的手工缝制传统，精工细作，技艺精湛；生产经营方式则承袭了前店后工场的形式，既接受来料加工，又可提供上门服务，经营简单，方便居民。

当时，老上海的街头弄口，裁缝店可谓星罗棋布。街市上的裁缝店，大小规模不一，但大抵都悬挂着一块"苏广成衣铺"的市招，并不是老板姓名叫"苏广"，而是一些裁缝手艺人的小型作坊，由富有经验的裁缝为主，雇佣两三名裁缝工，加上家属和学徒，专门代客加工各种来料，缝制苏式、广式等中式男女服装，也代客配办衣料，所以，人称"苏广成衣铺"。由于"苏式"和"广式"服装工好质优，集苏州织绣的精湛技艺和新颖设计于一身，备受女性追捧，当时制作中式服装的成衣铺均以"苏广成衣铺"命名。他们的设备简单：租一间店堂，设有一块工作台板，全凭手工操作，稍后也配置了缝纫机。因为他们做工精巧细致、式样新颖应时，又是量体裁衣，舒适合身，所以很受各阶层市民的欢迎。至 20 世纪 20 年代，"苏广成衣铺"已遍及上海，最多时有二千多家，成衣匠达四万余人。

上海开埠后，苏广成衣铺发展兴盛，是极具代表性的民间职业制衣者。20 世纪上半叶，旗袍在中国女性中广为流行时，苏广成衣铺的裁缝师傅们凭借精湛的手工技艺和敏锐的时尚嗅觉，制作了中西合璧、做工精良的旗袍，以优良的技艺和精心的服务闻名江南地区，成为上海口碑相传的制衣行业著名品牌。

龙凤旗袍制作工艺的第一代传人朱林清，便出身苏广成衣铺。他从 20 世纪 30 年代起在沪上苏广帮裁缝铺习艺，苦心钻研中式服装制作传统技艺，并运用到海派旗袍的制作中。1936 年，朱林清创办"朱顺兴"中式服装店。作为一名从打杂工成长起来的裁缝师，朱林清凭借精湛的技艺和大胆创新的风格，既保留传统旗袍的制作工艺，又将西方裁剪工艺融会其中，形成了完整的海派旗袍制作工艺。20 世纪 30 年代，以"朱顺兴""范永兴""钱立昌""阎凤记""美昌"五家成衣铺最为有名，它们以制作独特、技艺精湛、款式新颖而著称。

解放后，行业结构调整，强强联合。1959 年，在全国性的工商企业公私合营浪潮中，"朱顺兴"与其余四家苏广成衣铺合并成立"上海龙凤中式服装店"，成为沪上最著名的手工旗袍制作商店，至今仍保留前店后工场的生产模式。至此，来自沪上苏广成衣铺的诸多名家，集聚于新成立的龙凤中式服装店，主营中式服装的制作和加工，店址为南京西路 849 号，如今已搬迁到陕西北路 207 号。而取名"龙凤"，集聚了老一辈裁缝师的智慧：中华民族是龙的传人，旗袍又是民族服饰的一种，用龙凤最恰当不过。再加上，有许多做工精致的旗袍，也都以龙凤呈祥为图案。从此，集众家所长的新海派手工旗袍制作工艺，汇集在"龙凤"这一富有浓厚传统气息的品牌名称下，从南京路绵延至整个上海滩，继而传播到全中国和全世界。

龙凤旗袍因制作精良、工艺精湛，受到各界政要、社会名流和明星的喜爱，盛极一时。龙凤旗袍第二代传承人褚宏生从"小裁缝"做到"老裁缝"历经八十余年，从宋氏三姐妹到京剧大师程砚秋，从名媛陈香梅到明星孟庭苇、巩俐、张曼玉、董洁，一辈子密密缝了不下五千件旗袍，扮靓了历代佳人。他 18 岁入行，大胆选用当时最流行的蕾丝，完成了自己的第一件作品。再经由当时中国最红的电影明星胡蝶演绎，一下子便轰动申城，并迅速形成一股风潮，褚宏生因此名声大噪。胡蝶喜欢淡雅，他就给她做一条翠绿色蝴蝶图案的软缎旗袍，令人惊艳。刘少奇的夫人王光美曾穿着他做的暗色大花旗袍，光彩照人。宋庆龄也曾身着他精心缝制的旗袍，更显典雅高贵。值得一提的是，2015 年，这身为胡蝶特别定制的蕾丝旗袍还在纽约大都会博物馆慈善舞会上展出，完成了它的"世纪之行"。

令人惊叹的"龙凤"绝技

作为旗袍界唯一的国家级非物质文化遗产拥有者，龙凤旗袍不仅传承了过去苏广成衣铺的镶、嵌、滚、宕工艺，还摸索出镂、雕、盘、绣、绘的创新绝技，各环节用的都是最顶级的工艺。

龙凤旗袍的制作过程是中国传统工艺和西方测量裁剪技术综合运用的过程。其特色在于全手工、高质量的个性化精工制作。龙凤旗袍制作技艺在服装工艺史上占有非常重要的地位。它的工艺秘技可简化为九个字：镶、嵌、滚、宕、绣、绘、镂、雕、盘。"镶"是为了让整件旗袍的花型图案更加亮丽，把近似旗袍本身颜色的真丝绸缎裁剪成条状，镶在各接缝处，增加服装层次感；"嵌"主要起到颜色过渡的作用；"滚"则是沿袭旗服做法，用真丝绸缎在旗袍领口、袖口、下摆、四周边缘处进行手工缝制，使面料毛边不会外露；"宕"就是用反差性极强的真丝单色绸缎裁剪成流线型或波浪型，缝制在领口下方至袖口上方胸口处，让旗袍富有张扬的感觉。而"镂"、"雕"等独门绝技，则是在丝绒面料上手工镂雕出龙凤、如意、花卉等图案，然后贴缝在旗袍袖、领、肩等部位；"盘"是旗袍不可缺少的纽扣附件，在中装中称之为"盘"扣，采用真丝绸缎根据花型图案用手工弯曲成纽扣状，缝制在旗袍的各个开口处，使旗袍前后有个连接的过程，又起到了锦上添花的作用。

使用这些工艺主要是在旗袍制作初步完成后，对旗袍进一步地美化加工，使其具有独特的工艺和观赏价值。龙凤旗袍制作既继承了传统的制衣工艺，又有独具匠心的创新工艺，更有细致入微的刺绣和盘扣工艺作为点睛之笔，使每一件龙凤旗袍成为难得一见的精品。

此外，选料也是这家老字号的撒手锏。最初，龙凤旗袍使用欧洲进口的蕾丝、呢绒、羽纱等面料，如今则引入真丝烂花绒丝绒、真丝泰丝、真丝重绉系列、金丝绒系列等创新面料。由于制作考究、品质上乘，龙凤旗袍逐渐赢得了诸多女性的青睐，一些华侨回国时唯愿带走一件龙凤旗袍，只为在遥远他乡寄托乡愁。

唯美的慢时光手艺

龙凤旗袍的缝纫制作工艺体现了中国传统文化的特色。这一系列技术在中国旗袍制作领域里堪称绝技。手工制作一件龙凤旗袍一般需要三个星期左右，要经过滚边、开线、喷水、定型、裁剪、修整、做工、归拔、试样、整烫面料等数十道工序。而每道工序都有相当严格的制作标准，如缝制过程中讲究"寸金成九珠"，就是对手工缝制时针脚提出的要求，做滚边时针脚必须细而均匀，一寸长度里刚好九针；还有成衣后的熨烫也要达到锦上添花的效果，熨烫温度和力度必须视面料质地而定，每个接缝都必须烫平整。

制作旗袍，绝对要耐得住寂寞。即使一件没有绣花的普通旗袍，从量身到制作完成也需要七天，从打样到缝制均由一人完成，师傅必须是"全才"。龙凤旗袍的制作要求精益求精，光是量体，就要精确到 36 个部位。通过精确测量人体 36 个部位的尺寸，保证制作的旗袍完美展示体型。可以想见，制作一件剪裁合体、精美绝伦的龙凤旗袍，是多么繁复细致的过程。

而盘扣，作为旗袍上的点睛之笔，已经成为一个文化符号。制作一个简单的盘扣，从选料、上浆、斜料、烫边、夹铜丝、缝包、打头，需要至少一天的时间。要做好一个盘扣，不仅靠心灵手巧，也需要考虑到顾客旗袍的颜色、职业与气质。龙凤旗袍出品的一款龙袍盘扣已成为具有收藏价值的工艺品。该工艺甚是复杂，需要耗费大半个月的时间。工艺师细致、严谨、耐心的制作，才能呈现出惊艳的效果。

如今，龙凤旗袍仍然保留了以手工为主的制作技术，从选料到完工，一个复杂的盘扣需要七天，一件旗袍则要花费二十多天。慢工出细活，这是"老字号"的坚守。真可谓一针一线蕴匠心，一剪一裁显风韵。

新时代的传承与发展

龙凤旗袍的传承，不仅是手工技艺的传承，也是民族文化的传承。龙凤旗袍品牌在日新月异的今天依然不断发展：积极参加国际展会；开设"非遗体验课"等公益课程；举行"非遗进校园"活动，一针一线培养年轻传承人；打造集新品发布、文化体验、产品营销、产品展示为一体的品牌展示中心，努力提升产品的文化附加值……龙凤旗袍的工艺大师们一直在努力。

2018 年 5 月 23 日，龙凤旗袍手工制作技艺被认定为首批国家传统工艺振兴项目。静安区政府对自主品牌的专项补助资金、文化局对文化传承人的资助，都对传统老字号品牌的传承和发扬起到很大的推动作用。

龙凤旗袍是海派旗袍的精华，是沪上海派旗袍手工制作工艺的传承者，至今仍保持海派旗袍的遗韵。回首过往，从满清旗装演变而来的旗袍，曾一度风靡全国。20 世纪 30 年代，旗袍进入全盛时期，不论地域，不分年龄，女性皆着旗袍。"全民穿旗袍"年代一直延续到 20 世纪 50 年代初期。之后，旗袍逐渐退出都市女性的日常生活。直至 90 年代重回时代潮流。伴随着海派旗袍 30 年代的黄金年代，一路经历了 70 年代的衰落，再到 90 年代的再次兴起，龙凤旗袍也在时代大潮中一次次见证了历史的发展。龙凤旗袍的发展亦鲜活地展现了旗袍的兴衰史。一袭旗袍，染就一树芳华；两袖月光，诉说绝代风雅。国服之美，暗香流韵。穿过岁月风尘，留下一路风情。

八十多年来，龙凤旗袍用时光为无数女人缝制出优雅的气韵，织就耀眼的美丽。作为海派旗袍的传承者，国有老字号龙凤旗袍发源于上海，也在繁华中见证民族服饰文化的潮起潮落。从一代影后胡蝶那身白色蕾丝旗袍，到改革开放前市民排队购衣，再到如今高规格私人定制的潮流风尚，八十余岁的老字号有讲不完的精彩故事。

龙凤旗袍，一件服饰，一段历史；一个品牌，一段传奇。从古至今，文化传承、技艺创新。它是女性柔美的象征，它是海派韵味的标志。在传承海派旗袍的精髓，又经过一轮经营调整和设计出新后，龙凤旗袍已经开始深入年轻白领、时尚人群中。愿这珍贵的非物质文化遗产能继续在年轻人当中薪火相传，生机无限。

29 阿拉老上海心中，嫁女儿前必去这里

◎刘雪芹

总有一些带着历史滤镜的老物件，深深埋藏在我们的记忆中挥之不去。它们不仅承载着旧时的许多珍贵回忆，更埋藏着过去那个时代的专属记忆。

如同在每一个即将过去的夏日里，嘎吱作响的电扇、微风中轻轻摆荡的蚊帐，成了时不时会浮现于脑海的童年印记。而上海帐子公司，可能就是属于"老上海"新娘们的集体记忆……

上海卧室用品有限公司原名上海帐子公司，是上海最早开设的一家专营帐子、床上用品的商店，也是久负盛名的中华老字号企业，"老上海"妇孺皆知的金字招牌，2001年转制后改今名。在"老上海"的心中，嫁女儿前必去帐子公司。

帐子公司首创蚊帐质量标准

20世纪30年代初期，二十岁不到的吴江小伙张影波初中毕业后，只身从江苏吴江来到上海，在今南京东路549号三星棉铁厂帐子柜学生意。20世纪40年代初，学生买帐子的甚多，而上海滩尚无专营帐子的商店，许多人时常因买不到帐子而空跑。张影波凭借其活络的头脑，善察出商机，便萌生了开一个帐子店的念头。

1942年初春，张影波邀约十多位亲朋好友聚议，讨论开帐子公司的事。大家

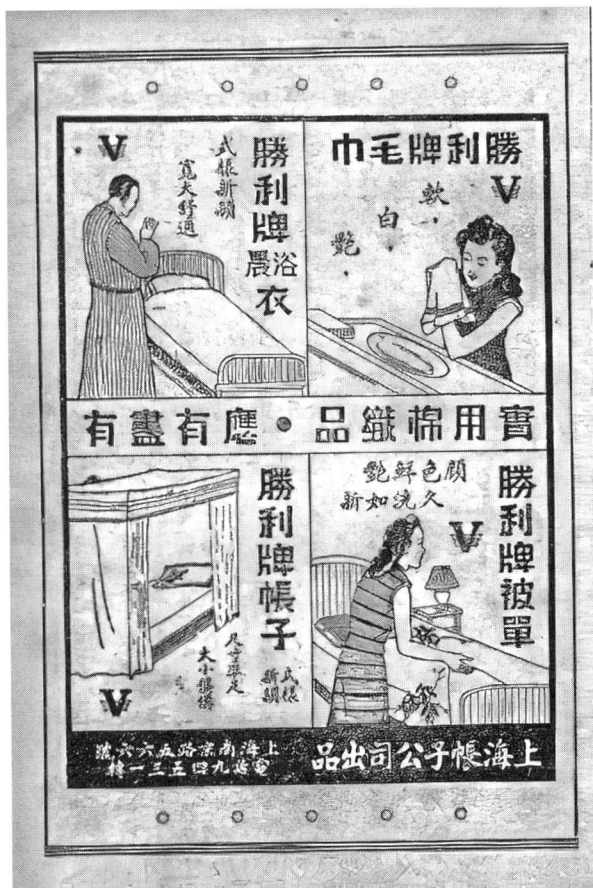

上海帐子公司老广告

都很赞成，当即认股筹集资金，并推举张影波任经理，掌管店务。以 5000 元为 1 股，共筹了 22 股，即 11 万元，顶下了今南京东路 566 号 18 平方米的一开间店面。第一批进货 500 顶帐子、200 条被单、300 副枕套、500 条毛巾。虽号称"公司"，实则为店，但显示了张影波的勃勃雄心。

张影波擅长交际，爱做广告。他认为，店小不起眼，广告却须做大。开张之前，1942 年 5 月 2—5 日，他在《申报》连续四天刊登了"买帐子请等上海帐子公司开幕"的广告。5 月 7 日，他又在《申报》头版醒目处刊登了"全国首创帐子专家上海帐子公司明天开幕"的广告。1942 年 5 月 8 日，上海帐子公司正式开张，顾客纷纷涌入，将张影波竭尽全部资金准备的 500 顶蚊帐一抢而空，帐子商店一炮打响。

尝到了广告的甜头，张影波再接再厉。邀请滑稽界著名演员姚慕双、周柏春在电台做广告；通过报纸、霓虹灯、影剧院幻灯片等途径，营造声势，扩大影响。他还把广告延伸到沪杭线、沪宁线一带。据统计，到1946年末，在沪杭、沪宁两条铁路沿线的广告牌达到三百余块。农民见了广告，进城来购帐子者络绎不绝，店堂里常常挤得摩肩接踵，上海帐子公司风生水起。

广告固然重要，但口碑更重要，质量更关键。当时，帐子的质量没有规定标准，张影波为了做口碑，时常琢磨帐子洞眼多少个才算合适。为此，他携带帐子到北方和江南水乡农村去做试验。取来每英寸见方有9、10、11、12、13、14个洞眼的帐子反复观察，发现9—11洞眼的帐子，透气性虽好，但江南水乡的蚊子钻得进；13个洞眼的帐子，虽然蚊子钻不进，但透气性差，人睡在里面会感到闷；唯独12个洞眼的帐子，蚊虫飞不进，透气性也好。称一下，每米帐子3两5钱（16两制）。

自此，上海帐子公司首创出蚊帐的两条标准：一是一英寸（方）须是12个洞眼；二是一公尺的重量须是3两5钱重（16两制）。当时，公司自设加工厂，并委托安徽民间五六十部手工脚踏织机织帐纱。进货时，张氏亲自严把质量关，一匹不漏全部检查，而且售出的帐子实行包退包换。做好柜面服务的同时，帐子公司还采用电话预约订货、上门送货等服务方式，以赢得顾客的青睐，上海帐子公司的招牌很快风靡全市。

从帐子商店到卧室用品公司

1946年4月，张影波以8根金条租下今南京西路473号一间店面房，开设了第一家分店；同年11月1日，又花20根金条租下今淮海中路464号24平方米店面房，开设第二家分店。开业之后，生意兴隆。仅淮海路分店两个月的营业额，就把租金赚了回来。因此，资本越积越多，张影波又于1947年在南京太平路96号开设了南京分店；1948年春，又在广州下九龙139号开设分店。

至此，上海帐子公司进入鼎盛时期。品种齐全，花样层出不穷。除中式帐、

1945 年上海帐子公司申请加入上海市百货商店业同业公会的入会申请书（上海市档案馆藏）

西式帐、双层帐、双开门帐、小人帐之外，参照阳伞骨架形状，仿制成婴儿用的阳伞帐；参照人力车上活络帐篷的原理，仿制成"一脚踢"帐子（这种帐子，入睡时只要用脚轻轻一蹬即会撑开，收拢后则携带方便），还有避臭虫帐子等，名称稀奇又实用，一做出来，总是争购一空。旺季日销量达四五百顶之多。职工也随之增加到七十余人，公司体制真正形成。

1956 年公私合营，将当时经营床上用品的三星棉铁厂，元昌、太仓木器厂，鼎强、一江、时新等商店，并入上海帐子公司，并整体迁至南京东路 740 号。隶属黄浦区百货公司，店名仍用上海帐子公司。增设品类，创设"蝉翼"牌商标。这里被消费者称为"帐子的世界"，至 1964 年，经营业绩已超越历史最高水平。

然而，20 世纪 80 年代起，由于消费需求的变化，居民生活中蚊帐的需求大幅度下降，上海帐子公司从 1988 年到 1992 年的 5 年中，蚊帐销售额从 357 万元降到 57 万元，下降了 85%。于是，这家知名的老字号不得不抛弃"帐子公司"这块金字招牌，于 1992 年正式更名为"上海卧室用品公司"。2001 年，公司转制，更名为"上海卧室用品有限公司"。至今，仍然是南京路步行街最独特的存在。

门口的霓虹灯招牌，"原上海帐子公司"几个字，比现公司名"上海卧室用品有限公司"占据了更大版面，位置也更加显眼。如今的掌门人朱国敏说："帐子公司不只是我们公司的前身，更是我们每一个上卧人要学习、继承的精神。保留上海帐子公司的名字，一是不想一些上了年纪的老顾客到了南京路找不到我们，同时也是时刻提醒我们自己要秉持帐子公司'诚信为上、顾客为本'的服务理念，根据时代发展不断与时俱进、勇于创新，把老前辈们用智慧和汗水打下的江山坐稳、坐实，让更多消费者满意而归。"

1963年上海帐子公司填报的上海市商业（饮食服务业）零售企业登记卡（上海市档案馆藏）

上海卧室用品有限公司作为一家中华老字号企业，在几代人的共同努力下不仅坐稳了江山，还尝试不断扩展着新的疆土。2011 年，公司销售额首次突破亿元，成为国内卧室用品行业的标杆企业。率先推出"床品世家"连锁模式，相继在江浙沪开设了多家分店，同时开通了线上微商城。公司除了保留上卧、民光、凤凰等怀旧经典品牌，还囊括了国内外各地的知名品牌。为确保质量，上海卧室用品公司经营的商品，小到一条毛巾一双拖鞋，大到婚庆套件、现充羽绒被，公司规定每件在售商品都必须拥有国家认证的正规质检报告，并由公司质检部门进行层层核实认证方可上柜销售，让顾客真正放心购物，免去后顾之忧。

从上海帐子公司到上海卧室用品有限公司，这块"老上海"妇孺皆知的金字招牌，在传承了八十余年智者们的经营之道后，依旧在南京东路商业街上，用时尚装点传统，在传统中沉淀时尚。

30 你是否也曾是自行车王国的"骑士"？
一辆"永久"自行车，一个年代的故事

◎陶亦君

"难离难舍想抱紧些，茫茫人生好像荒野，如孩儿能伏于爸爸的肩膊，谁要下车……"21 世纪初，陈奕迅演唱的一首《单车》或许描绘出了大多数人记忆中幼时父亲骑着自行车带自己外出的情景。

曾几何时，中国被称为"自行车王国"，自行车的影子常常在大街小巷一晃而过，有时是十字路口红绿灯前"蓄势待发"的自行车大军，有时是弄堂里一人独行的身影，横梁前坐着稚嫩的幼儿……在实行计划经济的票证年代，一辆自行车可谓是"一票难求"，若提起"凤凰""飞鸽""永久"等老品牌，仍能勾起不少人的满满回忆。而我国第一辆 26 吋（英寸）轻便自行车的诞生地，正是上海永久自行车公司的前身——上海自行车厂。

上海自行车厂诞生

作为舶来品的自行车，最晚于 1868 年就已经在我国出现，1868 年《上海新报》刊登的有关上海街道中出现"自行车几辆"的报道可作为佐证。不过，那时出现在国内的自行车是一种人坐车上、双脚踮地引车而走的娱乐工具，并不能真正帮助百姓解决出行问题。然而，不到四十年的时间里，上海的交通工具使用情况发生了巨大变化。

上海公共租界工部局曾做过两次统计，分别统计了 1889 年和 1926 年在外白

渡桥过桥的车辆人马数目，对比发现，1926 年的时候，除了行人、人力车之外，马车、轿子、骑马者皆消失于街头，自行车以仅次于汽车的数量成为人们更常使用的代步工具。

国内自行车的数量变得多起来，但在二十世纪三四十年代，大多是从欧洲西方国家进口而来，并没有出现国产自行车，即使国内开始自己生产自行车零部件，但整车还是进口零件组装。抗日战争时期，一个日商由北往南，先后在沈阳、天津和上海办起了自行车整车厂"昌和制作所"。1940 年，坐落在上海东北角唐山路的昌和制作所开业，成为上海第一家生产自行车的厂。

1934 年复旦童子军自行车队在绍兴的留影（上海市档案馆藏）

在历史长河中，上海昌和制作所多次更换厂名，1945 年抗战胜利后，移交国民党政权接收，改为"资源委员会中央机器有限公司上海机器厂"；再到 1949 年上海解放，由军代表接管，改名为"上海制车厂"；到了 1953 年 8 月，更名为"上海自行车厂"。直到 1993 年 4 月，更名为"永久自行车公司"。上海自行车厂这一厂名存在时间最久，长达 40 年。

厂名更换的同时，其商标也在随之变化，由最初的"铁锚"牌到"扳手"牌，再到"熊球"牌。后来，考虑到"熊球"牌图案中的北极熊与苏联有关，带有一定政治色彩，经反复讨论，1951 年，厂里最后决定采用"熊球"的上海话谐音"永久"作为产品名称，在最终定稿商标时，加上了"永久牌"三个红字，永久牌自行车的第一个商标由此得来。

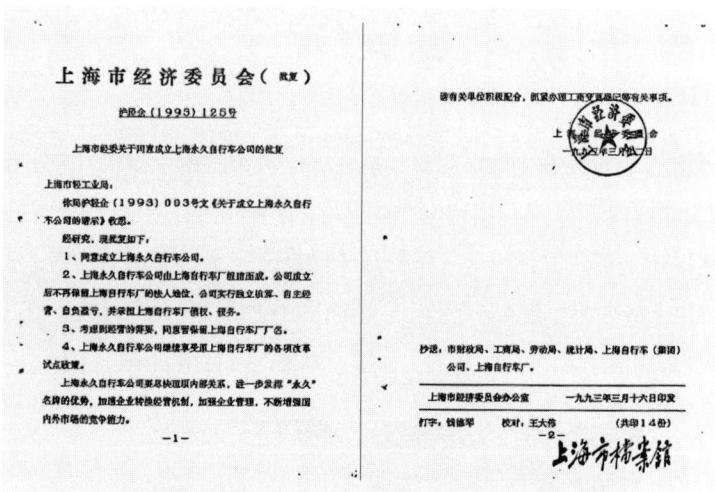

市经委关于成立上海永久自行车公司的批复（上海市档案馆藏）

走在前列的"永久"

想要批量生产有质量保障的自行车，并不是一件简单的事。外表看似简单的自行车，实则构造复杂，光是组装它的零部件就能达到两百多种，更何况制作零部件的上千道工序。

当时，国内自行车零部件无论是在名称规格，还是尺寸结构方面，都没有统一标准，自行车零部件难以互换，阻碍的不只是零件厂、配件厂和整车厂之间的协作，还限制着我国整个自行车行业的发展。1955年，第一机械工业部将制造标定车的任务交付给上海、天津、沈阳三家自行车厂。

第二年12月，28英寸永久牌标定车在上海自行车厂问世并投入大批量生产。永久牌标定车的诞生为自行车零部件的互换和通用创造了条件，统一了国内标准，也成为我国自行车工业走上自行设计、自行制造的道路的标志。

中间横着一道显眼笔直大杠的永久牌标定车很快流行起来，还获得了"永久二八大杠"的俗称。1957年，上海自行车厂又产新品，一款定名为31型轻便车诞生，这不仅是我国第一辆26吋的轻便车，还首开先河，开创了男式、女式车款，女式车的横梁不再笔直横着，而是向下弯曲，更便于骑行。

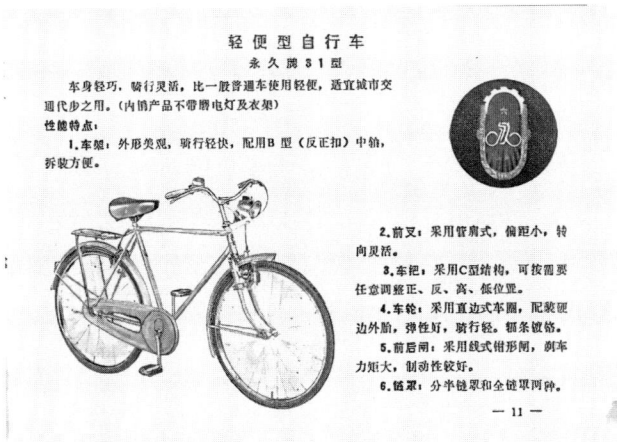

《上海自行车商品手册》中关于永久 31 型自行车的介绍

　　不同人群对自行车的诉求不同，相比在城市作为代步工具，对于农民来说，一辆可以载重的农用自行车可谓干农活的好帮手。1981 年，一辆从上海自行车厂运送到湖北农民杨小运手中的永久自行车引起全国关注。当时《人民日报》转载了一篇文章，说的是杨小运卖给国家超额粮，为奖励他，县里询问他心愿，得到的回复是：他只想要一台永久自行车。

　　在票证时代，国家为了平衡供需，购买很多东西都需要凭借票证，自行车也不例外，对很多人来说，骑上永久牌自行车是一件既得意又可以彰显身份的事。

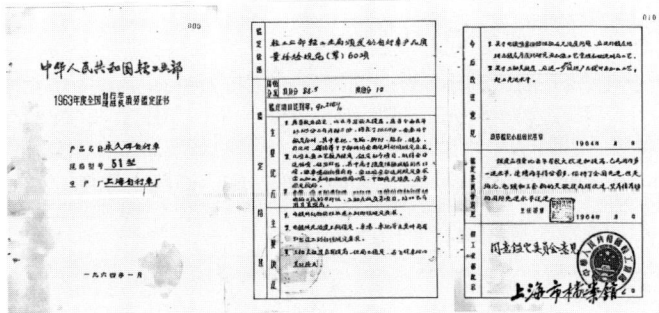

永久 51 型自行车质量鉴定证书（上海市档案馆藏）

　　这台运送到湖北的自行车是永久 51 型载重自行车，有着"不吃草的小毛驴"之称。为了检验这一型号自行车的舒适性、制动性等性能，上海自行车厂多个部门还对其进行专门的长距离载重骑行试验。试验开始前，他们在自行车网框里装了 30 公斤黄沙，后座则装 120 公斤，除了载货，加上骑行人的体重，车的实际载重已经超过 210 公斤。

早上 5 点多钟，天微微亮，试骑队伍骑上负重 210 公斤以上的 51 型自行车先去往起点曹安路，随后沿着苏州方向骑行，在骑行了将近 90 公里后，终于到达终点苏州界。骑行试验结束后，还要将自行车返厂拆卸，检测每一个零部件的变化情况，为了测试对轴档、轴碗和钢珠磨损程度，鉴定室还整整忙碌了一星期。

从上海运往湖北的永久"小毛驴"，后来也成为二十世纪八九十年代田地里农民的主要载重工具。而走在自行车行业前列的永久并未止步于此，1989 年 12 月，在第十四届亚洲自行车锦标赛赛场上，清一色的意大利赛车中一辆永久 SC654 型公路赛车脱颖而出，我国运动员骑着它力挫群雄，最终荣获男子四人组 100 公里团体冠军。

节省外汇　攻克"9 改 10"难关

20 世纪 80 年代初，中央提出要大力发展 10 种轻工业日用产品，自行车位列其中。自行车的车架和车圈是耗材最大的零部件，巧妇难为无米之炊，自行车行业想要谋求发展，就得面对材料的供货问题。

当时，上海自行车厂采用多辊成型焊接一体机对轻便车的硬边车圈进行连续生产，效率高、成品好，但这一设备对材料的要求也高，它需要材料具有稳定的含碳量，稍有波动就容易焊接失败，导致材料报废。而国产车圈材料在性能和供货上往往不尽如人意，频频出现断档现象。

因此，车厂将视线转向牌号为 SPCC 的日产冷轧卷板材料，这一种日产材料性能良好，但很快迎来新的问题：日产材料规格固定为 1000 毫米宽，不能调整，按照原来宽为 102 毫米的料来开的话，1000 毫米宽的板材只能开出 9 条料（102×9＝918 毫米），如此下来每次开料就会产生 82 毫米的边角料废品，外汇浪费较大。

改变材料工艺，成为解决问题的方法。当时，上海自行车厂的材料工艺员邬城钧和电镀车间相关人员商量，如果将原来 102 毫米的料宽改为 98 毫米，那宽 1000 毫米的材料就可以开出 10 条料来（98×10＝980 毫米），对比下来，一个卷板就大约可以节约 11% 的材料。随后，这一想法得到车厂领导和同志的赞同，技术科便立了一个名称叫"轻便车圈材料 9 改 10"的项目，由技术科牵头，电镀车间实施并共同负责。

当时上海自行车厂的日本材料开料是由位于浦东的张桥开料场协助完成，为了确保首道开料工序的顺利，厂里派出工作人员每周多次去开料厂检查产品质量。而那时从车厂到开料厂的交通十分不便，来回需要花费 6 个小时在交通上，先是过摆渡再转长途汽车，可以说是披星戴月。

材料尺寸减少后，操作的难度加大，能否顺利焊接生产出合格产品成为重点问题，因为车圈的成型需要经过多道精准工序，稍有一道误差就要推倒重新调整。在车间里，操作人员争分夺秒，夜以继日地守在轻便车圈成型机旁，反复调试。历经几个月艰难的设备调试，上海自行车厂电镀车间终于迎来了成功。

那时上海自行车厂每天生产的轻便车数量占全国总数三分之一，而购买进口钢材需要花费大量的外汇，材料节省了，也就相当于大大节省了国家外汇，对国家的贡献也多一点。

扬帆起航　书写新篇章

1993 年，上海自行车厂更名为永久自行车公司，永久上市，由此成为中国自行车行业最早实行现代企业制度改革的企业之一。不过，好景不长，率先上市的永久在接下来的几年时间里经历了衰退与重组。20 世纪 90 年代中期，欧美国家对中国的反倾销、国内取消对五金交家电的统销统购、市场经济改革逐步深入……种种复杂原因，中国自行车行业迎来低谷。

1999 年，处境艰难、经营连续亏损的永久公司股票遭遇特别处理。然而，貌似山穷水尽无路可走的情况下，永久还是迎来了柳暗花明。两年后，上海民营企业中路集团入主永久，与永久共渡难关。

骑永久牌自行车郊游的女青年（上海市档案馆藏）

　　回溯前身至今，作为老字号品牌的上海永久，要想保持品牌的生命力，还要与时俱进，使品牌年轻化。为此，永久推出时尚复古的子品牌"永久C"系列自行车，打造以永久自行车为主题的咖啡馆，并与阿迪达斯等合作，设计联名定制产品，以一种更鲜活的新姿态重回大众视野。

　　2019年10月1日，庆祝中华人民共和国成立70周年大会隆重举行。而在盛大的群众游行阶段，有一支特别的自行车方队引得众人注目，少男少女们拨响着叮当的车铃声，笑盈盈地挥着手，几百辆永久自行车在长安街上熙熙攘攘驶过，自行车流好似带动时光倒流，一代人的青春记忆再次重现。

31 既是"酒祖宗"，也是"蟹大王"：
百年王宝和的历史，你是否了解？

◎薛理勇

王宝和大酒店的前身是王宝和酒店，追根溯源，王宝和酒店的前身则是始创于乾隆年间的"宝裕酒店"，"宝裕"也是上海最早经营绍兴老酒的酒店。

如今的王宝和以专营清水大闸蟹及王宝和老酒闻名于世，素有"酒祖宗、蟹大王"之誉，凭借着独门秘籍的大闸蟹烹饪技艺，它已成为了大闸蟹品鉴爱好者们的必到之处。

从宝裕到王宝和、王裕和

清初以前，中国实行海禁政策，禁止和限制近海海上航运，闻名全国的绍兴黄酒很难运抵上海市场，上海市场上主要供应江苏苏州、镇江等地的黄酒和上海本地的老白酒。

康熙年间，清政府颁布"弛海禁"政策，放宽了对近海航运的限制，浙江沿海与上海的海上贸易开始活跃起来了。据《上海县续志》记载：乾隆年间，浙江绍兴人王某在上海东门外的里咸瓜街开了一家宝裕酒店，销售方式有堂吃和批发兼零售，是上海见于著录开设最早的经营绍兴酒的酒店。

到道光年间，"宝裕"后人王方伯继承祖业。他粗通文墨，喜交文人墨客，常邀请上海名人和士绅来店饮酒作诗、泼墨作画。他深知文人心理，特别印制了"宝裕酒券"作润笔，凭券可以在宝裕酒店饮酒就餐，这一举动很受文人欣赏。

清末著名思想家王韬是"宝裕"的常客，他对王老板的酒券大加赞赏，作诗说"独能一洗书林浊，不重钱神重酒兵"。现在收藏风日炽，不知是否还有宝裕酒券留世。

咸瓜街是上海的冰鲜（即鱼市）交易和零售市场，市面喧嚣，但是，往来者多贩夫走卒，档次较低，营业额大而实际利润薄，宝裕酒店一直计划迁入租界的洋场里。不久，"宝裕"兄弟分家，由谁来经营酒店就成了大问题，最后兄弟协商，将"宝裕"的产业一分为二，并以"拆招牌"的方式析产，即兄弟俩各取"宝裕"招牌中的一个字，分别取店名为"王宝和"与"王裕和"。

一家酒店无法同时使用两块牌子，由谁坚守老店，谁到其他地方开设新店，又是一个大问题，最终，双方都放弃咸瓜街的老店，到其他地方开设新店。约20世纪初，王裕和迁南京路451号（今南京东路547号），"文革"中改名"新建酒店"，据说近几年又恢复旧名老店新开；王宝和则租赁南京路543号（今376号王开照相馆址）一张姓绍兴人的房子开业。20世纪20年代后期，王宝和租赁期满，同时房产主要翻建楼房，于是租赁文元银楼（今南京东路342号）开业，约1938年时又在福州路603—605号开设了分号。

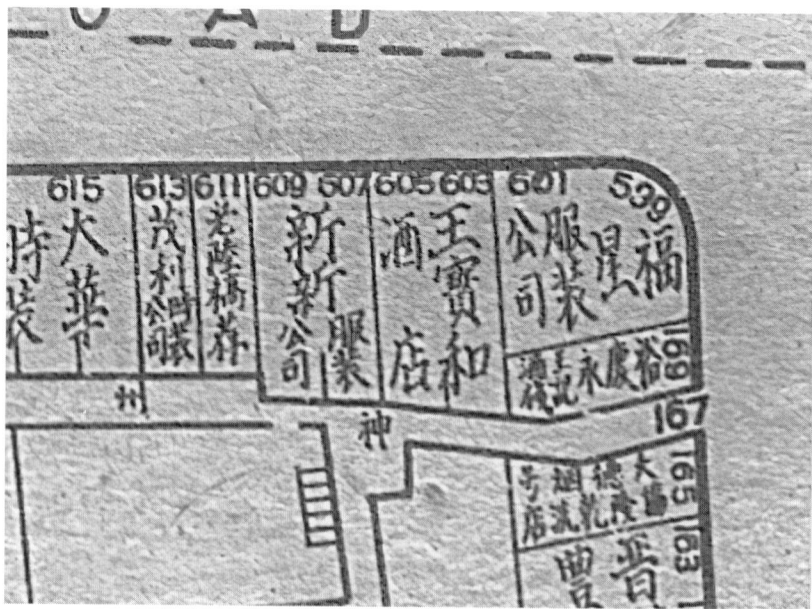

1938年王宝和在福州路开设了分店，图为位置示意图

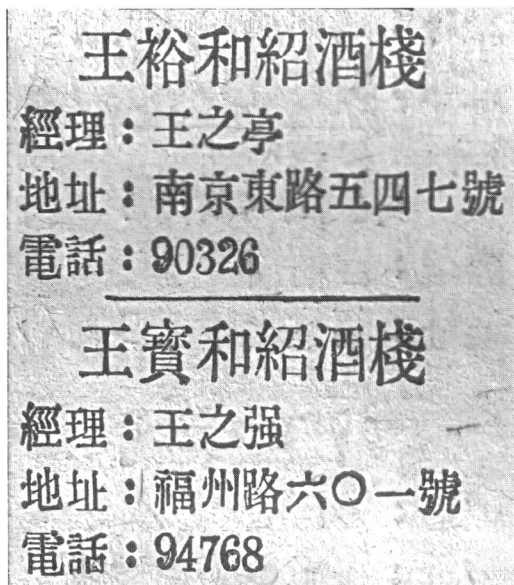

王裕和紹酒棧

經理：王之亭
地址：南京東路五四七號
電話：90326

王寶和紹酒棧

經理：王之强
地址：福州路六〇一號
電話：94768

1946 年报刊上刊登的王裕和、王宝和的相关信息

老酒店的经营之道

以前，上海的餐饮业划分为菜馆、宵夜馆、西餐馆、饭店、粥店、点心店、酒店、茶馆等几大类，酒店只供应酒，以及下酒菜，不供应饭和炒菜。1930 年版《上海指南》在"酒店"一栏中说："酒店随在皆有，下酒物皆冷菜，欲食熟肴粥饭，可令酒保往购。福州路豫丰泰并售热菜。螃蟹上市时，无不兼售此物，其价书明，蟹屦一望而知。中以言茂源、王宝和为最著名。每斤酒价，太雕一角九分二，花雕一角六分，京庄一角三分，均大洋。"

当时上海有无数"酒店"，只有福州路上的"豫丰泰"供应炒菜，其他的酒店只供应酒和下酒菜，如果客人需要炒菜和主食，可以委托酒保到附近的饭店购买。以前，上酒店喝酒的酒徒还有一个基本准则，就是"菜钱不能高出于酒钱"，就是小菜的费用不能超过喝酒的花费，那么酒店如何获取利润呢？

上海的酒店主要供应黄酒，南方人习惯喝温酒，酒店里大多备有"茶炉子"，是一种外面用木板箍的桶，里面是火炉，火炉上是一个用紫铜或镀锌铁皮制作的

一〇 酒店

酒店隨在皆有。下酒物皆冷菜欲食熱肴粥飯可令酒保往購福州路豫豐泰並售熱菜螃蟹上市時無不兼售此物其價書明蟹價。一望而知。中以昔茂源王寶和爲最著名。每斤酒價太雕一角九分二花雕一角六分京莊一角三分六均大洋。

上海指南　卷五　食宿遊覽　飲食處

小樂天　勞合路四〇一號四〇三號

王恆豫　南市薫家渡路二三七號三三八號（天主堂東）

王裕和　南京路四五一號

王寶和　南京路五三四號五三五號

永濟美　福州路三六三號（廣西路東）

全興康　浙江路五九四號（天津路角）

同四美春記　福州路三八一號三八二號

1930 年版《上海指南》上关于"酒店"的介绍

直筒状镬子，锅盖上有多个茶杯大小的洞，把酒倒入专用的杯子里，把杯子插入锅盖的洞里，利用镬子中的热水温酒，再将温热的酒倒入一种用锡制作的酒壶（南方人称之为"锡壶"），就可以上桌提供给客人，锡壶的实际容量是 12 两（以前旧秤 1 斤＝16 两），酒店规矩作 1 斤计价，酒客把酒店的锡壶叫作"缺四"，就是 1 斤缺 4 两的意思。

酒喝多了难免会有鲁莽的行为，酒徒在酒店里摔酒壶的行为经常发生，店家一般不会劝阻，因为锡壶摔不坏，最多摔出几个瘪塘，瘪塘越多，酒壶的容量越少，原来的"缺四"可能会是"缺五""缺六"了，最后得益的还是酒店。据说，王宝和会定期请锡匠到店里，把摔瘪的锡壶复原，赢得客人尊敬，生意兴旺。

"大闸蟹"的由来

"秋风起，蟹脚硬"（今讹误为"秋风起，蟹脚痒"），进入农历九月，大闸蟹上市，上海的酒店开始经营大闸蟹，王宝和供应的大闸蟹，煮熟后一律打开蟹盖，方便客人挑选。清顾禄《清嘉录》是记录苏州风俗的著作，后人广为引用，该书卷十有"煠蟹"一节，说："湖蟹乘潮上，籪渔者捕得之，担入城市，居人买以相馈贶，或宴客佐酒。有'九雌十雄'之目，谓九月团脐佳，十月尖脐佳也。汤煠而食，故谓之'煠蟹'。"

王宝和酒店刊登的大闸蟹上市的广告（《申报》1947 年）

"簖"即"蟹簖"，是一种用竹子做成的"竹栅"，有一点像上海人所谓的"戗篱笆"，插入湖蟹经过的河流中，再把破损的渔网放到蟹簖上，蟹爬到蟹簖上，本来"横行天下"的八脚被破渔网缠住，动弹不得，逃命无望，渔民摇着小船到蟹簖处"取"蟹就是了。

《博雅》："煠，瀹也，汤煠也。音闸。""煠"是烹饪中最常用的技法，即以热水（即古语的汤）蒸煮食物，此法亦为江南地区美食烹饪的一种特色。把毛豆、芋艿、花生放到锅里煮熟，就是煠毛豆、煠芋艿、煠花生，把鸡蛋放到水里煮熟，就是白煠蛋。江南的湖蟹是河蟹中个体最大的一种，通常是煮熟后蘸姜醋吃的，也就是上海人所谓的"放了水里煠一煠吃"，所以被叫作"煠蟹"。

在吴方言中，"煠"与"闸"发同一个音，而"煠"是方言词，还是个冷门字，民间就把"煠蟹"写为"闸蟹""石蟹"。"煠蟹"以个体大的为佳，小贩又在"煠蟹"前加了一个"大"字，就变成了"大煠蟹"。

不知道是什么原因，现在出版的字典、词典都把"煠"当作"炸"的异体字，于是，"水煠"变成了"油炸"，与原来的释义已是相去甚远。久而久之，"大煠蟹"就成了今天人们所耳熟能详的"大闸蟹"。直到今天，王宝和大酒店依然坚持传统，以"煠"的方式烹饪大闸蟹，当然，会在水里添加一些香辛料，王宝和的大闸蟹烹饪技艺还被列入上海市非物质文化遗产保护项目。

从"酒祖宗"到"蟹大王"

改革开放以后，曾经一度改名的王宝和恢复使用"王宝和酒家"的招牌。它的再度崛起，除了历史悠久的绍兴陈年黄酒经营特色之外，也与其在大闸蟹上做足文章有着莫大的关系。

过去，大闸蟹只是一种节令食品，价格不贵，大闸蟹也是洄游水产，进入深秋，成熟的蟹顺水而下，进入长江口外的咸淡水域交配产子，翌年开春，孵化的幼蟹又逆水而上，进入太湖流域继续生长。

中国进入工业化时期，一方面江河之水污染严重，另一方面游弋在江河里的船只，螺旋桨掀起的波浪，干扰了"虾兵蟹将"的生活，大闸蟹的产量每况愈下，价格日益攀升。大闸蟹不仅是节令食品，也成为人们趋之若鹜的一种美味。

上世纪 80 年代初，王宝和恢复使用"王宝和酒家"后，因势利导，亮出"酒祖宗、蟹大王"的招牌，开设以大闸蟹为主打产品的"蟹宴"，围绕螃蟹做文章。一方面是坚守传统，以"煤"的方式烹饪大闸蟹；另一方面是独特创新，推出了从冷盆、热炒、汤菜到点心的全套"蟹宴"，只只不离"蟹"，上菜从蟹开始到蟹而终。此外，王宝和还特别注重大闸蟹的品质，直接与产地建立供销合作，上桌的大闸蟹卖相、色味俱佳。

由此，王宝和的"蟹宴"声名鹊起，不仅被本地美食达人所津津乐道，就连外地乃至外国的游客到上海都以到过"王宝和"为自豪。"吃蟹就要到王宝和"，久而久之，王宝和也就成为阿拉上海名副其实的"酒祖宗、蟹大王"了。如今，它的规模亦不断扩大，从一家酒家发展成为如今拥有王宝和酒家、王宝和大酒店和多家经营部的王宝和大酒店有限公司。

32 引领时代潮流的百货业巨擘
——从大新公司到第一百货商业中心

◎景智宇

　　说到市百一店，上海人自然会想起八十多年前创设的大新公司。虽然两者在经营体制上并没有传承关系，但它们都是百货业的翘楚，曾经引领一个时代的潮流，而且使用过同一幢大楼，人们往往把它们当成前后延续的"一家子"。

　　辛亥革命以后，中国民族资本蓬勃发展。从1917年起，广东籍商人在南京路上先后创办了先施、永安、新新三家环球百货公司，改变了外商百货公司一统南京路商业的格局，也促进了南京路西段（浙江路以西）的繁荣。1936年，大新公司横空出世，以超大的规模和新的经营理念、管理模式，将南京路百货业推向了一个前所未有的高度。

　　大新公司创办者蔡昌是广东香山（今中山）人。他于1912年在香港创设百货公司，寓"旭日初升、大展新猷"之意，命名为"大新"，英文名"The Sun"。1916年和1918年在广州开设两家分公司。1932年蔡昌筹划在上海开设大新公司。经过踏勘考察，选址在南京路西端，西藏路和劳合路（今六合路）之间。整体建筑由基泰工程公司设计，馥记营造厂承建，这是南京路四大公司中唯一由中国人设计的大楼。建设工程于1934年11月19日启动，1935年12月竣工。

　　新建大楼平面呈正方形，在南京路、西藏路转角处作弧形处理。占地面积3667平方米，建筑面积28069平方米。钢筋混凝土框架结构，10层，标高42.3米，地下层入地3米。外墙贴米黄色釉磁面砖，门面砌黑色花岗石，底层用黑色大理石为护壁。大楼雄伟端庄，线条明快，属近代装饰艺术派风格，屋顶栏杆和花架的挂落具有江南传统元素。

1936 年 1 月 10 日大楼落成暨开业，沿用"大新"之名，赋予"规模伟大、设备新颖"的涵义。大楼地下层至 3 层是商场，地下层为上海最早的地下商场；4 层为办公室、商品陈列所、画厅，并设茶室；5 层为舞厅、跑冰场和酒家；6 层以上为游艺场和屋顶花园，开辟 8 个剧场，放映电影，举办戏剧、说唱、杂耍、魔术等演出；还有戏马台、藏春坞、银河桥、万花棚、凌云阁、垂虹径、五福亭等天台十六景。

大楼一至三层安装了奥的斯轮带式自动扶梯，这在亚洲是首创。踏上电梯，举目四眺，视野开阔，心旷神怡。上海市民扶老携幼前来尝新鲜，儿童尖叫、嬉笑声不绝。时装淑女结伴而来"轧闹猛"，媒体形容为"仕女如云"。台湾作家白先勇回忆："我踏着自动扶梯，冉冉往空中升去，那样的自动扶梯，那时全国只有大新公司那一架，那是一道天梯，载着我童年的梦幻，伸向大新游艺场的天台十六景。"

二十世纪二三十年代，南京路不少商家出售商品可以议价，还经常举办"大减价"活动。而大新公司别树一帜，实行"不二价"，明码实价，不搞噱头，显示出高度诚信和自信，也使顾客感到便利和放心。大新公司开幕伊始，永安、先施、新新三家公司联手夹击大新公司，举行"春季大减价"。大新公司不为所动，坚持"薄利多销"和"不二价"。大新公司向厂商定制了独特规格的大新香皂、大新衬衫、大新雪茄等，起到了很好的宣传效果。大新公司还制订了许多服务措施，如函购、电话购、送货上门以及修理、设计、安装等。有两项措施尤受顾客欢迎：一是退换别货，对已购商品不满意，可以调换其他商品；二是货品回尾，顾客批量购买香烟、洋酒之类，可在使用（节庆宴会等）后将剩余商品退回结算。

大新公司注重在商场内营造文化氛围，四楼画厅出租给文化团体和个人举办各种展览和义卖募捐活动。由于人流量大，宣传效应明显，吸引了众多艺术家前来设展，如画家丰子恺、汪亚尘、关山月，摄影家郎静山等。第一届全国漫画展览，第二、第三、第四回（届）全国木刻展览曾在这里举办。1938 年，海派书画家唐云、白蕉、邓散木、若瓢举办的"杯水画展"，以支持抗战、救济难民为主旨，展品全部售完，还不断重画。1949 年 4 月，张乐平举办"三毛生活展览会"，为流浪儿募集善款，各界人士纷纷捐款捐物，成为轰动一时的社会新闻。

　　"孤岛"时期，南京路商业畸形繁荣，大新公司营业也蒸蒸日上，1941 年利润达 1150 万元（法币），扣除物价上涨指数，为 1937 年的 12 倍。可惜好景不长，太平洋战争爆发后，日伪把在英美注册的商家视为"敌产"，进行"军管理"，派遣"会计监督官"，后又宣布"限价"，引起抢购狂潮。为规避损失，各商家采取限货限额和节假日休业等措施惨淡经营。1942 年 2 月 25 日，大新公司门前发现一颗定时炸弹，日军借机在这一带戒严达 24 天之久，大新公司因此蒙受重大经济损失。

　　抗战胜利后，大新公司迎来了短暂的兴旺，商场、舞厅、酒家、茶室、游艺场顾客满盈，营业额扶摇直上，1946 年为 1945 年的 2.25 倍（扣除物价上涨指数）。但美货倾销和通货膨胀接踵而来，1947 年起南京路各百货公司迅速陷入困境。

　　1947 年，蔡氏家族移居香港，大新公司开始"多销少进"，并逐步向香港转移资金和资产。至 1949 年，大新公司处在"没有资本和资方"的奇特状况。公司员工组织"企业维持委员会"，依靠销售存货（约值 20 万元人民币）和为厂商代销勉强经营，1951 年 9 月 10 日宣告停业。

　　1949 年 10 月 20 日，上海市日用品公司在南京东路 627 号（今七重天宾馆）底层开业，是上海第一家国营百货企业。公司有 70 名员工，以批发为主，零售为辅，经营品种有日用百货、五金电料、食品、药品、油脂、工业原料等 22 类。1950 年 5 月，公司分拆为两个机构，中国百货公司华东区公司和中国百货公司上海市公司，前者承担全国范围物资调配购销，后者负责上海市场的物资调配供应。

　　1953 年 9 月，中国百货公司上海市公司租赁大新公司大楼地下层至 5 层，加上 9 层楼顶，同时收购大新公司存货，更名为"上海市百货公司第一商店"。

　　9 月 28 日，上海市百货公司第一商店正式营业，报纸广告称之为"国营上海市第一百货商店"。商店设地下层至 2 层三个楼面。为避免拥挤，开业日选在星期一，但依然人满为患。柜台前人头攒动，自动扶梯更是被围得水泄不通，不少人乘一遍不过瘾，走下来再乘上去，不亦乐乎。

　　该店于 1954 年和 1957 年增辟 4、5 两层作为商场，营业面积 15800 平方米，成为当时全国最大的百货商店。1957 年，6 至 8 层游艺场由上海市文化局接收。

　　1978 年以来，南京路商业街无论从外观到内涵都有了巨大的变化。80 年代，根据上海市《南京东路地区综合改建规划纲要》，对市百一店、时装公司、第一食品公司等二百多家名特商店进行了全面改造，南京路商业又呈现出欣欣向荣的气象。市百一店经过多次修葺和调整布局，采用现代化大型零售商场的新构思，体现了"统一、明快、简洁、舒适、宽敞"的特色。1985 年，市百一店在 5 层辟出 600 平方米场地，设立博览展销厅，展出名厂精品，可看可买，顾客络绎不绝，扩大了商店的影响。1986 年，市百一店试行跨地区、跨所有制的工商联营专柜，吸引各地名特优商品进场。与成都个体户杨百万合作，设立蚊帐销售专柜，冲破了"国营与个体联营"的禁区，一石激起千层浪，在社会上产生了巨大反响。1996 年，市百一店成为全国第一家通过 ISO9002 质量体系认证的商业企业。2007 年 12 月，市百一店新楼竣工，地下 3 层，地上 8 层；次年 11 月老楼完成整体修缮。

2007 年第一百货外景（上海市档案馆藏）

市百一店大楼内亚洲第一部自动扶梯，50 年代以来不经常使用，偶尔开启，总是排起长队。1955 年 12 月，德意志民主共和国总理格罗提渥参观市百一店时乘坐了这部自动扶梯。1984 年，全国掀起"爱我中华，修我长城"活动，从 11 月 17 日起，市百一店向社会开放自动扶梯，每人收费 1 角，共募集近 1 万元，全部捐献给修复长城工程。

1992 年初，邓小平南方视察，发表具有深远历史意义的谈话。2 月 18 日晚上 8 时，邓小平一行到市百一店三楼服装商场参观。他沿着柜台仔细观看了陈列的各类服装后，走到电梯口一个文具柜台前。全国劳动模范马桂宁捧出一把橡皮和铅笔摆在柜台上，并介绍了这些文具的特点。邓小平饶有兴味地拿起橡皮观看，接着递上 10 元钱，买下了 4 封铅笔和 4 块橡皮。邓榕说："爸爸，这可是您进城后第二次到商场买东西。"邓小平高兴地笑了。从第一百货商店出来，邓小平发出了"上海市场一派繁荣，南京路大放光芒"的赞叹。

长期以来，市百一店以品种齐全、品质优良、价格合理、服务周到被国内外顾客赞誉为"购物天堂"，并成为上海的一个品牌和地标。

90 年代中期，大型超市、连锁店、大卖场兴起，市百一店已不再独领风骚。进入新世纪以来，人民生活水平大幅度提高，消费观念有了日新月异的变化，尤其近年来电商崛起，给传统零售业带来了极大的冲击，市百一店的改造提上了日程。

2017 年 6 月 19 日起，市百一店开始停业装修，与东方商厦打通 4 个楼层的空中连廊，"合二为一"，进行功能升级更新。12 月 8 日，经过半年重整的市百一店启动试营业，以"第一百货商业中心"的全新姿态回归南京路。此次打出"老地方，新体验"标语，引入了一批首次进驻南京路商圈的品牌和别出心裁的文化互动体验。正式营业的第一百货商业中心将进一步打造成寓购物、美食、体验、文创、休闲为一体的大型综合商业中心。

33 从十六铺到上海人的餐桌："龙门"牌水产品的前世今生

◎王坚忍

在最近公布的第三批"中华老字号"名单中，上海水产集团的"上海水产"品牌获得这一殊荣，其"龙门"牌商标也成为上海水产品的标志性象征。从老城厢十六铺王家码头的批发部起步，到如今享誉盛名的"龙门"牌海产品，它已经成为上海市民节日餐桌的必备佳肴，不仅带来了世界各地的新鲜海味，更是见证了上海人餐桌上食材的演变与日益丰盛。

那么，"龙门"牌海产品是如何诞生的？这些美味又是怎样跨越千山万水，从天南海北来到上海的呢？让我们一起揭开"龙门"牌水产品的前世今生，探索它背后的海味传奇。

首创小包装的"龙门"牌

"上海水产"老字号是从上海人俗称的王家码头鱼市所属的十六铺海味所创立的"龙门"牌逐步演化而来的。

王家码头鱼市建于 1956 年，位于南市区（今黄浦区）外马路 653 号王家码头，全称是"上海水产供销公司第二批发部"，职工一千余人。批发部为复兴岛上海渔业公司渔船、江浙机帆船在东黄海以及上海郊区海、淡水捕捞船的鱼获，提供卸鱼服务，供应就近的各个小菜场，也是全市唯一的负责供应加工过的海、淡水干货的批发企业，简称"二批"（另两个为江浦路"一批"和军工路"三批"）。"二批"卸鱼码头最小（黄浦江岸线 86 米，卸鱼码头 2 个），卸鱼场地最少（2600 平方米），但离繁华的十六铺商业区很近。改革开放后，"二批"凭借地理优势，在海、淡水水产品小包装的加工营销上另辟蹊径，经过长期的打拼改进，群策群力，创立了"龙门"牌水产品小包装商标。

"二批"在十六铺设有海味所等 4 个部门，均有独立营业执照，均位于方浜东路。它西接中华路，东通十六铺黄浦江，是一块风水宝地。这条路上始于清道光年间开张的瞿长顺淡水鱼行，为上海老城厢最早的鱼行。鱼行的作用为渔货买卖的中介（牙行），20 世纪 30 年代十六铺小东门大街（今方浜东路）已有大小鱼行 50 多家，故有"鱼行街"之称。这些鱼行分为河鱼行、海鱼行和海味行。南来北往的河、海鲜和鱼翅海参等干、鲜货，都是通过这个口子，流向小菜场和酒楼饭店。

1984 年为了提高经济效益，进一步加强经销水产品干货的批发业务，经"二批"主任余钻发、总支书记杨金水决定重组海味所班子：沈全元任经理，马红华任支部书记兼副经理，孙智桥任副经理。

新班子带领八十余名职工励精图治，派出采购组深入云南、香港、广东、大连、山东、福建、舟山等海味干货原产地。沈全元率先提出，改变经销模式，除无法量化的鱿鱼干、黄鱼鲞、鳗鱼鲞、乌贼鲞（螟蜅鲞）、明太鱼干（朝鲜鱼干）等干货外，将紫菜、海带、虾米、开洋、海蜒、海参等可以量化的干货，一律采用透明塑料袋包装，分量为 100 克、250 克、500 克，以满足各种客户的需求；同时打破惯例，引进了"二批"下属的真大水产食品厂（宝山区真大路 346 号）由包装流水线封口的如鳗鱼圆、虾球、挑线虾仁等冷冻小包装。后来的事实证明，沈全元的这一首创，开创了"龙门"牌商标脱颖而出的先河。

1985 年，"二批"利用外马路原食堂和咸鱼加工场，改建成"上海水产食品二厂"，并从日本引进鱼糜制品生产流水线，生产冻鱼糜、鱼卷（烤竹轮）、鱼糕（天妇罗）等，与真大厂一起成为"二批"生产水产冷冻小包装的支柱，并驾齐驱。

王家码头货栈的徐良川是一位默默无闻的幕后英雄。"二批"短短 86 米长的江岸线，白天"二批"卸上海渔业公司国营渔船鱼获，夜晚货栈卸江浙渔民机帆船。他差不多天天上大夜班，处理两省渔民的卸鱼投售。他买卖公平，处置果断，渔民个个信服，可谓出口即价，分配井然有序。上级领导曾数次夜间现场视察，但见五六条机帆船并排停靠卸货，鱼货被车拉肩扛流水一般上来，商贩和小菜场的运输大卡车、黄鱼车潮涌般地装上驰走。

水产小包装产品上市之前，"二批"领导余主任与杨书记三日两头跑海味所，了解实情，果断决策放开物价，这在当时十分鲜见。众多的水产品小包装集中亮相，令人眼睛一亮，轰动十六铺方浜东路——当时乘改革开放的东风，这条路上街沿左右的两排门面房，做水产的公、私商铺鳞次栉比，超过了当年"鱼行街"的风貌。

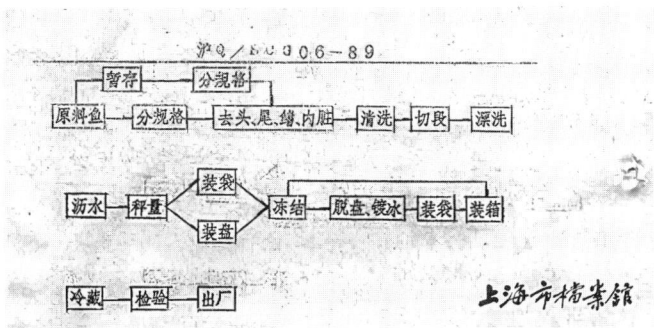

上海市水产供销公司《带鱼段冷冻小包装》标准（上海市档案馆藏）

自从海味所推出小包装业务后，服务员每天热情接待前来批发的客户或采购员，时常忙得不可开交。往往一开门，客户盈门，人头攒动。直至傍晚，海味所灯火通明，仍有客户在进购小包装。十六铺海味所小包装的名气一炮打响，也带动其他干货的畅销。如广东的水发鱿鱼干，色面光洁，选材上乘，其味干香，销路老好的。

水产品干货小包装旺销，塑料袋包装跟不上。海味所动员里弄刚退休的大妈大伯参与包装，付给报酬。稍稍培训后就投入紧张的包装工作。这些大妈大伯回家后，也逢人就说海味所的水产品小包装干净放心、好吃实惠，起到了推广作用。

这一年，注册资金仅 50 万元的十六铺海味所，创利 400 万元。此后 7 年期间，实施上海"菜篮子工程"，有不同规格与品种的商品达 100 多只，连续每年创利 400 余万元，占了"二批"年总利润的一半。

金黄的开洋，从畹町流入上海

前方生产销售忙，后方采购外省市的优质海产品也紧紧跟上。1985 年，"二批"副主任张景人带着采购员老邓，从上海到达云南保山市，与"二批"老法师老崔会合，他已在保山打开局面。

在上海闲话里，虾米是指带壳的小虾干，开洋是指去壳腌制晒干、个头较大的虾干。虾米一般与紫菜匹配，冲汤或者放在馄饨汤里调味的；开洋是常用在烹饪中，起到提鲜调味的作用。

他们千里迢迢，便是冲着滇缅边境的缅甸优质开洋来的。缅甸为中南半岛上最大的国家，西邻孟加拉湾南邻印度洋，水产资源丰富。从印度洋捕捞上来的海虾，加工制成虾干后，颗粒结实饱满。

之所以把采购基地放在德宏州东邻的保山市，是因为德宏州为边境地区，要持边境证才能进入。张景人去的第一年继续通过保山市民族贸易公司、土产公司、供销社贸易货栈等单位，从边境德宏州畹町市购进缅甸的开洋，再转手批发给张景人的间接方式成交。优点是省去复杂的流程，缺点是成本较高，不能直接掌握缅甸开洋行情。

1986年，张景人带着采购员老王与小张，移师云南西部的德宏州畹町市，作为直接基地。别看畹町只有1万多人，是中国最小的城市之一，它南侧与缅甸相交，两国的界河清水潺潺流动，一座畹町桥横跨界河，为两国通商的重要口岸。每天滇缅商人、边民在桥上你来我往，互市互通，畹町桥有"一桥两国"的称呼。抗战时期畹町属于滇缅公路德宏段，是中国远征军从这里进出境，也是英美49万吨军援物资从桥上通过运往内地的纽带，为中国抗战发挥了重要作用，故畹町被誉为"边境的一颗明珠"。

这一年，采购组正遇上国家大力发展边贸，赶上好机遇。畹町地处南亚热带季风气候带，一年分旱季、雨季两个季节，采购开洋也分旺季、淡季。旺季一般从12月至翌年4月中旬泼水节，泼水节一过大雨滂沱，道路泥泞，交通也不方便。旺季结束前，采购组不断将从缅甸进来的开洋进行筛选收购，整理打包，用卡车运往昆明，装上车皮发往上海。当时采购组与畹町商号各派一人驻在昆明，专门处理托运和催发工作，从而保证运送及时和运途商品质量。做到多年一包不少，完璧无损。

张景人在畹町8年，多数春节是在云南过的。1988年，张景人妻子感染甲肝，临走得知畹町方面有一笔数目很大的中药货款，被客户宕付，他把此事放在心上。回沪后，他妻子已痊愈。顶风冒雪，他与海味所采购员老陆年初二即赶到外地。他们找到欠账人，经过当地畜牧水产局居中调停，对方答应春节过后就还钱。此时大雪封路，回沪无车辆，幸好碰到一辆北上的车，到商丘后转车到徐州，再从徐州乘火车回沪。一路辗转，备尝艰辛。几天后，张景人接到云南电报，货款分文不少到账了。

历史上德宏是南方丝绸之路的必经之路，即从成都经云南从畹町出境，进入缅甸接通印度洋，这一条"南方丝绸之路"对世界文明有过贡献。考虑到沪滇两地的协作沟通，畹町与上海又是结对城市，为让更多的上海工业品走出国门，"二批"在沪通过种种关系，联络上海硫酸厂、三印厂、染化九厂、玉器加工厂，还有宁波百货等多家企业，上海财办牵线的桑塔纳汽车企业，与畹町建立供货关系，加深了沪滇之间的友谊和合作，巨额交易量促使双方共赢。其中一次，上海硫酸厂卖掉了3节车皮滞销的保险粉，拯救该厂走出困境。

自1985年至1993年的八年间，采购组每年购货400余吨，集中用一辆辆卡车运到昆明，装上火车轰隆隆碾压钢轨抵沪。火车站台的空气中留下了一股浓郁的鲜香气息。每年暮春，400吨开洋从中国最小的城市之一畹町运输到了中国最大的城市之一上海，纵横3000公里，为上海"菜篮子工程"提供优质货源。

十六铺海味经理部及其遍布黄浦江两岸各个区的分店，也在翘首期盼。那虾浑身干燥，金黄颜色，咸里带甜，口感鲜美，有嚼劲的开洋是海味经理部的拳头产品，亦是客户的钟爱。尤其是1989年"龙门"牌水产品商标注册后，开洋小包装往往一上柜台就告罄，还带动了其他"龙门"牌小包装的销售。

"龙门"牌成为"上海水产"标识

1987年，沈全元、马红华觉得水产品小包装化，商业影响颇大，袋子印多了，自然想有一个作为记号的商标。他们向"二批"余主任汇报后，余主任召集已经从海味所升格的海味经理部，加上十六铺的3家货栈、商店，与王家码头货栈、真大水产食品厂、第二水产食品厂等有关部门负责人，商讨设计一个"二批"共同使用的商标。几个部门纷纷各抒己见。有人提出叫"鲤鱼跳龙门"的

"龙门"牌，大家都认为这个名称寓意祈福吉祥。

会上，余主任拍板将商标的设计任务交给海味经理部。海味经理部找人设计了多个商标，给余主任选，他多不中意。他说要有鲤鱼跳龙门的逆流而上、奋发向上的精神，一定要有门有水，而且水要大，寓意财源滚滚而来。于是绘制了一个图案，橘红色的、波浪起伏的大水上，一条鲤鱼腾跃，准备跨越龙门，外面以两条龙自然地弯成对称的半圆，合成一个圆圈圈起来。余主任看后就拍板敲定。

"龙门"牌水产商标

用特定颜料描绘，通过中间的热转印膜将"龙门"牌图案印于塑料袋上，从印刷流水线上汩汩流出，"龙门"牌商标诞生了。此后，"龙门"牌为"二批"有关部门共用的品牌，各自对自己产品链负责。工商局食监质量统计上报一类，由"二批"企管办负责。1989年12月，"二批"规范标准化，"龙门"牌商标注册，加上了条形码。当时上海企业在工商申请商标注册的寥寥无几，"二批"具有领先意识。

"龙门"牌商标注册后，"二批"更加全力以赴投入上海市"菜篮子工程"，涌现了一些先进个人和优秀团队。1992年，上海水产局改制为上海水产集团，"二批"成为集团直管单位，更名为"上海第二供销公司"，简称"二供"。1992年，马红华被评为上海市"三八"红旗手；1993年，被中华全国总工会授予全国优秀工会工作者称号；1992 年，已升任"二供"经理的张景人被评为上海市劳模、上海市政府建设功臣。据《上海市志·农业分志·渔业卷》记载，"二供"所属的真大食品厂和食品二厂连续被评为市"菜篮子工程"优秀团队，两厂的厂长郭金根、徐润康等 7 人，14 次被评为市"菜篮子工程"建设功臣、质量标兵。

1997 年，"龙门"牌水产品商标，变更到上海水产集团名下。2000 年，"龙门"牌水产品被上海市名牌商品评审委员会授予"上海市名牌产品"称号。其范围包括加工过的鱼、冻品、冰鲜鱼、鱼制食品、虾蟹、鱿目鱼、甲鱼、水生贝壳、食用水生植物提取物、海参、海蜇、干贝、鱼干、水产罐头等 29 类产品，以及水果、蔬菜罐头、加工肉、生熟肉、家禽等食品系列。

同年，上海水产集团投资 2000 万元，初步建成一条从"海洋到餐桌"的绿色水产链。在全市率先推出鳕鱼片、鱿墨卷、鱿墨块、去足蟹块、百粒虾球、冻虾仁、虾球、虾肉鱼圆、天妇罗、鱼排等 10 个绿色水产品，并获得国家绿色食品发展中心颁发的绿色食品标志。

2000 年 11 月，水产集团将"二供"、鱼品厂等几家企业合并，在军工路组建集团龙门水产品营销中心（后改称上海水产集团龙门食品有限公司），加快了六统一的步伐，即统一品牌、统一策划、统一采购、统一包装、统一价格、统一营销，为集团水产加工业实现规模化生产、集约化经营打下了扎实的基础。实施这一战略以后，市场上的"龙门"牌产品销量快速增长，知名度上升，生产成本下降，价格竞争能力提高，销售费用减少，有力地促进了市场营销。

经历数十年的深厚积淀，"上海水产"品牌确立为中华老字号，继续沿用"龙门"牌标识，凝聚着水产两代人的汗水、心血和智慧，成就了今日"上海水产"中华老字号的璀璨瑰宝。回眸往事，曾经的艰辛与努力，已然转化为温馨的记忆，在人们心间久久荡漾。

34 "肉心帮" VS "汤心帮"：生煎馒头的记忆

◎郭红解

两家历史悠久的生煎店，是延续至今沪上生煎两大"流派"的源头："大壶春"生煎不放肉皮冻，肉馅紧实，食时虽无一包汤，但有滋润口感，这是"肉心帮""清水生煎"的手艺；"萝春阁"生煎皮薄卤多，吃时要先咬一小口，吮干卤汁，就如吃小笼包那般，这是"汤心帮""浑水生煎"的手艺。

那些年，生煎馒头算是比较高档的。寻常人家的早餐大都是泡饭加酱菜，生煎的味道很遥远。即便以后我进厂成为小青工，袋里有点钱，但主打的早餐还是大饼、油条、豆浆、粢饭"四大金刚"，很少会去买两客生煎当早餐。

到与生煎有缘、经常去品尝，已是 20 世纪 80 年代初了。1982 年夏，恢复高考后大学毕业分配到四川中路 220 号上海市档案局（馆）工作。这幢楼原先称新汇丰大楼，是汇丰银行的职员宿舍。1959 年 12 月 31 日，上海市档案局（馆）成立后在此落户，房间里钢窗、打蜡地板，还带有厨房间、卫生间。

档案局（馆）大楼的斜对面，四川中路汉口路转角处，就是"大壶春"生煎馒头店。每天营业时间，小小店堂座无虚席，等候出锅的队伍拐到了汉口路。那时，档案局（馆）大楼五楼平台上有个带卫生间的大房间，就是档案局（馆）的招待所了，南来北往的同行就在此落脚。带同行去"大壶春"吃生煎馒头，那时是档案局（馆）招待同行的很高"礼数"。至今有的同行还记得，当年第一次到上海出差，吃的就是"大壶春"生煎馒头。

有时午餐为换口味，我也会去对面买两客生煎加一碗咖喱牛肉汤。先要买筹码，记得筹码分红、黄、绿、白、黑五色，一锅生煎一种颜色筹码，依次发货。

排队等候时分，把师傅操作顺序看了一遍又一遍。

生煎下锅烧一会后，师傅要揭盖往锅里加水，冷水和热油混合，顿时发出清脆响亮的"吱吱"声。为使整锅生煎均匀受热，师傅要有节奏地转动平底大锅。

起盖即将出锅那一刻最为壮观，满满一锅相互紧挨着、顶着葱花芝麻的小馒头，在腾腾的水汽和"吱吱"的油煎中微微颤动着，诱人的香气扑面而来，令人食欲大增。以致后来我认为，享用生煎一定要有这般等候"观摩"的"铺垫"，倘若一到就取货，感觉肯定没那么好。

那时有报道，"大壶春"每天约有二千食客光顾，同时两个锅开煎，每天要烧 150 锅，近 2 万只生煎。1997 年 12 月，"大壶春"生煎被中国烹饪协会认定为"首届中华名小吃"。"大壶春"在投料数量、成品外形、口感味道等方面严格把关。一客生煎 4 个，生料 160 克，其中馅心 80 克，肉浆瘦肥搭配恰到好处，底板金黄松脆。那时，"大壶春"还经营以猪肉、鸡肉、虾肉为馅的"三鲜生煎"，因为价格贵，吃的人不多，还是鲜肉生煎热销。

"大壶春"的历史要上溯到 1932 年。其创建者有几说：一说是唐妙泉，与 20 世纪 20 年代开设在浙江路上的"萝春阁"是同一个老板；二说是唐妙权，"萝春阁"创立者唐妙泉是他叔叔；还有说唐妙权即唐妙泉，"萝春阁""大壶春"创建者为同一人。这两家历史悠久的生煎店，是延续至今沪上生煎两大"流派"的源头。

"我有位老厂工友，以前就居住在"萝春阁"楼上，他说是闻着生煎的香味长大的。"萝春阁"的几位员工也住在二楼，跟他混得很熟。每天店打烊后，员工还要忙于明天营业的准备工作。这些员工大都有绰号，"大块头"揉面，"麻皮"炒芝麻，"猴子"准备肉皮冻，一派繁忙景象。20 世纪 90 年代，"萝春阁"曾停业过，后又迁到山西南路营业过，不知现在去向何处。

如今沪上的生煎，大都是延续"汤心帮"的手艺，但我还是喜好"肉心帮"，要呷汤，不如去吃小笼包。诚如"大壶春"传承人所说：生煎馒头之所以被加上"馒头"两个字，就是它采用的面，是介于锅贴式的不发酵面和馒头式的全发酵面之间的一种半发酵面。那种采用不发酵面做的生煎，面皮不会吸收汤汁，所以咬开后总会有汤水。而发酵过的面皮在煎制时，会吸收大部分的汤汁，虽然没有咬开后喷涌而出的汤汁，但面皮却会变得湿湿软软的，味道变得更有层次。

原先感到"大壶春"虽说店小简陋，但其店名很有韵味。近在一本关于"上海往事"的书中看到一幅"大壶春"的老照片，据作者考证，照相年份大约在 20 世纪 30 年代末 40 年代初。照片上"大壶春"所处的位置正是四川路汉口路转角处，斜对面我工作过的市档案局（馆）大楼也清晰可见。店铺上方的店招从右到左写着"永昌烟兑庄大壶春馒头"。当年上海烟纸店除出售烟纸杂货外，还兼有银元、铜圆兑换类似钱庄的业务。

《黄浦区商业志》记载，1956 年"大壶春"将隔壁已歇业的钱庄等合并，店面扩大到两开间。那么，此钱庄就是永昌烟兑庄了。但照片上"大壶春"的"壶"是"壸"，中间多一横，念 kǔn（音：捆），意谓古代宫中的道路，借指宫内的意思，这与"萝春阁"的店名倒有点般配。或许"壸"字难读难懂，路人食客就以"壶"字取代了。

除了"萝春阁"和"大壸春"，沪上有历史有特色的经营生煎馒头的店还有几家。原先在石门一路威海路口的吴苑饼家，1936 年由滑稽演员汪桂先等四人合伙开设，最初叫吴苑食品店，以经营鲜肉生煎馒头、蟹壳黄和苏式酥饼闻名，前些年因市政改造迁至延平路近康定路口营业。

原先陕西北路陕北菜场附近的友联生煎店，是 1940 年开设的，经营的生煎以皮薄馅多、肉质鲜嫩、卤汁丰满、底板香脆为特色，看来是"汤心帮""浑水生煎"的手艺。这些年，"友联"开设了连锁店，传承着自己的特色。

开设于 1945 年的"王家沙"，其点心"四大名旦"中就有蟹粉生煎，其他为虾肉馄饨、两面黄、豆沙酥饼。

另外，早年老城隍庙"春风得意楼"茶馆的生煎也是很有名的。当年"春风得意楼"三层高的茶楼高耸于九曲桥畔，一楼铺面有几家小吃铺，二楼是茶座，还设有评弹书场，常常客满，一席难求。直到豫园修葺扩建改造，得意楼所处豫园一隅，影响到豫园东、西园（内园）连接，才迁到方浜中路（近旧校场路）上。

"大壸春"1997 年因地块改造迁出四川中路，辗转在金陵中路、西藏南路、云南南路上安身，又在浙江中路、四川南路、浦东大道、新世界商城、食品一店等处开设过分店。如今，"大壸春"总店终于回"家"，重返四川中路，尽管离原址还有百来步路。专程去那里品尝生煎，依旧是原先的味道，但那些年的感觉似很难再找到。岁月流逝，有些感觉只能留在记忆里了。

35 复杂气味构成的记忆迷宫：上海南货店忆旧

◎刘巽明

三阳、三阳盛、邵万生、万有全……上海人记忆中的南货店，不仅仅是商品和货币往来的所在，其与生活也密切相关，如同食品万花筒般存在，是由复杂气味构成的记忆迷宫，其间穿梭往来的生人熟客，更是一幕幕人间悲喜剧的参与者和见证者。

"南货店"一词颇具年代感，对时下的年轻人而言，似乎有点陌生。从字面理解，南货店是主营南货的商铺。有"南货"就有"北货"，南北货是指货品的产地——以长江为界的南方或北方，泛指"全国各地"可入口的土特产。

据记载，"南货"之名始见《北史·魏收传》："南、北初和……求南货于收。"《宋史·卷四十七·叛臣传·李全传》："时互市始通，北人尤重南货，价增十倍。"清代戏曲作家李斗，在《扬州画舫录·草河录上》曰："行货半入于南货，业南货者，多镇江人，京师称为南酒。所贩皆大江以南之产，又署其肆曰海味。"

南货是泛称，指长江以南地区盛产的食品，也指北方没有的南方果品、甜点茶食、腊肉腌货、干果海味等。例如金华火腿、绍兴黄酒、南京板鸭、宁波海味、岭南干果等都属于南货。南货排斥"生鲜"，囊括常温下久存不变质食品，旧时没有冷藏设备嘛！因此，采用晒风烘烤、腌腊糟醉等，减少其含水量以便保质。

一店百品　包罗万象

一般的南货店都备有上百种货品，可谓食品"集大成"。

海鲜干货：开洋（虾仁干、虾米、海米、金钩）、鳗鱼鲞（海鳗风干的淡干品）、黄鱼鲞（黄鱼干、白鲞）、明府鲞（墨鱼干、乌贼鲞）、海蜇（粗桂、细桂）、淡菜（东海夫人）、紫菜（紫英、索菜、膜菜）、海带、鱼翅、鲍鱼、海参、干贝、鱼肚等。

果品干货：荔枝、桂圆、莲子、花生、山核桃、香榧子、柿饼、红枣、黑枣、核桃仁、杏干等。

菜蔬干货：香菇、木耳、金针、笋干、扁尖（焙熄）等。

腌腊食品：火腿、咸肉、腊肉、熏肉、香肠、风鸡、板鸭等。

糟醉食品：泥螺、醉蟹、蟹糊、虾子糟鱼、糟鸡鸭鹅、糟蛋等。

这些食物，无不体现了苏南、宁绍、闽粤等地饮食的风味特色。

南货店还卖各种调料、瓶装酒醋、糕点干面以及洗涤石碱、包粽子的箬壳、祭拜的香烛等。

通常南货店大门上面都有黄底黑字招牌，也有采用金字招牌，显示资金雄厚和信誉良好。所谓"大名重宇宙，有美尽东南"，就是赞叹南货的丰富和珍奇，南货店买卖的货品包罗万象，日常必需，老少皆宜，加上诚信经营，因此渐渐地成为老字号。甚至有说法：小店货多，要啥有啥。

例如，枣子品种就有天津小枣、河北小枣、山东乌枣（黑枣），经过加工成蜜饯的有蜜枣、金丝枣等；经过加工的鸭蛋有咸蛋（灰蛋、腌鸭蛋）、皮蛋（彩蛋、变蛋、松花蛋）、糟蛋等；原糖有冰糖、红糖、赤砂糖、白砂糖、黄砂糖、绵白糖等，经过加工的有芝麻糖、花生糖、豆酥糖、藕丝糖等。

不少南北货店都设有"自产自销"的作坊：糕饼作坊、蜜饯作坊、炒货作坊、蜡烛作坊、火腿作坊，凡是"五作"齐全的称大型店，"五作"不齐的称中型店，没有作坊的是小店。

南货店因为货品多多，即使小型的也得两开间门面，雇店员两三名；大门和主柜台朝南；东西侧还排列着柜台，一宽一窄，便于接待多名顾客。店家不时更换宽窄布局，算是整新店面。宽侧边的玻璃柜台盛放着各色糕点、糖果和各色南货。柜台面上一排玻璃瓶子，最常见的那种长方形身圆盖，甚至还有铁架子可以插瓶子；方瓶在台上放置，圆盖系密闭，瓶内装有销量大的各色蜜饯及零星糖果。

南货店三壁是柜橱抽屉，店堂里面瓶瓶罐罐，门口缸缸甏甏，非常之满满当当。逢年过节、红白喜事及社交礼仪等，都得与南货店打交道。市民逢年过节和祭祀活动，所需的祭品和食品都得从南货店购入，所以南货店还出售香烛香斗等。南货店在老百姓心目中有地位，在周边百姓中有知名度，男女老少提及"某某南货店"无人不晓。至今记得，小辰光（时候）屋里厢附近，就有"老协兴"和"倪仁兴"两爿南货店，相隔一条小马路，但是生意都十分兴隆。

对于老上海来说，南货店往往跟暖融融的团圆气氛联系，多了几分怀念。卖南货的店铺，老一辈的一般都称南货铺，小一辈的则叫南货店。时代变迁，南货店"华丽转身"为食品店。不是吗？甚至著名的中华老字号南货店，金字招牌中央标"食品"字样，"南货"字样却处于"注脚"地位哩！

记忆中有滋有味的地方

近代在上海做南货生意的，以宁绍、苏南、闽粤等富庶地区人士为主。1949年前后，上海具有规模的南货店（门面两开间以上，进深前店后作坊）最多时达87家。宁帮三阳、天福、邵万生，广帮立丰，闽帮鼎日有，苏帮三阳盛，金华帮万有全，绍帮叶大昌等，都是响当当的店招牌。

开一爿南货店，不但货源广泛，货品选择随意，而且货物卖不掉久存不坏，不必太操心生意蚀本。南货店"稳赚不蚀"，是个好行当。因此，除闹市区有大型南货店之外，上海大街小巷也充满了南货店，毕竟"民以食为天"，每天少不了"吃"，隔三岔五要光顾南货店，不怕没有生意。小辰光，误将"南货"为"难货"，认为采办、运输、加工这一些货品颇难。后来，上海有"南北货号"，长辈讲"到南北货店，去买点东西"，这句短语很有趣，包含"东南西北"四个方位!

南货店是儿时记忆里温馨热闹、有滋有味的地方。物资匮乏的年代，南货店承载了太多日常惊喜与慰藉，更是幸福感的重要源泉。孩提时代，大人烧煮菜肴临时需要某样东西，会差小孩子去附近的南货店买。日积月累与店员混得面熟，有时离店时，还会给一粒小冰糖"尝甜头"哩！后来长大了，只要手里有零花钱，就会兴高采烈地跑到南货店，买一些自己喜欢的零食解馋。有时候美食甚至是次要的，到南货店里走一趟看一看，也是一种满足和喜悦。

宁波人对南货"情有独钟"。20 世纪 30 年代，大量宁波人涌入上海滩谋生发展，客居他乡怀着浓浓的乡恋乡愁，而且多数属于社会主流，热衷光顾南货店，对宁波海味和宁式糕点也有着"眷恋"——乡味难舍。另外一个原因，宁波人开的南货店，基本上都用同乡人做店员，因此相互十分"讲得拢"——乡音亲情。

我的家族中，祖辈与父辈跟南货和南货店都有不解之缘。祖父是南货捎客，外祖父是南货店职员，父亲学生意就在南货店，后来我的岳父也是宁波庄市阜生南货店的阿大（经理）。

我祖父出生于 1900 年，祖籍宁波镇海贵驷桥，20 世纪 30 年代跑单帮，到上海倒卖宁波土特产。20 世纪 40 年代始定居上海做起了南货跑街先生（即捎客、中介）。20 世纪世纪 50 年代，我能独立走路后就经常跟着祖父，到各爿南货店领市面，掌握市场情况，他"上家搬下家"地赚钞票。有时候，熟悉的店员也会给我一些好吃的（如碎糕点）尝尝味道。

曾名为"石（闸）路"的福建中路，历史悠久，修筑于清康熙年间的 1672 年，已有近 350 年历史，是条响当当的"老字号"马路。当年商家林立、书场戏院扎堆，其南端至郑家木桥（现延安东路），还是南货一条街哩！印象最深的是靠近广东路口，有一家鼎丰桂圆店，门口空地上置一个两人高的大桂圆模型"夺眼球"，以此招揽顾客，被誉为"桂圆大王"。此外，记得有句口头语：郑家木桥小瘪三。言下之意这里叫花子（乞丐）很多，为什么？繁华地带嘛！

明清时期，宁波帮商人贩货天下，到各地所从事的行业已延伸至各个领域，特别在渔盐、药材、南北货等行业中占据着绝对优势。20 世纪 50 年代前，著名的上海大马路——南京东路，宁波人开的有规模的南货店号，自山西中路到浙江中路北侧依次为邵万生、天福和三阳，这三爿店于 19 世纪六七十年代陆续开设，成为当时的"新业态"。

邵万生创始人是宁波三北一个邵姓渔民花 600 银元买来的养子，因而被叫作"邵六百头"。咸丰二年（1852 年），邵六百头来到上海，在虹口开了一家"邵万兴"的店卖自制的醉糟食品，很合江浙人口味；清同治九年（1870 年）迁往南京路，改名邵万生南货店。

天福创始人也是宁波人，1927 年迁址至南京东路。主要经营糕点、罐头、茶叶等高档南货，出售的杭州龙井茶、金华火腿等均派专人到产地选购。该店 1958 年歇业，糕点部并入三阳南货店，糟醉部并入邵万生南货店。原址曾变成了丝绸公司、上海家具店。

三阳创始人是宁波庄市坂里塘人，1863 年在老城厢开出首店，1870 年又迁址南京路。当时花园弄刚改名为南京路不久，该店铺先声夺人，占据了绝佳市口。

我外祖父出生于 1897 年，宁波镇海骆驼桥人。1954 年我虚岁 10 岁、外祖父虚岁 58 岁时，我们第一次到上海。他是杭州著名南货店方裕和的资深职工，该店是同乡人开设。外祖父带着我到南京东路的这三爿南货店逐一走访，也许是老板有事情拜托，每家店里谈得都非常投缘。

外祖父领我走进南货店店堂，还进了"闲人莫入"的作坊间等，真让我大开眼界。店堂里除橱柜箱缸陈设商品外，引人注目的是当中高悬的蜡烛架。木架四周黑板金字，雕刻人物禽兽，装潢美观，架中普遍设有各种红烛，有在烛上堆龙凤的，有堆花卉的，有写金字的。在作坊，看到师傅制作糕点糖果蜜饯等，手法娴熟，勤勤恳恳。

三阳老板特别客气，中午时分还留饭哩！据外公讲，他和三阳老板同是镇海人，庄市与骆驼桥靠得近，因此格外亲近。我们返回时满载而归，携带了许多名特优的南货礼品。

到我父亲这一辈，和南货店亦是有缘。1921 年他出生于镇海贵驷桥，虚岁 16 岁时到杭州方裕和南货店学生意，跟的就是我外祖父。他在店里人不多时，就将各种南货的品名和价格记得一清二楚，而且还能掌握货色的质地优劣，同时账算得快会打算盘，颇得我外公欢喜，于是将自己的大女儿许配给他。

孩提时代，外祖父与我祖父和父亲的话题经常是"南货"和"南货店"，这是他们的共同语言，我会坐在一旁傻傻地听着，甚至有些"入迷"，一些故事至今不忘。如零拷酒，要提得快，这样量就相对少，而油则提得慢，让提子周边的多流淌一些。他们还展示各自的"拿手戏"：纸包的三角包、斧头包以及绳子扎玻璃瓶等。

三阳和三阳盛

上海人说起南货店，最出名的要数两个"三阳"——三阳南货店和三阳盛南货店。

先说说三阳盛南货店，它的历史可追溯至 1927 年，当时一个苏州人在今石门一路 113 号开设了一家店铺，主营南北货，因其系木匠出身，装潢尤为考究，店堂内还架起了一座花楼，仅花档子就有 201 根。但由于资金周转不灵，不久便转手给了上海崇明籍的施启明等人，于 1929 年重新开张，并取名"三阳盛南货店"，意为三阳开泰、枝茂叶盛，主营南北干果、山海土产。

1945 年三阳盛南货店申请加入上海市南货业同业公会的申请书（上海市档案馆藏）

相比之下，三阳南货店的年代更为久远，作为宁帮店铺，至今已有 162 年的历史。清同治二年（1863 年），宁波庄市坂里塘的一位唐姓老板，在上海老城厢老西门内肇嘉路（现复兴东路）开了一开间半门面南货店，主要经营宁绍地区和浙江一带的土特产品。取名"三阳"，即采自"三阳从地起，五福自天来"通用的对联。

"三阳"由于经营得法，门庭若市，从此名声四扬，很快发展成有八位股东的大店铺。1870 年，老店新开，在现南京路浙江中路东北角"搞大"，不仅出售山货、海味、糕点等，还根据宁波人"四季四食"的风俗，推出"春酥、夏糕、秋饼、冬糖"等当季特色食品。

1854 年花园弄延筑至浙江路，俗称大马路，1865 年上海公共租界工部局才正式定名花园弄为南京路。著名的永安、先施、新新和大新"四大公司"，建造都在"三阳"之后，可以说"三阳"有"先见之明"，捷足先登抢占地利优势。

当年的上海已有"无宁不成市"之说，即在上海做生意的宁波人已有相当数量，侧耳便能听到宁波话，而他们非常想吃具有家乡风味的食品，三阳南货店便顺应这种需求，主要经营宁、绍地区等浙江一带的土特产。

三阳的生意兴隆，主要是商品保质保量，老板亲自到十六铺进货，仔细分拣，严格分档次，如桂圆按颗大小过筛分档，分秃圆、大三圆、四圆和五圆，按质论价，物有所值，受到顾客认可。同时，重视服务，送货上门，有钱人派员到店堂，店员笑脸相迎端茶倒水，顷刻照单一一配齐，小伙计提货到府上。

南货店前店后作坊现做现卖，自产自销。控制质量，吸引顾客，减少运输，降低成本，增加透明，创建品牌。宁式糕点选料考究，加工精细，造型别致，以酥为主，软脆兼有，甜中带咸，咸里透鲜，松酥多味。常年供应的品种包括喜庆类和时令类中的一部分，花色繁多，不胜枚举。

按制作方式分，有燥糕类、潮糕类、糖货类、油炸类、蛋糕类、酥饼类、月饼类、油面类、混合类等多种。按经营品种分，有喜庆、时令、常年三大类。喜庆类如订婚定亲用的吉饼、油包，做生祝寿用的寿桃、蛋糕，婴儿满月周岁、小孩上学用的状元糕等。时令类，春季有松仁糕、橘仁糕、枣仁糕、茯苓糕等，夏季有薄荷糖、松子酥、玉和酥等，秋季有月饼、桂花饼、洋钿饼、薄脆饼、绿豆糕、椒桃片等，冬季有藕丝糖、豆酥糖、麻酥糖、牛皮糖、冻米糖、祭灶果等。

宁波人对苔条（苔菜制品）有特殊的嗜好，以苔菜为辅料的糕点，色香味更为独特，有苔生片、苔条巧果、苔条千层酥、苔条月饼、苔条油馓子（咸麻花）等二十余种，可与苏式、广式、潮式等名特糕点相媲美。尤其是传统的宁式苔条月饼，风味广受沪上宁波人的欢迎，中秋节前夕十分畅销。由于信誉度高、价格适中，有远道专程前往购买，也有走过路过捎带，经常出现顾客如云"潜进潜出"的景象。

三阳还有一个特色，为过生日和红白喜事、婚丧嫁娶，做果品糕点和盆景。桂圆、红枣、莲心和糕点垒成漂亮的假山似花样，装上五色的霓虹灯，印证"福、禄、寿、喜"等吉祥词语，或口彩"龙凤呈祥""富贵双全""福星高照""花好月圆"等。社会名流、电影明星及港澳、海外人士是络绎不绝，时常光顾。

时代发展巨变，新事物、新名字层出不穷，历经150余年，"三阳"和"邵万生"两家南货店的老招牌依旧"赫赫有名"，与"第一食品""泰康"并称为"南京路四大食品店"。曾经获得上海市文明单位，上海市著名商标、上海名牌、中国改革开放中华老字号传承创新优秀企业、消费者喜欢的中国老字号品牌、黄浦区非物质文化遗产等诸多荣誉。

"百年招牌"历经沧桑，老字号作为动态的商业符号，在新时代将愈发焕发出其商业文明的生命力。生意兴隆时的"三阳南货"跨越百余年岁月后，依然是商务部首批认定的中华老字号企业。

在世界瞩目的南京东路，鳞次栉比的名品商厦中，"三阳"150余年未移址，依然牢牢地"鼎立"原址，难能可贵！一代又一代"三阳人"追求卓越、持续创新，提高竞争能力。时下的"三阳"今非昔比，已经是高楼的铺面，招牌焕然一新，店堂面积扩大，照明灯光亮堂堂，商品多达三千余种。

"三阳"还在外滩、大世界等地隆重开出分店，"三阳南货"仍然作为招牌，老字号和经典建筑的潜在价值得到最大限度显现。作坊换工厂，传统的手工制作换成全自动生产线。传统的宁式糕点与时尚文化相融合，不断研发出新品和新口味满足各层次消费者的需求。

36 父亲沈济川和"白猫"洗衣粉

◎沈祖钧

编者按:

20世纪50年代,中国人没有自己的洗衣粉品牌,洗涤衣物用的是肥皂。作为国内化工界的权威,沈济川意识到研制洗衣粉已成为当务之急,便在上海永星化学工业公司开展了合成洗涤剂的研究工作。在当时的环境下,国内与国外科学界的交流几乎断绝,沈济川和同伴们克服了重重困难,终于在1959年研制成功了中国第一袋洗衣粉。三年之后,又一种全新配方的洗衣粉在沈济川的主持下投入生产,从此一个崭新的民族品牌诞生了——它就是"白猫"牌洗衣粉。

白猫商标

　　我的父亲沈济川（1905—1966），祖籍浙江嘉兴，1905年出生于苏州。1924年毕业于苏州东吴大学化学系，1938—1940年赴美国密歇根大学化工及冶金系留学，获硕士学位。二十世纪二三十年代，他研究开发了多种国产名牌医药制剂；四五十年代，他试制成功炸药用特种甘油，并研究成功米糠油氢化工艺和催化剂，实现了米糠油综合利用；五六十年代，他主持研究开发了我国合成洗涤剂及易溶大颗粒合成洗衣粉。他还担任过多所大学的教授，培养了大量化工人才，被誉为我国化工界的先驱、中国合成洗涤剂工业的奠基人。

一

　　父亲15岁时以同等学历考进苏州东吴大学，19岁大学毕业。二十世纪二三十年代，当他刚踏上工作岗位时，就认识到帝国主义列强对中国医药业经济侵略的危害，立志开发中国的新药来与之抗争。

　　父亲大学毕业后的第一个工作是在上海九福药厂，因对开发"百龄机"、"补力多"咳嗽糖浆及"乐口福"麦乳精等新产品作出贡献，使九福药厂很快就扩大为九福制药股份有限公司，父亲升为厂长。

　　1932年，美商派德公司向法院提出起诉，说"补力多"有仿冒该公司产品"帕勒托"之嫌，父亲代表九福药厂出庭辩护，说"补力多"与"帕勒托"音略同，但文义各别，最终取得胜利，维护了国产药品的权益。1936年，德商咪仕洋行律师又以其所代理的德产"来沙而"来威胁国产消毒剂"亚林沙而"和"康肤沙而"的生产，父亲为维护国产厂商的权益，一方面联络五洲药厂和科达西药厂等立即向商标局呈请产品注册，一方面会同有关厂商拒销咪仕洋行的"来沙而"，迫使咪仕洋行的威胁不了了之。1938年，得中法药厂的资助，父亲去美国留学，1940年留美回国后任中法化工实验所所长，进一步从事"扑梅星"等新药的开发研究。

　　20世纪50年代前，我国制造肥皂需要用动植物油脂，而动植物油脂相当部分是供人食用的，这就限制了生产肥皂用的原料来源，为此，有些国家在20世纪30年代末开始研制不用动植物油而用化工原料生产的洗涤剂。20世纪50年代初，父亲在上海制皂厂当总工程师时，意识到研制洗涤剂生产亦是我国当务之急，遂在厂内组织技术人员开展合成洗涤剂的研究工作。但当时我国与国外的交流几已断绝，能见到的有关制造合成洗涤剂的技术资料极少，即使有一些也是零星、片断的，无法窥见其工艺技术全貌和内在联系，更谈不上去国外考察交流。记得有一次，父亲与复旦大学的顾翼东教授在外事人员陪同下曾被派往比利时出席国际表面活性学术会议，这本是交流有关洗涤剂关键技术的极好机会，但他们奉命只是在会上宣读一篇事先准备好的声明，宣布抗议有台湾代表以中华民国名义出席而立即退出会场，可见当时国际技术交流环境的艰难。

白猫牌洗衣粉申报 1981 年国家质量奖申请表中与国内外先进产品的
比较情况（上海市档案馆藏）

在父亲的主持和参与下，他们不断摸索前进，先研制成功了合成洗涤剂烷基磺酸钠和烷基苯磺酸钠，在南京栖霞山建立了烷基苯厂，然后，又进一步用它们制成洗衣粉。经过不断试验，在上海永星化学工业公司建造了三台箱式干燥装置，生产了工农牌、上海牌及五洲牌三个品牌的洗衣粉，上市试销。在父亲的主持下，1962年7月，在上海永星化学工业公司首先建成了合成洗涤剂的工业生产装置，并随即把它改建成我国第一家合成洗涤厂——上海合成洗涤剂厂（就是后来的白猫洗涤剂厂），正式大批量生产"白猫"牌洗衣粉，开创了我国完全独立自主开发的合成洗涤用品工业先河。

父亲多年来任教于交通大学、沪江大学、东吴大学、大同大学和华东化工学院（今华东理工大学）等高等院校，父亲上课时用的视教装备都自己带，幻灯机是他从美国带回的，很轻巧，屏幕是母亲做的，资料亦都是自己制备的。记得在交通大学教书时，那时一个班级不过二十人左右，我家又离交大很近，有几次索性请学生来我家会客室上课，母亲还备了糖果点心招待。父亲惯用形象化的实践知识来讲解一些深奥理论，善于举切题的实例，深入浅出，很受学生欢迎，师生关系很亲密。

<h2 style="text-align:center">二</h2>

那时大学的实验室往往仅能满足基础实验，还没有专题实验室，所以父亲在家里建了一个化工实验室，定做了一个化学实验台，除了必需的药品玻璃器皿及五金工具外，他不断收集一些仪器设备如精密天平等，淘到一件好的仪器设备，会像淘到宝贝一样高兴。从美国回来不是带什么时髦的东西，而是带真空泵、乳化器、康宁玻璃器皿、照相器材之类，不断充实实验室。每次上课前，他都把讲课要用的资料在实验室里拍照，冲洗拷贝，做成幻灯片，总要忙过半夜。母亲则一边帮忙一边做夜点心。在父亲的指导下，我亦经常一起帮忙，因此我很小就学会了称天平，按照英文的显影定影配方配冲洗药水，控制感光时间等照相技术以及清洗用具的正确方法，并且也自然而然地培养了做事认真仔细、事毕物归原处、尽量不依赖人的习惯。父亲的实验室后来也成了我的工作室，因为里面设计绘图桌、制图仪器都全，那时还没有计算机，但计算尺都是美国品牌KE（当时世界上最著名的计算尺品牌）的，所以1957年在交大毕业前，同学颜泰炎、沈永昌和我三人的毕业设计就在我家实验室里做，一起工作了好几个月。

父亲也很喜欢和工人一起动手，积累操作经验。当年永新厂甘油及硬脂酸车间的设备安装是美国供货方承包的，但1950年时美方已不可能来人履行合同了，父亲就带领交大化工专业毕业的唐鸿鑫先生及圣约翰大学土木专业毕业的潘世通先生等几位刚毕业的学生，会同以前的老搭档戴森荣师傅的安装队伍，自力更生来安装。由他按照美方提供的技术要求，亲自指导把关，带领大家开箱验货、搬运吊装，他严格监控安装精度，使工厂顺利开工投产。

三

抗战胜利后，国民党政府卫生部任命父亲为接收上海德国拜耳药厂专员。因八年抗战日本人占领上海时，父亲是骑自行车上下班的，拜耳药厂在虹口区，我家则住在徐家汇，一个在上海的东北，一个在上海的西南，父亲天天骑一个多小时自行车去拜耳药厂做接收工作。抗日胜利后的接收大员是个肥缺，作为敌产的拜耳药厂又是德国有名的大厂，德国老板想不到来的是位骑自行车的接收大员，忙把洋房、汽车的钥匙都交给父亲，对他说"这些都是您的了"，但他毫无所动，把所有资产全部造册归公，仍天天骑自行车上下班。不到一个月，把所有接收工作做完了，父亲即向卫生部交了差，并辞去了接收专员的任命，仍回到原来的正德药厂工作。

父亲是个非常自律的人，言出必行，淡泊名利，为人非常低调。当时经常有人来求教，他总是有求必应，乐于帮人，对他来讲，越多了解实际问题，就越有实践经验。这种求教往往不仅是谈谈就能解决问题，有时还要去现场，甚至还要做些试验，他都乐此不疲，总会帮人解决好问题。因为他没有架子，人缘很好，逢年过节来送些糖果、糕点、水果的人也不少，使我们很开心。

当年父亲穿衣很注意场合，在家里可以很随便，但在正式场合如开会、上课等，总是西装笔挺，衬衫、领带、皮鞋搭配很讲究。西装是一家名叫周咏记的红帮裁缝上门定做的，穿样子时一点点也不能马虎。他不会喝酒，但茶不离口，也喜欢喝喝咖啡。喜欢吃入味的家常菜，譬如说笋丝、豆腐干丝、炒肉丝之类的下饭菜，不喜欢山珍海味，但能接受西式食品。他不会跳舞，从不喝花酒也不打麻将，虽人在场面上免不了有很多应酬，但从不去舞场灯红酒绿，更不涉足风花雪月，因已做出规矩，别人也不会勉强。

有志同道合挚友来家，例如当时正德的同事、后来复旦大学的顾翼东教授，交大的苏元复教授、琚定一教授、王承明教授等，他们谈的也大多是专业方面的话题。谈兴正浓时，父亲就喜欢自己动手煮咖啡，与友共享，在喝咖啡中共悟心得，这是他最开心的事。记得有关化工教学中开设化工机械的设想就是在这样的气氛中酝酿起来的。那时没有速溶咖啡，都是咖啡豆磨出后现煮的。咖啡壶是父亲从国外带回的，很简单，也就是下面盛水上面有漏斗盛咖啡的那种，各有刻度标明多少杯各放多少水和多少咖啡，盖上有一玻璃球可观察。煮时靠下面水沸腾的蒸汽萃取咖啡入水，香味满溢，再备有菊花牌的听装淡奶及方糖依各人口味自加。我记得那时饮咖啡的异香是咖啡香中似带有些许糖炒良乡栗子的香味，回味无穷，印象深刻，现在似乎很少能尝到此等美味。

我们小时候，父亲几乎不直接来督促我们读书，母亲除了学前教育外也只是在考试前来帮我们背背书默写生字而已，但这不是说他们不关心我们的学习，而是他们用身教重于言教的方法营造了整个家庭的读书气氛。我们从小看到父亲一天到晚悉心钻研勤奋工作，同时也经常听到大人们讲父亲读书时是如何跳级、如何总是第一名，等等，使我们在耳闻目染中自然而然地意识到读书就是我们的天职，父亲就是我们的榜样。我没有上过幼儿园，但因母亲教过那种背后有图的识字卡片以及简单的加减乘除，加上我喜欢看幼儿文库等，所以一开始就没感到读书吃力，上课一定很专心，成绩也总能名列前茅，也就一直能认认真真但轻轻松松地循序渐进。

对于兴趣方面，父母亲有形无形地起了很多启发引导作用。母亲发现我喜欢飞机火车，就告诉父亲，于是1940年父亲从美国留学回国，带给我一套电动玩具火车，火车有五节，那时还没有用塑料，蒸汽火车头及装煤的车是用锌合金压铸成的，做得非常精细逼真，电机和传动齿轮都做得像是机器而不像玩具，能变速和倒车，轨道要一节节铺设，还要接电源并把 110 V 变成可调安全电压。当时我还小，需要父亲玩给我看，慢慢地父亲开始一边教一边解释，一步步引导我的求知欲，使我从小就接触到了像电动机、电压、齿轮、磁力之类的概念，同时也进一步引起了我更大的兴趣，一直在想象如何能加长轨道和建造岔道等，就这样启发了我走上学工程的人生道路。

父亲第二次从美国回来带给我一套 Dremel 的电动工具，使我在技能上有了一个飞跃，做模型的兴趣也更大了，从初级的纸玩具发展到多种材质的仿真模型。那是一个可换装不同工具的小型手提电机，除了可钻孔外，还附有很多不同形状的小镗头和磨头，可进行磨削雕刻之用。

我很喜欢看父亲带来的诸如 Popular Mechanics、Popular Sciences 之类科普杂志，图文并茂，通俗易懂，既长了知识也学了英文。到了 1956 年，得知国际书店开放代订外文原版科技杂志，在目录上查到有 Popular Mechanics、Flying 之类我很感兴趣的书，但个人订需要有单位领导批准，当时我是交大三年级的学生，我就去找副校长陈石英教授，得到了他的批准，我订了三份美国原版杂志，价钱并不很贵，三份一起每年不过二十几块钱，但在当时条件下恐怕是很少有的事，使我能及时得知最新科技信息，共订了四年，以后就无法再续订了。每期 Popular Mechanics 里都有一页 Wordless Workshop（无字工作室）专题，是用卡通形式介绍如何开动脑筋自己动手，利用家中废物做成有用物品或使现成用品发挥更多功能，我从中受到很多启发。

回忆父母亲对我们的启发引导，使我悟出一个道理：轻松愉快地循序渐进才是学习的最佳状态，才能让孩子发挥自己的兴趣，一步步引导他们走上学习真才实学之路。当然，我这里说的兴趣是指孩子今后事业的方向，不是指一般的业余兴趣。

37 这家接待过西哈努克亲王、英国女王的沪上餐馆，原来还有这样一番来历……

◎唐羽

不少人都以为上海豫园的绿波廊是一家百年老店，其实这是一个美丽的误会。在明末清初的豫园，此处是西园阁轩厅，后在 1924 年改作乐圃阆茶楼，直到 1979 年才改建成酒楼，并根据谐音取了个绿波廊的店名。

茶楼转身酒楼，源于一次接待任务

1973 年，因国内政权更迭而流亡到中国并到各地参观的西哈努克亲王来到上海，要到城隍庙来看看，并在豫园内吃一顿饭。按当时的政治氛围和国际环境，接待西哈努克亲王是一个极为重要的政治任务，南市区饮食公司的领导丝毫不敢懈怠。

来上海之前，西哈努克亲王在南京逗留多日，并乘兴逛了夫子庙，在那里吃过一顿饭，尝了十二道点心。南市区饮食公司听说此事后，一定要让亲王吃十四道点心，体现上海城隍庙的水平。于是，豫园内的各路精英汇集一起，整出了一套别具风味的点心，共有十四道。一叶小粽子、桂花拉糕、三丝眉毛酥、鸽蛋圆子、酒酿小圆子等都集中展现了一次。

据曾任绿波廊酒楼总经理的肖建平回忆，苏帮点心泰斗陆苟度和周金华、谢炽川等一批高徒被选派操作。肖建平父母是党员，本人又是刚刚进行业工作的青年，表现积极，因此也入选。西哈努克亲王夫妇在豫园内的绮藻堂品尝美点，服务员提着竹篮把点心从桂花厅送到豫园门口，再有人接应到厅堂，最后服务员送上桌。

廖承志建议下，豫园开了这家绿波廊

1979 年，王光美、廖承志、章含之等一批名人来到豫园，听说西哈努克的故事后，指名要尝尝这十四道美点。后来，在廖承志建议下，豫园商场开了这家绿波廊。

为了保证技术力量，南市区饮食公司还将春风松月楼的著名苏帮点心师陆苟度和周金华、德兴馆的著名厨师李伯荣、大富贵的特级厨师缪杰臣召集起来，联手使这个绿波廊一炮打响。

当初接待西哈努克亲王的那份菜谱，据说被一名爱好书法的老职工收藏着，现在也从箱子底下翻了出来，被拍成照片张贴在酒楼内。

1982 年，为满足日益增长的消费需要，以精美点心著称的绿波廊开始对传统的本帮菜进行部分改良和开拓，推出了八宝鸭、锅烧河鳗、乳汁扣肉、红烧鲖鱼、虾子大乌参等几十种菜肴，充分体现了兼容并蓄、博采众长、应时趋新、精益求精、追求卓越的海派风格，并首创一道菜一道点心交替的上菜方式，在业内称作"雨夹雪"。那是相当风趣的叫法，很容易被记住。

英国女王对绿波廊船点动了心

绿波廊诞生以来的四十多年里，作为一家在环境和菜点上深得中华传统文化真传的酒楼，曾被评为内贸部特色饭店，后来又被评为内贸局十佳饭店，先后成功接待了英国女王伊丽莎白、日本首相竹下登、阿根廷总统梅内姆、古巴主席卡斯特罗、美国总统克林顿等数十批外国元首级嘉宾。而几乎每次重大接待活动都会留下一段佳话。

1986 年 10 月 15 日，英国女王伊丽莎白二世在时任上海市市长江泽民的陪同下，在湖心亭品尝了由绿波廊送去的船点。据日本出版的《艺伎回忆录》里记载，1964年伊丽莎白访问日本时，在一家艺馆里可是一口也没吃啊！可见绿波廊的船点还是让她动了心。临别时她站起身来，并脱下手套与服务员握手："中国点心不比英式大餐差。"

2001年10月19日晚上，前来参加APEC会议的秘鲁总统托莱多一行，一下飞机就赶往绿波廊就餐，此时已是22点15分。计划半小时解决问题，但在酒楼精心准备的中国民族音乐伴奏下，干烧明虾、宫保鸡丁、葫芦腰果酥、蟹粉小笼等数道菜点他道道不放过，离店时已是次日0点15分了。事后外事部门的干部说："一顿饭吃了两天。"

佳肴美点是吸引高端国宾的关键之一，但服务到位更让国宾倾心。这个方面，绿波廊是下了真功夫的。有一年古巴领导人卡斯特罗来绿波廊用餐，事先绿波廊通过做"功课"了解到卡斯特罗从来不喝可口可乐，平生四大嗜好之一就是喝朗姆酒。1959年4月访美时，给当时的美国副总统尼克松带去的礼品就是100箱朗姆酒。而这种洋酒绿波廊是不备的，于是就派人立即采购。那天晚上，卡斯特罗一进门，看到餐桌上摆着朗姆酒，马上露出了灿烂的笑容，并拿起酒瓶把玩起来，称赞绿波廊酒楼想得周到。

1998年美国总统克林顿访问上海时在绿波廊吃了一顿工作午餐。克林顿吃了咸菜毛豆和宫保鸡丁后大加赞赏，但由于出访前练了一个月的筷子功仍然不到家，为吃一块桂花拉糕一连换了三双筷子。事后经媒体报道，读者进一步了解了克林顿的率性，而绿波廊通过此事，知名度大大提升。

这些趣闻因为从一个侧面反映了政治人物们在个人生活上的真情实感，从而为老百姓当作故事流传。其实更可以这样说，因为绿波廊酒楼在菜点上博采众长，又不失上海菜点的特色；在继承传统的基础上，又体现上海这座开放城市的追求卓越的态度，而使元首级的人物领略到中国饮食文化的博大精深。

后记

　　上海是中国近代民族工商业的发源地之一，拥有众多老字号品牌。这些上海老字号的创立、发展、壮大、延续，不仅是中国近代民族工商业发展历史的生动记录，更体现了上海这座城市海纳百川、追求卓越的精神品格。《档案里的上海老字号》从《档案春秋》杂志的历年刊载中挑选了 37 篇关于上海老字号的文章。其中既有介绍企业经营特色的，也有聚焦相关人物的；既有解析老字号个案的，也有描摹行业群像的；文章作者既有相关领域的专家，也有资深从业者，或是企业创始人的后代。力求通过档案文献资料和亲历者的述说，从多个维度展现上海老字号的独特魅力，描绘出一幅上海都市生活的鲜活画卷。本书还从上海市档案馆的馆藏中精选了一批与文中老字号相关的档案和照片（部分文中插图为外部采集），利用档案这一最为真实的历史记录，更好地呈现这些老字号在上海孕育、生长、壮大的历程。文章及彩页图片的排列以所涉老字号的创立时间为序。

　　编者水平所限，如有错讹不当之处，敬请批评指正。

图书在版编目（CIP）数据

档案里的上海"老字号" / 上海市档案馆编.

上海 : 上海文艺出版社, 2025. -- ISBN 978-7-5321

-9254-0

Ⅰ. F279.275.1

中国国家版本馆CIP数据核字第20253CD975号

责任编辑：毛静彦
装帧设计：高静芳

书　　名：档案里的上海"老字号"

编　　者：上海市档案馆

出　　版：上海世纪出版集团　　上海文艺出版社

地　　址：上海市闵行区号景路159弄A座2楼 201101

发　　行：上海文艺出版社发行中心

　　　　　上海市闵行区号景路159弄A座2楼206室 201101 www.ewen.co

印　　刷：上海文艺大一印刷有限公司

开　　本：710×1000 1/16

印　　张：18

插　　页：11

字　　数：292,000

印　　次：2025年6月第1版 2025年6月第1次印刷

ＩＳＢＮ：978-7-5321-9254-0/K.0501

定　　价：88.00元

告 读 者：如发现本书有质量问题请与印刷厂质量科联系　T: 021-57780459